Peter Erlenwein

Und sah die Himmel offen

Spiritualität diesseits und jenseits von Religion

Erzählungen, Stimmen, Reflexionen

tao.de

ÜBER DIESES BUCH

Seit längerem schon sind im Westen politisch-ökologische Aktivitäten in Verbindung mit spiritueller Gemeinschaft Ausdruck eines neuen, wachen mystischen Bewusstseins, das zunehmend im Wachsen begriffen ist. Das gilt gerade auch für den Dialog zwischen einer *a*-theistischen Postmoderne und den (*mono*theistischen) Religionen der Welt. Denn immer deutlicher zeigt sich, dass die alten Ordnungsschemata wie konservativ/progressiv, liberal/reaktionär, links/rechts sich als untaugliche Instrumentarien im Umgang mit den komplexen politischen, sozialen wie religiösen Gegebenheiten unserer Zeit erweisen. Die Verknüpfung irdischer mit geistlichen Belangen ist für viele Menschen daher unabdingbar geworden: die Erkenntnis der Einheit der Welt ist nicht mehr rücknehmbar. Ob Greenpeace, Zenmeditation oder interkulturelle Friedensarbeit – die Einsicht, dass der spirituelle Herzraum jedes Glaubens nicht mehr notwendig an ein religiöses oder atheistisches System gebunden sein muß, noch an eine entsprechende Sprache, ist ein entscheidender Schritt in den Raum eines ganzheitlichen Denkens und Handelns. Deutlicher denn je zeigt auch der Klimawandel, dass die Menschheit immer eingebunden bleibt in die kosmischen Entwicklungszyklen lebendiger Formen der Schöpfung – ob Pflanze, Tier, Landschaften, Städte oder Galaxien: Teil und Ganzes eines ebenso offenen wie geheimnisvollen evolutionären Prozesses des Universums. Das Buch mit seinen vielen Stimmen und Reflexionen ist Ausdruck dieses Geistes: ‚Und sah die Himmel offen', wie es in den Evangelien heißt.

Peter Erlenwein

Und sah die Himmel offen

Spiritualität diesseits und jenseits von Religion

Erzählungen, Stimmen, Reflexionen

Peter Erlenwein

Und sah die Himmel offen

Spiritualität diesseits und jenseits von Religion

Erzählungen, Stimmen, Reflexionen

1. Auflage 2014

Gestaltung Innenteil: Kerstin Fiebig
Gestaltung Umschlag: Kirstin Dreimann
Fotos (Umschlag): Sabine Erlenwein

Verlag: tao.de in J.Kamphausen Mediengruppe GmbH
www.tao.de · eMail: info@tao.de

Bibliografische Information der Deutschen Nationalbibliothek: Die Deutsche Nationalbibliothek verzeichnet diese Publikation in der Deutschen Nationalbibliografie; detaillierte bibliografische Daten sind im Internet über http://dnb.d-nb.de abrufbar.

ISBN: 978-3-95529-352-9

Liebe beginnt

mit Verlockung, mit Anziehung;

stelle dir den ganzen Kosmos vor,

für all die hundert Milliarden Galaxien

ist sie (die Gravitation)

die grundlegende Triebkraft,

die jede Galaxis auf jede andere ausübt.

Ohne diese grundlegende Verlockung

würde alles an Interesse, an Bezauberung,

an Geheimnisvollem wegfallen;

Galaxien wie Familien,

Atome wie Ökosysteme –

alles löst sich im Nu in Luft auf,

wenn die Verlockung,

die das All durchdringt, stillgelegt wird.

Die Gravitation

ist ein grundsätzliches

Geheimnis.

Brian Swimme [Das Universum ist ein grüner Drache]

INHALT

EINFÜHRUNG

Religionen und damit der interreligiöse Dialog zeigen sich heute als eine Polyphonie von Stimmen, oftmals sehr dissonant, innerhalb wie außerhalb säkularisierter Gesellschaften. Es geht dabei, gerade in Europa, wie sich an den vielen erbitterten Debatten zwischen Aufklärern und ‚Gläubigen' erweist, mehr und mehr auch um eine radikale In-Fragestellung eines rein ökonomischen Denkens, genauer, eines fundamentalistischen Kapitalismus. Die uralte Frage nach dem ‚Sinn' ist mitnichten erledigt sondern virulenter denn je im Angesicht des Zusammentreffens ökologischer und wirtschaftlicher Großkrisen und dem eindimensionalen Fortschrittsverständnis einer technikzentrierten und aufs Machbare reduzierten Naturwissenschaft.

Dass die alten Ordnungsschemata wie konservativ/progressiv, liberal/reaktionär sich als untaugliche Instrumentarien im Umgang mit den komplexen politischen, sozialen als auch spirituellen Gegebenheiten unserer Zeit erweisen, ist seit langem überdeutlich. Das gilt insbesondere auch für den Dialog zwischen Atheismus und Religion. Insofern bedarf es mehr denn je eines systemübergreifenden, integrativen Ansatzes, der erst allmählich klarer zutage tritt – ob in den Schriften des Kultur- und Bewusstseinsforschers Jean Gebser, der transpersonalen Geisteswissenschaft amerikanischer Autoren wie Abraham Maslow und Ken Wilber oder der geistlichen Praxis eines so nüchternen religiösen Lehrers wie dem Christ und Zenmeister Willigis Jäger;

nicht zu reden von den ungezählten schöpferischen zivilgesellschaftlichen Projekten, beispielsweise dem Weltsozialforum oder den herausragenden Initiativen alternativer Nobelpreisträger.

Dass Religionen ein evolutionäres Potential enthalten, weit über ihre organisatorische Form und institutionelle Gestalt hinaus, zeigen schon die Schriften von Teilhard de Chardin, Sri Aurobindo und Raimund Panikkar; letzterer hält viele Ansätze unserer a=anti-theistischen Moderne für produktive Weiterentwicklungen von Spiritualität und Religion. Solche Stimmen finden jedoch in den Mainstream Diskussionen viel zu geringe Aufmerksamkeit. Dennoch wird mehr und mehr Menschen klar: Evolution gibt es nicht nur in der Biologie sondern ebenfalls als geistiges Feld von Bewusstseinsbildung in Kultur und Gesellschaft. In beiden Fällen ist Identität ein, vielleicht das entscheidende Stichwort. Hierbei bedeutet der Weg, gerade auch für die drei monotheistischen Religionen des Nahen Ostens, ein weg vom Behaupten des Eigenen Gottes, genauer des kulturspezifisch geprägten Gottesbildes. Jede Mystik, ob im Islam oder Christentum, nicht zu sprechen von östlicher Spiritualität, verweist auf das Grundphänomen, den Ursprung aller religio: die Leerheit von allen Definitionen, Doktrinen und Spekulationen; so wunderbar ausgedrückt in Gestalt der jüdischen Bundeslade-ihr Inneres ist leer, gemäß dem Satz aus dem Alten Testament: ‚Du sollst dir kein Bildnis machen von Gott'! Laotse, der chinesische Weise drückte es so aus: ‚Das Tao, das benannt werden kann, ist nicht das Tao'.

Die ökologische Krise heute ist daher in allererster Linie keine materielle sondern eine geistige, ja eine geistliche, die einer globalen, existentiellen Zäsur gleichkommt: der Abfall in eine Sphäre weltweiter anthropozentrischer Gier, ob im Gewande eines totalitären Konsumfundamentalismus oder als regressive monotheistische Gottesbehauptung ist exakt der mental-seelische Klimawandel, in dem sich eine nach-moderne Menschheit zunehmend bewegt. Insofern der Planet Erde als lebenswerter Daseinsraum für unterschiedlichste Spezies mehr denn je in Frage gestellt ist sind Wirtschaftskrisen heute wesenhaft als Identitäts/Kulturkrisen anzusehen; sie haben insofern ‚religiösen' Charakter, als sie auf die alles entscheidende Frage abzielen: ‚Wie sollen wir morgen, das schon ein Heute ist, leben?' Der Zusammenbruch eines Weltbildes trägt, wie die Geschichte durchweg zeigt, Züge eines Katastrophischen.

Dass eine bloß rationale Verstandeslogik hierbei allein nicht mehr trägt, ist inzwischen vielen Menschen klar. Demokratisches Gedankengut ist zunehmend von der Kontrollsucht global operierender Unternehmen und internationaler Bürokratien bedroht. Demokratische Ordnungen aber sind kein Statusemblem, mit dem man sich schmücken kann; im Gegenteil – sie bedürfen der Weiterentwicklung auf allen Ebenen, um den Herausforderungen des jeweiligen Zeitgeistes angemessen zu begegnen. Sie bedürfen, wenn man so will, einer integralen Perspektivität, also auch einer spirituellen. Diese erscheint notwendig jenseits jeder Behauptung vom eigenen Gott als dem Einzigen, ebenso jenseits eines kapitalistischen Credo einer notgedrungenen Allverwertung der Schätze dieses Planeten, inclusive Tier- und Pflanzenarten.

Der Schritt in den Raum einer trans-rationalen Ordnung und Wirklichkeit, der eine universale, bzw. kosmo-zentrische Wahrnehmung ermöglicht, wie die Naturwissenschaften sie seit Einsteins, Planks und Heisenbergs Entdeckungen in größeren Umrissen erkennen läßt, ist auch dem religiösen Menschen nicht fremd. Schon vor mehr als 1500 Jahren sah der Mystiker Gregor von Nyssa Christus in jedem Stein, in jedem Partikel des Universums; die dafür angemessene Haltung erblickte der moderne Wissenschaftler Einstein in der Ehrfurcht vor den ungeheuren Dimensionen solcher Schöpfung. Der Sprung von rein anthropozentrischen Gemengelagen zu einer umfassenden geistigen Schau einer kosmozentrischen Wirklichkeit ist die ‚kopernikanische Wende,' vor der die globale Gesellschaft der Nachmoderne steht. Ob und in welcher Weise sie diese Krise meistert ist offen. Krisen sind furchtbar und fruchtbar; der Norweger Johan Galtung, seines Zeichens Konfliktlösungsforscher und Alternativer Nobelpreisträger benennt zwei wesentliche Prinzipien zu ihrer Bewältigung: ‚Transzendieren und integrieren' als die beiden Hauptelemente einer produktiven Gestaltung neuer, erweiterter Identitätsmuster, egal, ob es sich dabei um individuelle, gemeinschaftsbezogene oder internationale Konfliktherde handelt. Identität als Prozeß geistigen Wachstums beginnt, personal wie kollektiv, immer wieder im einzelnen Menschen; sie ist weder ein fertiges Produkt noch eine bloße Simulation zur Aneignung gesellschaftlich stimmigen Rollenverhaltens. Stattdessen gleicht sie eher dem Bild vom Radfahrer, der gehalten ist, ständig neue Ausgleichsbewegungen zu entwickeln, um Straße, Verkehrssituationen, Wind und Wetter gerecht zu werden; nicht zu sprechen von den eigenen inneren Prozessen, die kontinuierlich in dies Geschehen hineinspielen.

Somit wird klar: Bewußtseinsentwicklung, im Kleinen wie im Großen ist nicht Event, noch Selbsterfindung noch ein bloßes Psycho- bzw. Soziogramm sondern ein offener, komplexer Vorgang mit vielen Koordinaten, die genetisch durch Biologie und individuell durch Psychologie/Soziologie sowie kulturbestimmte Glaubenshaltungen und geographische Standorte schraffiert werden. Ein Ich zu entfalten, das sich zum Du und zum Wir zu öffnen, ja mit ihm in Empathie zu verbinden vermag, ohne seine Individualität preiszugeben, ist mit die größte Herausforderung in einer sich globalisierenden Welt. *Interbeing* nennt der vietnamesische Buddhist Thich Nah Than eine solche Daseinsform, die nicht nur die Kommunikation mit anderen Menschen und

Kulturen umfaßt sondern ebenso das Eingebettetsein in ökologische wie spirituelle Sphären. Dass ein solch durchlässiges Ich ohne seinen Schatten nicht zu haben ist, so wenig wie der Heilige ohne den Sünder, um diese Erkenntnis kommt keine Psychologie noch Religion herum. Und das ist auch gut so, denn, genauer gesehen, ist der Schatten auch das ungeborgene Reservoir individueller wie kultureller Tiefenkräfte, deren Förderung neues Licht auf scheinbar bekannte Wahrheiten zu werfen vermag. Dünger also, gerade in der Frage einer kosmozentrischen Spiritualität und Mystik in unserer Zeit eines erdumspannenden Klimawandels. *Das Ende der Welt, wie wir sie kannten* nannten daher die beiden bekannten Kulturwissenschaftler Klaus Leggewie und Harald Weltzer nicht von ungefähr ihr vor einigen Jahren erschienenes Buch zu diesem Thema.

Was den nachmodernen Zeitgeist vor allem auszeichnet ist das ungebremste Aufeinandertreffen radikal differenter, kollektiver Geisteshaltungen in einem/jedem Moment. Das Internet ist zum Sprachrohr archaischster wie fortgeschrittenster Einzelpersonen als auch regionaler Gruppierungen und Organisationen geworden, die Eines eint: Alles redet und handelt jetzt, gleichzeitig! Das Resultat: eine rasant sich steigernde Unübersichtlickeit und Unvorhersehbarkeit für jegliches Geschehen in Bezug auf den nächsten Augenblick!

Der US-amerikanische Bewusstseinsforscher Ken Wilber spricht an Hand solch vielschichtiger Zusammenhänge von Holons oder Ganzheiten, die sich von einfachsten bis zu höchsten Bewusstseinstufen zu entwickeln vermögen. Ein evolutionärer Prozeß von Identitätsbewegung, der das Inidividuum als ein Ganzes und gleichzeitig als Teil eines immerwährenden größeren Ganzen, in religiöser Sprache Gott geheißen, erkennt. Eine ständig einwärts und auswärts laufende offene Spirale, die Identität als ununterbrochene Entfaltung ineinandergreifender Ebenen und Stufungen dynamischer Kräfte begreift und zu beschreiben sucht- aus einem einzigen unbeschreibbaren zeitlosen Moment heraus geboren. Teilhard de Chardin, bedeutender katholischer Theologe und Naturwissenschaftler des 20. Jahrhunderts bezeichnete diesen Ursprung in religiöser Sprache als den Punkt Omega, die innere Gestalt des kosmischen Christus. Identität ist demnach gekennzeichnet durch einen transzendenten Impuls, ganz gleich, ob jemand religiös oder a-theistisch orientiert ist. Und: dieser Impuls entfaltet sich jeden Augenblick neu,- ein transformatorisches Geschehen in und durch jeden einzelnen Menschen wie Gesellschaften hindurch,- alle inneren und äußeren Universen durchpulsend.

Wilber setzt für diesen mikro/makroskopischen Vorgang des Lebens das Wort integral. Der Begriff selbst ist trocken, abstrakt, ja in einer Weise leer. Er gleicht -paradox formuliert- einer ‚offenen' Umarmung, die bereit ist, die Gegensätze, also das Tiefe und Hohe, Weite und Dichte, Linke und Rechte aller Existenz immer neu zu verbinden, bei deutlicher Wahrnehmung ihrer jeweiligen Stufungen: Wahrheit existiert auf jeder Bewußtseinsebene, ist aber an eine, durch eben diese Stufe auch begrenzte Perspektivität gebunden. Die Suchbewegungen von Jugendlichen in der Pubertät beispielsweise zeigen gleichzeitig sowohl eingegrenzte wie mit einem hohen Potential an noch unbewusster ‚Utopie' durchtränkte neue Horizonte, bei oftmals wilden seelischen Auf-und abschwüngen.

Der amerikanische Kulturphilosoph spricht von einer integralen Landkarte des Bewusstseins; er möchte die vielschichtigen Dimensionen menschlicher Evolution- vom archaischen, über das magische zum mythischen und zum rationalen und schließlich transrationalen Bewusstsein gemäß Jean Gebser, seinem deutschen Vorbild, in ihrer Komplexität und spirituellen Bedeutung für uns heutige Nachmoderne erkennbar werden lassen.

Darüber hinaus versteht er den integralen Ansatz als eine umfassende Heilungsintention, die unseren globalen, zerrissenen Zeiten ebenso notwendig wie angemessen ist. Denn die integrale Gebärde der offenen Umarmung, des Umfangens gerade von Widersprüchen aller Art, erweist sich in erster Linie als ein Ausdruck tiefster Weltbejahung, ja Ehrfurcht vor einer Wirklichkeit, die das Erkannte stetig übersteigt. Das Wort integer fällt hierzu ein, lateinischen Ursprungs, das eine Verbindung von Wahrhaftigkeit und Zusammenhang andeutet, im Sinne von Empathie, Kontinuität, Umfassendheit und Entwicklung.

Damit hat Wilber einen faszinierenden Ansatz zur Betrachtung und Reflexion gesellschaftlicher, politischer wie ethnisch-religiöser Anschauungen und ihrer entsprechenden Handlungsweisen vorgelegt, der von allgemeiner Geltung zeugt. In einem seiner Hauptwerke *Naturwissenschaft und Religion* umreißt er neue trans-personale Bewußtseinsstrukturen, die gerade in fundamentalistischen, also auch atheistischen Zeiten, von weitreichender Bedeutung sein dürften. Er schreibt dort:

Welche Ironie, dass ausgerechnet die Naturwissenschaft in den letzten Jahrzehnten des 2. Jahrtausends der Evolution über die Rationalität hinaus den Weg ebnen sollte, indem sie klar und deutlich aufzeigte, dass die Evolution nicht stehen bleibt, und jedes Stadium in ein größeres, umfassenderes Morgen einmündet. Und wenn das Heute Rationalität ist, dann ist das Morgen Transrationalität und nicht ein wissenschaftliches Argument der Welt steht dagegen, sondern alles dafür.

Die Erzählungen, Interviews und Reflexionen in diesem Buch sind in obigem Sinne darauf angelegt, dem Leser neue Wahrnehmungen eines sich immer weiter entfaltenden Netzwerkes holistischer Perspektiven nahe zu bringen, um deren politische, psychologische als auch geistliche Erkenntnisse in ihren Möglichkeiten und Grenzen zu betrachten. Die fatalen Brüche zwischen

Tradition und Moderne nicht nur zu überkommen sondern an Hand vieler Stimmen und faszinierender Lebensentwürfe als schöpferische zukunftsweisende Zusammenhänge wahrzunehmen, ist dabei das eigentliche Anliegen; es markiert den Grundton des vorliegenden Buches. ‚Und sah die Himmel offen' heißt es im Neuen Testament. Die folgenden thematisch gegliederten Kapitel stellen unterschiedlichste Resonanzen und Anschauungen zu einer solch weltoffenen Mystik der Zukunft dar- am Ende einer erschöpften Spätmoderne.Wo der Leser im Buch einsteigt, sei ganz seiner Neugier geschuldet.

Teil I: Christsein heute beginnt mit der Geschichte eines sehr persönlichen Weges in das Zentrum des Christentums: *Das Symbol wird befragt–Aufbruch in die Mitte des Kreuzes* mit nicht vorhersehbaren Auswirkungen auf den spirituellen Sucher und seine Gefährten. Die Spur führt weiter zu ältesten Traditionsströmungen innerhalb der christlichen Geschichte wie u.a. dem *Thomasevangelium* und der Frage nach den Berührungsflächen zwischen verschiedenen Schichten christlicher Spiritualität und ihre Bedeutung für unsere Zeit. Eine abenteuerliche Schatzsuche, die in der ägyptischen Wüste beginnt, und die Vorstellung eines einheitlichen Blockes von vier Evangelien für immer beenden sollte. Die Andersartigkeit des Thomasevangeliums mit Bezug auf das Neue Testament gibt, bei unvoreingenommener Lektüre, in vieler Hinsicht höchst fruchtbare Blickwinkel für den innerchristlichen wie interreligiösen Dialog von heute frei, wie der evangelische Theologe Marcel Martin aufzeigt. Mit einem Sprung in die Moderne finden wir uns dann bei der jüdisch-christlichen Aktivistin *Simone Weil,* einst auch die ‚rote Jungfrau' genannt, deren Lebenslauf einmal mehr zeigt, wie inmitten eines radikalen sozialistischen Lebens jesuanische Erleuchtung aufzublühen vermag und alles verändert. Der amerikanische Theologe Matthew Fox kommt der Französin wenige Jahrzehnte später aus der Neuen Welt mit seinen Thesen zu einer postmodernen *Schöpfungsspiritualität* entgegen, Weils existentiellen christlichen Humanismus um eine spirituelle Ökologie erweiternd, deren Bedeutung im Zeichen eines dramatischen Klimawandels erst heute wirklich deutlich wird. Mit der *Botschaft des Jahrtausends,* dieser erschütternden Brandschrift des bayrisch-katholischen Schriftstellers und Ökologen Carl Amery auf den Zu-und Instand von Kirche und Welt endet der erste Abschnitt.

Teil II: Pioniere des Interreligiösen Dialogs eröffnet mit einem Portrait einzelner Kerngedanken des Evolutionsforschers *Ken Wilber.* Er gilt als einer der produktivsten interkulturellen Denker, der theoretisch wie praktisch die Bewegungen religiöser Weltanschauungen in ihren Auswirkungen für die Gegenwart und Zukunft nachmoderner Gesellschaftsordnungen analysiert hat. Dabei kommt er zu faszinierenden Aussagen, die allmählich Gehör finden und die Evolution eines globalen spirituellen Bewußtseins vorantreiben: ein *Plädoyer für eine zweite Aufklärung.* Am Beispiel der Biographien zweier christlicher Mönche, die in Indien in den 40iger bis 60iger Jahren des 20. Jahrhunderts ihre Bestimmung fanden, zeigen sich konkrete historische Konturen dialogischer Emanzipation in der Begegnung der Religionen. Sich auf das Terrain fremder Religiösität einzulassen erfordert Mut und die Freiheit, von als wahr Erachtetem loszulassen, um radikal Neues erfahren zu können und zu integrieren. Henri Le Saux's existentielle Erforschungen zum Verhältnis von (Trinitäts)-*Glaube und Erleuchtung* (Non-Dualität) und *Bede Griffiths: Leben für eine neue kosmologische Schöpfungsanschauung* gelten nicht von ungefähr als Leuchtspuren interreligiöser Lebensexperimente. Beider Freund *Raimund Panikkar,* berühmter christlich-indischer Universalgelehrter, erschließt *im Gespräch* die weiteren Konsequenzen dieser Lebensläufe interkultureller Brückenbauer für unsere Zeit. Das *Tao der Bergpredigt* nimmt solche Spuren auf und setzt die Sprüche Jesu aus der Bergpredigt in Bezug zu den mystischen Einsichten des Tao Te King eines Laotse, mit erstaunlichen Überschneidungen und Parallelen.

Teil III: Gesellschaft und Mystik liegt indirekt ein Diktum von Josef Beuys zugrunde, der einst feststellte, dass sich das Mysterium in unserer Zeit nicht mehr an den offiziellen heiligen Plätzen abspielt sondern unmittelbar im Profansten zutage tritt: z.B. im Hauptbahnhof. Die deutsche Filmemacherin Doris Dörrie ist in ihren Filmen und Büchern, die um den Zenbuddhismus und westliche Sucher kreisen, immer wieder dieser Fährte gefolgt. *Das Göttliche im Putzlumpen finden* ist ihre ebenso knappe wie wunderbare Antwort auf die Frage nach dem Wo und Wie des Göttlichen im Alltag. Diese findet in Peter Sloterdijks, an ein Gedicht Rilkes anknüpfenden Aufruf: *Du mußt dein Leben ändern* eine höchst postmoderne theoretische Ausformung, mit einer radikalen Absage an traditionelle Religion. Dabei spielt das Diktum von Dorothee Sölle: *Erfolg ist kein Name Gottes* eine entscheidende Rolle, um nach-kapitalistische Strukturen genauer beschreiben zu können, in ihrer Bedeutung für den Zusammenhang von Gesellschaft und einer zeitgemäßen Spiritualität, wie ihr brasilianischer, katholischer Freund und Mitbegründer des Weltsozialforums Francesco Whitacer berichtet. Angstbesetzte Abwehrhaltungen und politische Pseudoidentitäten in atheistischen wie religiösen Gesellschaften verquicken einstmals wie heute Religion, Sexualität und Politik in oftmals obszönster Weise, wie sich in den beiden Kapiteln über monotheistischen *Fundamentalismus* und *Zölibat als reine Lehre* zeigt. Diese führen geradewegs zur Untersuchung des letzten Kapitels: *Töten im Namen gesellschaftlicher Mythologien.* Ein Befund. Es zielt auf die Zerstörungs- bzw. therapeutischen Potentiale einer Gesellschaft, wie sie u.a. in der großen Anstrengung der südafrikanischen Wahrheitskommission bei der Aufarbeitung der Greuel der Apardheitszeit zutage getreten sind.

Teil IV. Heilungen reflektiert das der Sinnfrage mitgegebene Urverlangen nach Heilwerden an Hand der christlich archetypischen Gestalt des Jesus als Heiland: *Heilung, was heißt das?* Ganzwerden als ein komplexer Prozess mit unvorhersehbaren neuartigen Herausforderungen. Was einst als *Gottesvergiftung* empfunden wurde, als monotheistische Drohgebärde eines richtenden, allwissenden Gottes, wie der Psychoanalytiker Tilman Moser es beschreibt, transformiert sich im Gang einer zweiten Aufklärung (Wilber) zur *Werkstatt der Liebe,* die zu einer umstürzenden, befreienden Praxis zu führen vermag, zum hellsichtigen Mitwirken am Großen Wandel, wie es die Seminare und Aktionen der amerikanischen Buddhistin Joanna Macy in vorbildlicher Weise darlegen. In der globalen, friedenstiftenden Mediationsarbeit des norwegischen Sozialwissenschaftlers und Alternativen Nobelpreisträgers Johan Galtung – *transcend and transform* geheißen, findet Macys gedanklicher Ansatz eine internationale Dimension, die als kreative Konfliktlösungsarbeit weit über diplomatische Konsensbemühung hinausführt. Der *Bericht über eine Konferenz* zur Frage des Verhältnisses von Wissenschaft und Spiritualität bildet abschließend den weitest gespannten Bogen in der Frage nach Heilung und Erleuchtung in einer trans-rationalen Gesellschaft, die Geistes- und Naturwissenschaft, Spiritualität und Vernunft zusammenzuschauen vermag. Was das für eine *christliche Mystik im 21. Jahrhundert* bedeuten mag, reflektiert ein letzter ***Ausblick.***

EINLEITUNG

Wohin mit der Sprache der Religionen?

Romano Guardini, der große katholische Theologe, schrieb vor mehr als einem halben Jahrhundert vorausschauend über den Buddhismus, daß dieser für die christliche Kirche die wesentliche Herausforderung der Zukunft darstelle. In der Tat ist das in einem Maße eingetreten, daß für das Christentum des dritten Jahrtausends in gewisser Weise gelten muß: Das Heil ist im Raum zwischen den Religionen zu finden; Tiefe und Weite ihrer Kontaktflächen und Freiräume entscheiden über das Gelingen eines Dialogs. Gerade die Modernität einer nicht-theistischen Religiosität, wie wir sie im Buddhismus vorfinden, bildet für viele Christen, die den personalen Gottesbildern inzwischen entfremdet sind, eine Brücke zu einer ihnen gemäßeren Anschauung des THEOS, (der Gottheit/dem unbekannten Ganzen) die dem intellektuellen Niveau westlicher Rationalität entgegenkommt. Ganz zu schweigen von dem jahrtausendealten erprobten Methodenarsenal östlicher Meditation, ihrer subtilen psychologischen Typologien und eines ‚modernen' Sprachduktus.

Die zentrale Frage lautet: Können wir die großen Texte der Religionen bewußt aus einer integrativen, ökumenischen Perspektive heraus neu, d.h. schöpferisch lesen? Können wir auch die Einsichten der modernen westlichen Psychologie, die subtile Vernetzung menschlichen Handelns und Leidens und ihre ewige Wiederkehr in der gewohnheitsmäßigen Achtlosigkeit, können wir all das z.B. in den Geschichten des Neuen Testamentes oder dem Koran oder den Upanishaden noch wiederfinden? Religionsstifter wie Christus oder Buddha haben unermüdlich daraufhin gewiesen, daß Wirklichkeit nicht in Geschichte/Politik und Religion/Metaphysik aufgespalten werden kann, dass Bewusstsein keine Frage moralischer Überlegenheit ist sondern eines anderen, subtilenergetischen Verständnisses von Wirklichkeit als einer durch Raum und Zeit wirkenden, unsichtbaren Kraft, einer meta-psychischen Pulsation, die in steter Schwingung zwischen polaren Gegensätzen sich aus- und einfaltet, deren Oberfläche Bewegung und deren Tiefe Schweigen ist und deren Fülle Liebe heißt, die in der ‚Leere' eines offenen Herzens gründet.

Erst eine organische Sprache der religiösen Erfahrung, die, wie uns die Mystiker lehren, immer auch eine paradoxe ist, führt uns auf den Weg, „Diesseits und Jenseits"/ Samsara und Nirwana fruchtbar und heilsam schon in unserer Imagination zu verbinden. Die Grundlage dafür ist eine Wahrnehmungsschulung, die es erlaubt, die subtilen, senso-spirituellen Phänomene, sei es die Atmung, das See- und Hörvermögen, innere Stimmen, Veränderungen im Körpergefühl u.a. neu zu würdigen.

Der Westen hat hierbei sein Augenmerk weniger auf das Ganze als auf das Individuale, das sichtbar gewordene, gesonderte Ganze gelegt, entsprechend die Betonung der Individuation, der Ausreifung des Einzelnen ins Wesenhafte, d.h. ins Dialogische personaler Existenz. Im klassischen Buberschen Ich-Du-Modell stellt sich die Einheit der Wirklichkeit als stete Begegnung mit Anderem, Unerkanntem dar. Eins und Eins ergibt hierbei nicht Zwei, sondern Drei, also ein Neues, eine höhere Ganzheit leib-seelischer Gestalt. Die Wirkung solch erlösender Einsicht angesichts widersprüchlicher Gottesdefinitionen findet sich ebenso im Wilberschen Beispiel von den drei Gesichtern Gottes.

‚Am Anfang war das Wort' heißt es ebenso lapidar wie eindringlich im Johannesevangelium. Mit diesem Satz hatte Goethe im Faust schon seine Schwierigkeiten, weniger dagegen der geistliche Osten, der allerdings lieber vom Urlaut OM, dem mantrischen Schöpfungskeim des Universums, spricht. Ähnliches findet sich im Alten Testament; dort fragt der Prophet Elija auf dem Berg Horeb nach Gottes Gestalt; nachdem viele großartige Naturphänomene seine Sinne beeindruckt haben, hört er die Stimme eines „verschwebenden Schweigens" und er erkennt den HERRN. In diesem wunderbaren Bild der Übersetzung der altbiblischen Sprache durch Martin Buber leuchtet das Geheimnis der Transzendenzerfahrung sublim, voller Schönheit und Paradoxie hervor. Gleich einem Koan sind hier Stimme, Schweigen und Gottes-oder Transzendenzerfahrung im Blick eines großen, modernen jüdischen Sehers unnachahmlich zusammengefasst- dem Unsagbaren in der dichterischen Metapher Raum gebend. So öffnet sich in seltener Einmütigkeit der religiösen Kulturen in Ost wie West der Satz vom Wort, vom Logos im Johannisevangelium, zum Hörbild vom klanglosen Klang als dem un-erhörten Ausdruck eines alldurchdringenden Schweigens, dessen in Worte gefasster Gegen-Satz das paradoxe ‚Ich Bin, der Ich Bin, der Ich Sein werde' des alttestamentarischen Gottes ist.

Wer die großen Texte der Religionen verstehen möchte, sollte immer wieder hier beginnen: mit dem Hören, dem offenen, vorurteilslosen, konzentrierten Horchen auf jenen anfangslosen Ton, der im jüdisch-christlichen Kulturbereich als Stimme Gottes bezeichnet wird. Doch letztere beiden Worte legen den Leser schon auf eine personalistische Vorstellung vom Numinosen fest und entfernen ihn unversehens von jener „Süße", jenem Duft eines Geheimnisses, wie es C.G. Jung formulierte, das ebenso Mitte und Anfang seines eigenen innersten Wesens ausmacht. Hier wird ein Grundprinzip aller mimetischen (leiblich-nachbildenden) Gestaltformung greifbar: in der existentiellen Auseinandersetzung mit der Tiefendimension des Textes entsteht der Raum, der spirituelle Körper,- ähnlich einem Samenkorn im Dunkel der Erde, das sich gegen den Druck der Gravitation entfaltet- bis es diese seinem eigenen Gesetz des Wachstums, des Emporstrebens, völlig einverleibt hat. Ebenso eröffnet der mimetische Verstehensprozeß die Chance, die metaphorische oder paradoxe Struktur religiöser Sprache nicht mehr als Widersacher zu sehen sondern als initiatische Wegführung im Prozeß einer offenen Begegnung zwischen historischem, spirituellem Schriftgut und dem gegenwärtigen Leben des Lesers bzw. Hörers.

Der Raum des Textes (lat. textum=das Gewebe) verwandelt sich damit zum Organ. Dieses ist vielleicht die allerseltsamste und doch zugleich selbstverständliche Metamorphose, die mit solcher ‚erhörenden' Initiation einhergeht. In der Sphäre der Sprache ist das Andere schon immer da, als Klang und Echo einer universalen, feinstofflichen Sphäre, der noch jeder Buchstabe als Atemton wie Lebensäußerung subtile Nahrung, sprich unbewußte Erkenntnis zubringt. Der Körper des Textes wie der des Hörenden haben, so gesehen, kein Ende; sie sind Teil wie Organ eines kosmischen Resonanzfeldes.

Die Texte der Religionen sind mithin keine „Infos", mögen sie auch noch so viel Material für den Historiker, den Religionswissenschaftler oder Ethnologen enthalten. Wer sie nicht im Kern als inspiriert erkennt, dem nur das Echo der eigenen Intuition nahe kommt, bleibt außen vor. Die Haltung des Hörens ist daher den Schriften grundlegend, da sie eine oftmals frischere Wahrnehmungskapazität freisetzt, die viel unverbrauchter agiert, sprich weniger Vorurteilen, Voreingenommenheiten unterliegt als das kulturspezifisch ungeheuer vorgeprägte Sehen und Denken. Im Hören öffnen sich mehrdimensionale Räume, werden Energien spürbar und die Bilder, die auftauchen, entspringen größerer Tiefe.

Am Anfang aller Arbeit mit religiösen Schriften steht daher die Stille und die Wachheit der Sinne und nicht zuletzt Vertrauen. Wer sich, wie Zen-Schüler, oft monate- oder jahrelang einem Koan, einem hochparadoxen Auspruch, etwa über das Wesen des Buddha, stellt, scheitert ohne solches grundlose Vertrauen schnell. Dieses könnte mit einem bekannteren Wort auch Gläubigkeit genannt werden, in der Weise einer alle Sinne einbeziehenden Öffnung, einer echten Hingabe an die eigene metaphysische Ahnung. Anders gesagt: ich muß den Texten der religiösen Traditionen etwas zuerkennen, von dem ich noch gar nicht weiß, ob sie es wirklich enthalten. Es sei denn, ich bin ein traditioneller, sprich vormoderner, buchstabengetreuer Gläubiger. Selbst dort, wo ich erkenne, dass es Schätze zu bergen gilt, bleibt es ungewiß, ob sie mich wirklich befruchten werden. Gewinn ist also nicht leicht und vor allem nicht schnell zu erzielen; und selbst wenn, so ist es doch ein geistlicher, will sagen, von einer Art, die durchaus nicht mit meinen normalen Lebensvorstellungen- und plänen übereinstimmen muß, ja diese vielleicht in größte Unordnung bringen könnte. So gesehen gibt es niemals eine „moderne" heißt schnelle, klare, einheitliche Übersetzung einer Bibel, der Veden, des Koran. Diese braucht immer uns selber, wir sollen ja über-setzen: von heimischen Ufern an höchst unbekannte Gestade.

Wo die Sprache ‚breiter', die unmittelbare Schau des Numen, des Unsagbaren in mehrdeutige Bilder verlegt wird, kommt der Form der Darstellung um so größere Bedeutung zu: die Auswahl des Bildmaterials, die spezifische Kulturzugehörigkeit der Hörenden, ihre gesellschaftlich vermittelten blinden Flecken, ihre durch Religion und Brauchtum festgelegten Erwartungen und Hoffnungen. Solange Kommunikation sich noch im intimen Umgang zwischen Schüler und Meister ereignen kann, reicht oftmals die schweigende Anschauung eines gegebenen Wortes zur Erkenntnis hin. Im Beisein eines Jesu oder Buddha, sozusagen umhüllt von ihrer Aura, ist der Schüler jederzeit unmittelbar eingetaucht in die Wahrheit der Situation; nicht um Inhalte geht es dann, sondern um spontane Ein-Sicht.

Jede der Heiligen Schriften ist ein Land ohne Wiederkehr, das höchste Achtsamkeit, Mut, Entschlossenheit und Ausdauer erfordert, vor allem aber jene Sehnsucht und subtile Verrücktheit des Herzen, die die notwendige Resonanzfläche des ‚Entdeckers' ausmachen. Diese Fläche ist sein eigenes Leben in der Vergangenheit wie hier und jetzt. Anders: der Körper des Hörenden, bzw. Lesenden ist der Ort der Sprache, der Text der Tradition bildet die größere, panoramische Spiegelfläche dazu. Wo beide zusammenfallen, leuchtet die tiefere Einheit von universalem Schrifttum und individueller Biographie schlagartig auf. Obwohl jeder auf diesem Wege prinzipiell alleine ist, sollte er ihn nicht alleine gehen. „Wo zwei oder drei versammelt sind", dieser Ausspruch Jesu scheint auf lange Strecken hin verpflichtend. Ich höre anders, ich sehe anders, wo ich eine solche Sprache mit mehreren Menschen teilen kann, wo die unvermutet in Gang gekommene Erinnerung einer tieferen Lebendigkeit mit ähnlichen Lebenserfahrungen anderer in Verbindung tritt: als Freude, als Schmerz, als Erschütterung bis dahin empfundener Selbstverständlichkeiten. In der Tiefe meines Selbst will das Wort genauso anwesend sein wie in der Gemeinschaft.

Spirituelle Gemeinschaften und politische, ökologische Aktivitäten als Ausdruck eines mystisch-wachen Bewußtseins vom Nicht-Tun im Tun sind im Westen zunehmend im Wachsen begriffen. Diese Verknüpfung „weltlicher" mit geistlichen Belangen ist für viele Menschen inzwischen unabdingbar. Solche Einsicht ist ein wesentlicher Schritt in einen Raum ganzheitlichen Denkens, das das Spirituelle nicht mehr an ein religiöses System binden muß, noch an eine spezifisch konfessionell geprägte Sprache. Es gibt in unseren postmodernen Gesellschaften ein zwar noch marginales aber im Zunehmen begriffenes, handelndes Bewußtsein, das auf der Basis einer integralen meditativen Empirie der Einheit von Selbst und Welt beruht. Ein zentrales Kriterium für solche Empirie bildet der individuelle Transformationsprozess.

In dieser Hinsicht ist die ökologische Krise heute als ein beredtes Zeugnis für den Verlust einer subtilen, spirituellen Balance zu anzusehen, für das Verdrängen der Wahrheit, daß wir immer eingebunden sind in den großen Kreis einer lebendigen Formensprache der Evolution- daß wir mithin niemals außerhalb stehen. Man erinnere sich in solchem Zusammenhang an die Bild- und Schriftzeichen der frühen westlichen Megalithkulturen: Kreise, Spiralen, Schlangenlinien, Stäbe, Vierecke, Kreuze, Punkte – jedes ein Zeichen für die unsichtbare Welt in der sichtbaren. Sie sind als einfachste, umfassendste Gebärden zu verstehen, als Verdichtungs- und Orientierungspunkte auf der Zauberkarte des großen Bewußtseins. Was sie im Einzelnen bedeuten mögen, bleibt, ähnlich einer mimetischen Hermeneutik, die kontinuierlich diesseits und jenseits der Sprache agiert, durchaus offen. Solche Offenheit fängt die Grundgesetzlichkeiten des Kosmos leichter ein, da sie die Verbindung zum Ganzen (THEOS) nicht eindeutig und damit falsch interpretiert.

Gebärden ist Gebären, und was sich gebiert ist die unsichtbare Sinngestalt, welche sich unaufhörlich in den Körper hineingießt und von diesem „erinnert" wird. Daß wir aus solchen Gebärden leben, zeigen Mythos und Symbol seit Jahrtausenden. Sie sind die ständig wiederholte Erinnerung an das Einmaleins jeder Form: Das Auf und Ab, Hin und Her, den Dreh, den Sitz, die Faltung, kurz das Gerüst jeder Gebärde, dessen offenste, sprich abstrakteste Weise die Zahl darstellt. In dieser Hinsicht ist jede Gebärde im Prinzip schöpferisch; ihre Potenz liegt in der Evokation einer transzendenzbezogenen Energie, die die irdischen Kreisläufe ständig befruchtet und erneuert.

In solchem Zusammenhang gesehen zielt der leiblich nachbildende, interpretative Verstehensprozeß eines Textes (Hermeneutik) daraufhin, die individuellen, zumeist ganz unbewußten Wahrnehmungen und Regungen hinsichtlich der Wirksamkeit (Wirklichkeit) religiöser Sprache, Zeichen und Bilder zum Ausdruck zu bringen und zu schauen, in welcher Art die so erschienenen subjektiven Formen den Tiefenraum, die Sprache eines Symbols, zu öffnen vermögen.

Das Innewerden des allgegenwärtigen, leibhaftigen Geschehens des Symbols, seine ununterbrochene Inkarnation im Menschen ist so konkret zu verstehen wie der Sauerstoffwechsel der Zellen oder der Rhythmus des Herzschlags. Die Welt als Leib Christi zu erkennen, um ein Beispiel aus der abendländisch-religiösen Tradition zu nehmen, ist daher weder ein bloßes Sprachspiel noch eine Metapher, sondern in allererster Linie Ereignis, das mir widerfährt, oder deutlicher – in dem ich geschehe!

Der mimetische Weg ist mehr als verbal interpretierende Textlesung oder bloß liturgische Handlung; im Gegen- und Ineinander von Wort und Schrei, Schwingung, Meditation, Gebärde und Tanz-Schauspiel eröffnen sich Räume für den unvorhersehbaren Weg von der persönlichen Erfahrung zu einer umfassenderen, allgemeineren, die einzelnen biographischen Aspekte umgreifenden Ausdrucksform – mithin einem Ansatz zur rituellen Gestalt. Was sich darin mitteilt ist, theologisch gesprochen, lebendiger Logos, Menschwerdung.

Die Entwicklung entsprechend empirischer/sinnlicher Weggestalten sind erste Brücken auf der Suche nach authentischen, postmodernen, transformativen Lösungen angesichts ökologisch-politischer Großkrisen. Der Einzelne bildet dazu den Ausgangspunkt: ohne seine Träume, seine Einsichten und seine Bedürfnisse kein Weg und keine Gemeinschaft; ohne seine Himmel und Höllen kein Verständnis der Gegenwart, aber bloß befrachtet mit ihnen auch keinerlei Zukunft.

Wenn der mimetische Vorgang Eines zeigt, dann dieses, dass, ohne den Spiegel der Erscheinungen', christlich gesprochen: ohne die Schöpfung, ohne ihren Abdruck (Inkarnation) in unserem Körper und ohne unsere Empfindung davon kein fruchtbares Leben ist. Der Kulturwissenschaftler Dietmar Kamper schreibt:

‚Denn ohne die konsequente Annahme einer Körperrealität der Bilder (der Formen der Evolution), für die es keine eindeutigen Zuständigkeiten gibt, und für die meisten gibt es mehr als nur definierte, festgelegte Situationen,- ohne die Einsicht in einen biologisch-metaphysischen, spontanen Zusammenhang der inneren und äußeren Bilder = Erscheinungen = Dinge ist das eherne Gesetz von Ware, Konsum und Kapital nicht aufzubrechen.'

Das gefangene Einhorn, Hanser, München 1986

Erst im Verlauf solcher Prozesse drängt die eine Frage der Nachmoderne unversehens in den Vordergrund: wie aus jener Sackgasse eindimensionaler Wahrnehmung der Dinge als bloße Verbrauchsgegenstände ein Weg zu finden wäre, der den Schein des Zeichens, die Transparenz der sogenannten Fakten (ob als körperliche Gestalt oder bloße biochemische Materie) im Namen einer zweiten Auferstehung zum Erklingen zu bringen vermöchte – im Begriff einer tiefen Ökologie, die Erde, Kosmos und Mensch erneut zusammenzuschauen vermag.

Vision, Traum, poetische Sprache und Symbol sind sprossenlose Leitern über dem Abgrund; Bilder ohne Rahmen, Gravuren im leeren Raum. Erst ein begrifflicher, spekulativer, theologisch-philosophischer Sprachduktus suggeriert Handfestes im Ungreifbaren, Sicherheit im Leeren,- und der manipulative Verstand beginnt alsdann Gottes- und Weltbilder zu produzieren. Die verdinglichende Substantivierung von hochsubtilen, energetischen (geistlichen) Vorgängen bringt deren spürbare Wirklichkeit mit der Zeit zum Verschwinden, läßt Religion und Spiritualität wie kalt gewordene Lava erstarren; ohne jedoch ihre Wirkkraft, die nun gänzlich ins Unbewußte verlagert worden ist, fruchtbar! aufzuheben. Die heiligen Schriften der verschiedenen Kulturen gleichen daher oftmals der unheimlichen Sphinx aus den griechischen Sagen; mögen sie auch Jahrhunderte wie stumme, erratische Blöcke in der Wüste der Zeit liegen, vom Sand halb verschüttet, so verbirgt sich hinter ihrer äußerlichen Versteinerung doch ein lebendiges Gewebe, das darauf wartet, durch Achtsamkeit und echte Anfrage wieder in Schwingung zu kommen.

Der mimetische Prozeß über die Worte hinaus und durch sie hindurch weist in diese Richtung. So wird in der heutigen Zeit, da die Einheit der Religionen erstmals unverzichtbar ins Licht rückt, der Buddhist das Antlitz Christi, die Agape, in der Leere des großen Herzens ebenso erkennen wie der Christ seinen existentiellen Anteil am Dharma des Buddha oder am Tao eines Lao Tse.

Teil Eins

CHRIST-SEIN HEUTE

Ein Symbol wird befragt: Aufbruch in die Mitte des Kreuzes

Wie schuf der Ewige den Menschen? Er ließ das Bild vom Menschen, das er in sich trug, aus sich heraustreten und Erdenwirklichkeit werden, und er hauchte ihm Leben ein. Welches Leben? Es gibt nur eines: Das Seine! So wurde der Mensch und so wird jeder Mensch und jeder ist gleicherweise göttlicher Geist in irdischer Form, in jedem lebt der Ewige. Wie kannst du dem Ewigen ins Gesicht spucken, wie kannst du den Ewigen schlagen, wie kannst du den Ewigen töten wollen?

In der Tat: nicht die Gesetze vermögen das Zusammenleben der Menschen zu regeln. Nicht Furcht vor Strafe hält ab vom Töten des Lebens und der Seele. Nur die Erkenntnis vom Einssein alles Lebendigen schafft das Friedensreich. Sag das den Anderen, Miriam! Sag es allen! Sag es tausendmal tausendmal. Dies ist mein Auftrag an dich: Lehre die Einheit alles Lebendigen. Lehre die Liebe.

(Luise Rinser, Mirjam, Fischer 2012)

Solange er sich erinnern konnte, hatte er immer eine Abneigung gegen das Kreuz. Die Ablehnung konnte sich bis zum Haß steigern- dies Symbol schien ihm das Gegenbild zum Leben schlechthin. Und überhaupt nicht vermochte er den gekreuzigten Menschen, Jesus genannt, von dem er glaubte, fühlte, ahnte, dass Er sei, in lebendige, nicht bloß gedachte Beziehung zum eigenen kleinen Leben zu bringen. Die Kluft war für ihn lange Zeit unüberbrückbar und die Geschichte über eine Zusammengehörigkeit reine theologische Verbalakrobatik.

Vollends missriet jeder Zusammenhang, wenn er einen Blick nach draußen, in die Natur warf: Gab es so etwas wie einen spürbaren Gott der Wälder, der Flüsse, der Wüsten – nicht nur der Schöpfung im Allgemeinen und theoretisch-physikalischen Sinne oder war das allein die heidnische Phantasie eines schwärmerischen, romantischen Geistes?

In seinem Leben blieben diese vier Worte: Jesus Christus, Gott, Natur auf lange Zeit wie riesige Bruchstücke eines verlorenen Ganzen, an das er sich nur im jeweiligen Einzelkosmos der abgesprengten Teile zu erinnern vermochte; im Angesicht eines geliebten Menschen, im Empfinden von Ehrfurcht in manchen Gotteshäusern, im Anblick einer lichtdurchfluteten Landschaft. Jedes für sich machte Sinn, zusammen erschien alles nur verklebt, nicht organisch verbunden. Hier der Gott-Mensch, dort Gott selbst und da die Kreatur; die Teile kommunizierten nicht, alles blieb ungereimt.

Das war sein Kreuz: das zerteilte Leben, der angenagelte große Leidende, der nicht zu tanzen vermochte, über den in dieser Hinsicht im schwarzen Buch, Bibel genannt, nichts ausgesagt war, und das allemal zu dick, in allzu archaischer Sprache geschrieben war – trotz moderner Einheitsübersetzung- und das durch allzu sonderbare Geschichten einen Heranwachsenden von jedem innigeren Studium abschrecken musste. Der Aufruf: ‚Jeder nehme sein Kreuz auf sich', schien ihm die Grundformel aller subtilen Selbstquälerei, die jene zwei Balken für ihn verkörperten.

So bedurfte es für ihn eines beträchtlichen Zeitraumes, mit Umwegen über die Tiefenpsychologie C. G. Jungs, über den tibetischen Buddhismus, Martin Buber, über die Meditation des

Zen, um sich, mit nicht geringer Bangigkeit, diesem zentralen Symbol unserer abendländischen religiösen Kultur noch einmal zuzuwenden. Dabei allerdings wuchs in ihm die Ahnung eines Un-Erhörten, dem seine Phantasie nur in der Sprache der Poesie zu entsprechen vermochte:

Weiß
Offene Landschaft,
die mir entgegenströmt, in die ich ströme.
Zu seiner Stunde geht ein Stern auf
Und, von den äußersten Grenzen durchdrungen,
leuchtet in mir sein Glanz.
(Verena Rentsch, Limes 1974)

Sie trafen sich, eine Gruppe von Frauen und Männern, das erste Mal kurz vor Weihnachten im Gemeinderaum der evangelischen Kirche eines kleinen oberbayrischen Dorfes. Thema: ‚Was bedeutet mir das Kreuz?' Das Kirchlein, ganz aus Holz gebaut, strahlte Wärme und Geborgenheit aus. Nach einer kurzen Übung saßen alle zum ersten Mal im Kreis und schauten sich an. Schweigen. Dann tastende Versuche in ein orientierendes Gespräch. Wie beginnen? Das schöne Bild von der Reise ins Unbekannte, von dem man ausgegangen war, hatte sich nun schlagartig mit Wirklichkeit überzogen. Unentschlossenheit und Unsicherheit lagen wie dunkles Gewölk über allen. Es war, als sähen sie sich zum ersten Mal wirklich, jeden in seiner Gestalt, und jeder schien fremd und von bedrängendem Anders-Sein.

Draußen tobte ein Sturm, er schien ein warnendes Zeichen für das, was ihnen bevorstand auf dieser Reise in die Mitte des Kreuzes. Harmlosigkeit zerstob. Eine Art Vorstellungslosigkeit hatte alle ergriffen, ein urtümlicher Schrecken über die Frontalität einer selbstgewählten Situation.

Das Kreuz, was war das? Es war nicht zu sehen, schien zu nah, wie das Gesicht eines geliebten Menschen, das man plötzlich nicht mehr vors innere Auge zu bringen vermag; man erschrickt, als sei etwas Wertvolles verlorengegangen, als trüge man selbst die Schuld daran. Die allgemeine Verwirrung spiegelte die Bannkraft des Schattens, in den einzutreten man sich entschlossen hatte. Es gab kein Ziel, man war ja schon da, ohne es zu wissen, ohne zu verstehen in welcher Weise. Und so schien jeder Schritt, jede Aktion falsch, weil ohne wirkliche Orientierung. Eingetreten in den unterirdischen Raum des Symbols gewann jede Entscheidung, jede Wendung unmittelbare, nicht abzuschätzende Bedeutung. Während die Gruppe in ihrer offenkundigen Notdurft nach einem Anfang suchte, hatte das Kreuz, nach dessen Spuren man Umschau hielt, begonnen auszustrahlen, entfaltete seine unsichtbare Herrschaft über die richtungslose Gemeinschaft. Keiner von ihnen ging davon aus, dass sie ein Lebendiges gerufen hatten. So glichen sie dem Beter, der nach Gott fleht, nicht ahnend, dass dieser ganze Zeit schon um ihn ist, wartend, dass ER erkannt werden möge.

Die Grundidee war einfach. Die Gruppe wollte herausfinden in welcher Weise sich welche Erfahrung des Kreuzes im Leben eines heutigen, nachmodernen, ganz normalen, also auch nichtgläubigen Menschen spiegelt und wie sich solches Erleben angemessen, d.h. in entsprechenden, sichtbar gewordenen Formen darstellen ließe- mit und jenseits der Sprache.

Die Hypothese lautete, dass das Kreuz als archetypisches Symbol jederzeit und überall wirksam sei, unabhängig davon, wieviel christliche Erziehung jemand genossen hatte, bzw. dass dieser Jemand sich inzwischen vielleicht als Atheist oder Buddhist begriff. Dies konnte intellektuelle Verzerrungen mit sich bringen, ohne den Grundsatz eines ursprünglichen, unbewussten Erlebens und seiner leib-seelischen Eindrücke gänzlich aufzuheben. Es ging also darum, in einfachster Form Kreuzerfahrungen, so wie der Einzelne diese für sich empfunden und verstanden hatte, unmittelbar Gestalt werden zu lassen- ungeachtet jedweder korrekten, sprich dogmatischen Auslegung dessen, was unter christlichem Kreuz zu verstehen sei. Das zentrale Medium konnte nur der Körper und seine spontanen Gebärden sein, Gravuren des gelebten Lebens: Mimik, Gestus, Rhythmus,- im Sinne eines Wortes des bekannten Architekten Hugo Kükelhaus:

Die verwandelnde und lebenszeugende Kraft des Menschen beruht auf der Erschaffung der verborgenen Leibgestalt. Denn wenn wir Wirklichkeiten, in denen sich leben lassen soll, gestalten wollen, müssen wir erst wieder aus dem eigenen Körper diejenigen Gebärden entwickeln, in denen sich das Sichtbare mit dem Unsichtbaren vermählt.

(Urzahl und Gebärde, Klett 1992)

Kükelhaus spricht jenes utopische Empfindungsbild unseres Selbst an, welches, im Nachhinein erkannt, uns doch immer vorausgeht. Erschaffung meint bei ihm Er-Innerung, genauer: das Inne-Werden des all-gegenwärtigen, leibhaftigen Geschehens des Symbols, seine ununterbrochene Geburt im Menschen; so konkret verstanden wie der Sauerstoffwechsel der Zellen oder der Rhythmus des Herzschlag und die Melodie der Sehnsucht, die der chilenische Poet Pablo Neruda auf seine Weise nachzeichnet:

Man muß unansehnliche Dinge suchen,
irgendwo auf der Erde am blauen Ufer des Schweigens
oder, wo, wie ein Zug, der reissende Sturmwind vorüberzog:
Dort bleiben schmale Zeichen zurück,
Münzen der Zeit und des Wassers,
Trümmerreste, himmlische Asche
und die unübertragbare Trunkenheit,
teilzunehmen am Werk der Einsamkeit und des Sandes.
(Viele sind wir, Luchterhand 1979)

Die Welt als Leib Christi, um in der abendländischen Tradition zu sprechen, ist daher keine Metapher, kein Bild, sondern in allererster Linie Ereignis, das mir widerfährt oder deutlicher noch: in dem ich geschehe. Aber wie und in welcher Weise, das ist die entscheidende Frage. Zumal in einer Zeit wie der unsrigen, in der das Symbol des Kreuzes mehr und mehr an Aussage und Bindungskraft verliert.

2000 Jahre nach Christi Geburt, die die fortschreitende Selbstabdankung der Kirchen im Abendland mit sich gebracht haben, im Angesicht der ökologischen Katastrophen auf diesem Planeten, zeigt sich, dass die Erscheinungen der Welt nicht als Trug zu begreifen sind, als reine Maya, Blendwerk des Teufels, noch bloß als Material für wissenschaftliche Neugier sondern als Hinweis auf den leuchtenden Schein, das andere Licht, aus dem sie kommen und in das sie nun wieder zu verschwinden beginnen. Ob Schmetterling, bunte Frühlingswiesen, unberührte Landschaften oder die Freude an einem warmen Sommerregen- die ganze paradoxe Vielfalt der Erscheinungen im Siegel des Kreuzes, der Schöpfung mithin, ist auf dem Rückzug heute, wird buchstäblich abstrakt, verzieht sich. So schreibt Erhard Kästner:

Welch ein Ereignis war es doch, dass einst das Lamm den Heiland darstellen durfte und der Hirt den Erlöser. Wenn Ernte einmal für Erfüllung stand und Heilung für Heil, wenn die Dinge dieser Welt es einmal ausgehalten hatten, die Metaphern des Heils zu ertragen und nicht zu zerspringen dabei: so kann das nicht ohne Folge, so kann das nicht bedeutungslos gewesen sein.

Durchs Gleichnis muß eine sakramentale Erhöhung auf die berufenen Dinge ausgegangen sein- auf Weinstock und Rebe, reifende Felder, Hochzeit, Brot, Stein, Groschen und Knecht, eine Verwandlung, die in der Verwandlung von Brot und Wein ihren höchsten Ausdruck besaß.

(Die Stundentrommel vom Berg Athos, Insel 1974)

Wir haben die Welt in Fakten und Zeichen aufgespalten, halten das Eine für real und das andere bloß für bildhaft. Dabei sagen uns heute Psychologie wie Quantenphysik, dass Fakten nur Verdichtungsmomente vielschichtiger Prozesse sind, die im Symbol, im Mythos wie in einem Spiegel zur paradoxen Anschauung reifen. Symbole sind existentiell zu verstehen; Existenz ist das, was herausragt, nicht nur für sich steht sondern für Anderes, Unbekanntes.

Entsprechend kommt die Gestalt des Menschen zum Ausdruck – seine Grundgegebenheit ist eine kreuzweise: seine im Körper sichtbare Form beschreibt das ständig fluktuierende Zueinander von vertikal, horizontal und diagonal. Mit anderen Worten: Leben und Sterben Christi sind uns faktisch inkarniert, egal, wie wir dazu stehen, was unsre Meinungen dazu sind. Unsere Wünsche, Ängste und Hoffnungen sind tatsächlicher Ausfluß dieser großen Gebärde, die unser Leben durchzieht – ebenso geheimnisvolles wie geschichtlich gewordenes Ereignis. Die namenlose Gestalt jedes Einzelnen trägt jenen Namen: Menschensohn, Gottesmensch.

Wir leben in einer Zeit, in der die christlichen Rituale, Zeremonien und Gleichnisse den Tod eines allgemeinen Vergessens sterben, verursacht durch Entfremdung, Verfälschung und Auszehrung. Aber die Auflösung der Bilder und Gebärden bietet eine große Chance – sie lässt den selbstgefertigten Rahmen wieder-erkennen – die theologischen Ideologien, die Herrschaftsgebilde im Namen Gottes, die Knechtung durch falsche, aufgezwungene Gebärden. So ergibt sich für uns heutige Zeitgenossen die unerhörte Möglichkeit, durch die Lücken und Risse der Vorstellungen andere Wirklichkeiten zu erspähen, die von dem furchtbaren Irrtum erlösen können, das Bild, das Wort für die Realität selbst zu nehmen. Ahne ich darum, mag eine Wahrheit aufschimmern, die der große amerikanische Dichter Walt Whitman so umschreibt:

Meine Worte erinnern weniger an wägbare Eigenschaften, sie erinnern mehr an das unaussprechliche Leben und an die Freiheit und an die Erlösung. Ich sehe Briefe von Gott, die ER auf der Straße fallenließ, und ich lasse sie liegen, denn ich weiß, wohin ich auch gehe, andere werden ankommen bei mir, pünktlich immer und ewig: aber ich, der ich neugierig bin nach allem, bin doch nicht neugierig auf Gott.

(Grashalme, Reclam, Stuttgart 1968)

Der Schichten, die über die existentielle Gestalt des Kreuzes gelegt worden sind, es verhüllen, verschieben, verzerren bis zur Unkenntlichkeit, sind viele. Aber als Kreuz der Wirklichkeit, das die Eindimensionalität des Denkens und Sehens überwindet, indem es die Gleichzeitigkeit zweier Gegenrichtungen zusammenschaut, zwei in eins setzt, und so das Dritte, dass Neue gebiert, leuchtet es in jeder Erscheinung als sein heimlicher Blütengrund.

Die Neuentdeckung des Kernsymbols des Christentums sollte daher von den Endpunkten der individuellen Erlebnisse, Imaginationen und Erinnerungen ausgehend, in die Mitte des großen Symbols führen, d.h. ins Fremde. Trägt doch jeder Moment einer Gestaltung von Erinnertem im Augenblick seiner Darstellung einen Funken Unbekanntes, einen Hauch von Geheimnis, aus dem beispielsweise die Künste leben. Auf der Suche nach einem verlorengegangenen Symbol gilt es, die Bilder verdrängter Wahrnehmungen vorzuführen und im Darstellen zu erlösen: ‚Zeige deine Wunde', nannte Josef Beuys einmal mit großer Intuition sein Kunstwerk.

Von der Peripherie ins Zentrum eines Symbols zu gelangen, heißt, ins Labyrinth einzutreten, in den Schoß des Zeichens, in seine Leere. Dort kommt alles Spiel, jede Rolle zu ihrem notwendigen Ende, dort ist die Null: der Drehpunkt zu einer größeren, umfassenden Wahrheit. Eine Übung dazu:

Am Boden liegend, mit Gesicht und Bauch zuunterst, die Schwere des Körpers im Loslassen spürend, von der Erde getragen; abgeben von Gedanken und Gefühlen, abgeben der inneren Schwere, Aufgehoben-Sein im Unten, im Atem, der Boden und Körper verbindet. Vergessen des Oben, des Drucks der Vertikalen. Wie das Gewicht des Körpers mich löst, eigenartige Erfahrung, wie es hineintropft in den Boden, mich leicht macht, weich, fast zärtlich. Stille, für mich sein, an der Basis des Lebens, unten.

Nach langer, wie langer Zeit? erreichen mich die Klänge einer Musik gleich einer leisen Welle- eine helle Sehnsucht erwacht. Langsam, wie beim Dehnen einer Katze mit den vorgespreizten Pfoten, zieht, vom unteren Kreuz her, eine Bewegung den Oberkörper allmählich in die Vertikale, ins aufrechte Knien – ein erstes Oben ist erreicht: der Blick wird frei nach rechts und links – Raum geschieht, Richtung wird erkennbar. Sekunden später neigt sich der Kopf wieder nach unten, beugt den Oberkörper der Erde zu, die Hände seitlich am Boden aufgesetzt - uralte Gebetshaltung der Völker.

Im nächsten Moment dann der Impuls in die Höhe; der Oberkörper entrollt sich entlang der Wirbelsäule und steigt, wie von selbst, als würde einer, schwer und leicht zugleich, aus dem Wasser emportauchen, ließe alles Gewicht wie Tropfen an sich abrinnen, bis er, im Glanze des freien Standes, der Welt sich öffnet, aufgestiegen aus der Tiefe des Traumes, nun weich, auf zwei Beinen, im freien Raum hin und her schwingend. Das Gesicht will lächeln, es kann nicht anders, es geht auf wie die Arme in der Weite des Raumes.

Und dann der erste Schritt: 'Ich setzte den Fuß in die Luft, und siehe, sie trug', spricht die Dichterin Hilde Domin. Der Tanz des Lebens kann beginnen.

‚Im Kreuz ist Heil', Urwahrnehmung der Menschheit, längst verloren, so scheint es; dennoch, mehr und mehr, dass der Eine und der Andere, die sich auf ihre Leiblichkeit eingelassen haben, dass dieser und jener spürt, welch köstlicher Schwung, welch wunderbare Biegung die Wirbelsäule durchzieht! Ebenso, welch feine, subtile Linie die ausgestreckten Arme zeigen, und wie beide im Gelenk der Schulter, in ihrem Blatt mühelos ineinandergleiten, um jenen immerwährenden Strom aus den innersten Regionen des Körpers in die äußeren und hinaus in die Welt zu ermöglichen; Kein Auf-Richten, kein Rechten, ein Gleiten ist's, während der Körper, leise von links nach rechts und zurück schwingend, die Figur der Acht, 8, das Zeichen der Unendlichkeit formt. Unter den Füßen verwandelt sich die Bewegung in diese rundende Urform. Im Nachzeichnen der Gestalt wird deutlich, was sich findet: das Kreuz – nun ein Vogel, zwei Schwingen – der Tanz. ‚Ich lobe den Tanz' schrieb einst Augustinus und ein Mensch unserer Zeit, ein begnadeter Tänzer, Bernhard Wosien, antwortet ihm mit folgenden Zeilen-

Lied des Tänzers
Der du die Welt bewegst, bewegst du nun auch mich.
Du greifst mich tief und hebst mich hoch zu dir.
Ich tanz ein Lied der Stille, nach kosmischer Musik,
und setze meinen Fuß am Himmelsrand entlang
und fühle, wie dein Lächeln mich beglückt.
(Der Weg des Tänzers, Reichel 1998)

Anfänglich ist aller Tanz Ausdruck der Großen Verbindung des Menschen, der zwischen Himmel und Erde lebt. Pflanzen haben Rhythmen, und viele Tiere tanzen, von den Bienen bis zu den Kranichen. Am bewußtesten tanzt der Mensch, und seine Bewegungen hinterlassen die Spur des Zeichens der Unendlichkeit im Raum, die Acht, das schwingende Kreuz. Tanz aber ist, wie

die Figur zeigt, ein Drehen um und durch die Mitte; und während der Mensch im Raum kreist, erschafft er diesen neu –

ein Drittes entsteht, ein schöpferisches Ganzes aus der Verschmelzung von Raum und Tanzendem.

‚Dem All zu gehört der Tanzende! Wer nicht tanzt, begreift nicht, was sich begibt', heißt es entsprechend im Hymnus Christi in den Johannesapokryphen, dem einzigen, nur wenigen bekannten Text, der das Mysterium Christi im Bilde des Tanzes und des Tänzers ausdrückt. So heißt es dort u.a.:

> *(...) Wir preisen dich, Vater, wir danken dir Licht, in dem Finsternis nicht wohnt. Amen*
> *(...)*
> *Wofür wir aber danken, sage ich:*
> *Gerettet werden will ich und retten will ich. Amen*
> *Gelöst werden will ich und lösen will ich. Amen*
> *Verwundet werden will ich und verwunden will ich. Amen*
> *Gezeugt werden will ich und zeugen will ich. Amen*
> *Gedacht werden will ich, der ich ganz Gedanke bin. Amen*
> *Flöten will ich, tanzet alle!*
> *(...)*
> *Wenn du aber Folge leistest meinem Reigen, siehe dich selbst In mir, dem Sprechenden.*
> *Und wenn du gesehen hast, was ich tue, schweige über meine Mysterien.*
> *In Bewegung geraten, weise zu werden, hast du mich als Stütze; ruhe aus in mir.*
> *Wer ich bin, wirst du erkennen, dann, wenn ich fortgehe.*
> *Wofür man mich jetzt ansieht, das bin ich nicht.*
> *Was ich bin, wirst du sehen, dann, wenn du kommst.(...)*
> (Neutestamentliche Apokryphen)

Es zeigte sich im Nachhinein des gesamten Gruppengeschehens, dass alle Lösungen vom Kreuz der unbewußten Vorstellungen und Annahmen sich aus dem schlagartigen Eintritt eines neuen Kontextes, eines andersartigen Zusammenhangs ergaben: eine unvermuteten Geste, die versöhnte, eine Begegnung, deren Atmosphäre alles veränderte und in ein neues Licht rückte, eine körperlichen Energie, die reine Seligkeit aufsteigen ließ oder einem plötzlichen Schock, gleich dem Erkennen der unsichtbaren Schrift an der Wand. In all diesen spontanen Geschehnissen leuchtete die kleine aber unbezweifelbare Wahrheit auf, dass alle Regungen und Gesten des Menschen nicht bloße Hinweise auf Fernerliegendes sind sondern das Ereignis selbst, sein aufscheinender Leib. Der im Kreuz verborgene Baum des Lebens trat sekundenlang ins Licht des Bewußtseins. Man könnte auch sagen, der Leib sprach sein ‚Ich Bin' oder im Sinne der Bibel: ‚das Wort ward Fleisch'.

Ein Evangelium für unsere Zeit: Begegnung mit den Thomasschriften

Das Thomasevangelium ist ein früh-christliches Dokument, das aus 114 Sprüchen oder Logien besteht. Welche Rolle es in den ersten Jahrhunderten der jesuanischen Bewegung gespielt hat, ist unklar, wahrscheinlich jedoch eine erhebliche. Die Funde von Nag Hammadi, Ägypten im Jahr 1945 in der Nähe eines Zentrums frühchristlichen Mönchtums glichen in den verschlungenen Umwegen ihrer Entdeckung einem Kriminalstück allerersten Ranges. Die vorliegende koptische Fassung ist eine Abschrift des viel älteren Oxyrynchus Papyrus, der aus der Mitte des zweiten nachchristlichen Jahrhunderts stammt. Offenkundig war die Spruchsammlung in ägyptischen wie syrischen Gemeindegruppen bekannt:

Nicht soll aufhören, der, welcher sucht, zu suchen, bis er findet, und wenn er findet, wird er verwirrt sein, und wenn er verwirrt ist, wird er sich wundern und wird herrschen über das All.

Ein Logion oder Spruch von insgesamt hundertvierzehn. Erstaunliche, rätselhafte Sätze mit einer überraschenden Auflösung: der, der sich wundert, wird herrschen über das All', also nicht unbedingt der Theologe oder der Philosoph, nein, allein der, der dem Staunen nahe ist, besser noch, dessen fähig ist! Solch ein Satz scheint nicht unbedingt in den uns bekannten Rahmen der Evangelien des Neuen Testamentes zu passen, und doch ergänzt er ihn in einer ebenso subtilen wie offenkundigen Weise. Denn gerade die Unmittelbarkeit dieses Spruchs, seine Hier- und Jetzt-Qualität, die zeitlos scheint, keine historischen Bezüge aufweist, eröffnet dem Lesenden ein gänzlich neues Feld von Assoziationen, Bildern und spirituellen Einsichten. Der evangelische Theologe Professor Gerhard Marcel Martin schreibt in seinem Buch *Das Thomasevangelium. Ein spiritueller Kommentar:*

Das Thomasevangelium ist das renommierteste und provozierendste und ich glaube auch das ergiebigste außerkanonische Evangelium, was unter den gnostischen Evangelien vorgefunden wurde. Insofern ist es ein Hauptmaterial zur Verortung der frühen Christentumsgeschichte, und der Art, wie über die Handlung, das Leben und die Auswirkungen Jesu Christi gesprochen wird.

Es ist sicher das bemerkenswerteste unter den außerkanonischen Evangelium, im Sinne einer Dokumentation der Lehren Jesu in einem völlig anders gehaltenen Stil. In den Fachdebatten dazu, die noch lange nicht abgeschlossen sind, gibt es dabei Wellenbewegungen: erst hieß es, die Schrift sei relativ spät in der gnostischen Literatur angesiedelt; heute neigen viele Wissenschaftler zu einer radikalen Umdatierung, vor allem amerikanische Neutestamentler, die davon ausgehen, dass das Thomasevangelium von gleicher Zeitnähe ist wie die frühesten Passagen des Neuen Testamentes. Gnosis, wie es der Theologe Rudolphs definiert, meint eine spätantike dualistische Religionsanschauung, die zu Welt und Gesellschaft in einer betont ablehnenden Haltung stand und eine Befreiung des Menschen aus den Zwängen des irdischen Seins durch die Einsicht in seine verschüttete, wesenhafte Bindung an ein rein überirdisches Reich der Freiheit verkündete.

Dass das Thomasevangelium insofern auch ein Tipp für Insider, Esoteriker wie bloße Laien ist, ist längst bekannt und der seriösen, besser offiziellen Religionswissenschaft schon immer ein Dorn im Auge gewesen. Martin's Kommentar in einem Interview dazu läßt aufhorchen:

Dies Evangelium als außer-biblische Quelle der Jesus-Tradition reizt nicht nur die akademisch und historisch Gelehrten sondern auch Psychoanalytiker, Dichter und Gurus. Erforschung und Streit der Fachgelehrten halten an; ich ignoriere diesen Streit nicht. Aber ich bin nicht befriedigt, wenn mit dem schnell herbeigeholten Etikett ‚gnostisch' Logien in ihrer Fremdheit und Eigenheit neutralisiert werden. Dann erlauben ihnen die Ausleger, nur noch das zu sagen, was sie bereits kennen. (ebd.)

Elaine Pagel, amerikanische Religionswissenschaftlerin, die als eine der ersten die Manuskripte zu sehen bekam, schreibt darüber in ihrem Buch *Versuchung durch Erkenntnis*:

Gerüchte ranken sich um die Umstände dieses Fundes, wahrscheinlich weil die Entdeckung durch einen arabischen Bauern zufällig geschah und der Verkauf auf dem schwarzen Markt ungesetzlich war. Ein Gerücht wollte wissen, er sei ein Bluträcher gewesen.

Tatsache ist, dass besagter Bauer in eine Fehde verwickelt war und die Papyrusblätter in einem im Sand vergrabenen Tonkrug fand. Er stapelte die Skripte in seiner Hütte neben der Feuerstelle, wo ein größerer Teil von ihnen beim Anheizen mit Stroh vernichtet wurde. Die kryptische Spruchsammlung des Thomas, die erhalten blieb, faszinierte Entdecker wie eben auch eine spätere moderne Laienleserschaft:

‚Wenn ihr hervorbringt, was in euch ist, wird, was ihr hervorbringt, euch retten. Wenn ihr aber nicht hervorbringt, was in euch ist, wird, was ihr nicht hervorbringt, euch zerstören.'

Solche Logien zeigen, wie schon erwähnt, eine verblüffende Zeitlosigkeit; letzterer könnte dem Munde eines modernen Psychotherapeuten an seinen Klienten entstammen, der diesen auf die Notwendigkeit aufmerksam macht, sein ‚Potential' zu erkennen und bewußt zu leben, statt es, mit gefährlichen Folgen, zu unterdrücken. Zur Bedeutung des Thomasevangeliuns im Hinblick auf das Neue Testament wie aber gerade auch auf die Institution der Kirche, insbesondere der katholischen, ist festzustellen, dass sich mit den Sprüchen des Thomas keinerlei Glaubensorganisation rechtfertigen läßt. Daher die Weigerung des Vatikans, die Schriften aus dem Wüstensand wirklich ernst zu nehmen; die Konsequenzen würden die heilige Kirche in ihren Grundfesten erschüttern.

Das Thomasevangelium verdeutlicht das kaum aufzuhebende Schisma zwischen institutionell verfügter Religiösität und einem aus innerer Freiheit und reflektierter Wahrnehmung sich entfaltendem Glaubensraum. Gerade bei einer modernen, historisch-kritischen Betrachtung des Frühchristentums wird jedoch zunehmend deutlicher, dass es nicht das Urchristentum gegeben hat sondern vielmehr Urchristentümer, wie der Marburger Theologe Marcel Martin betont. Die Relativität aller Evangelien in ihren Einzelpositionen sei seit langer Zeit klar. Das Thomasevangelium bestärke nur auf seine Weise, dass es frühe, sich elementar unterscheidende christliche Ausdrucksweisen gegeben hat. All das spricht für die Authentizität der Schriftrollen von Nag Hamadi:

Zunächst einmal ist es schlichtweg die Fremdheit, das Rätselhafte, das nichts Vertrautes um sich hat, z.B. eine Geschichte, die plötzlich abbricht, wie: ‚Ich werde diesen Tempel zerstören und niemand wird ihn wieder aufbauen'. Also abrupte Veränderungen der bekannten Überlieferung und Fremdheit, die manche Forscher bis zu der geradewegs spirituell witzigen Behauptung bringen, das Thomasevangelium hätte so etwas wie Koranqualität. Das Thomasevangelium ist darum fremd, weil es keine Überlieferungsgeschichte gehabt hat; es ist im wahrsten Sinne verschütt gegangen, spätestens im 4. Jahrhundert im Wüstensand verschwunden. (Interview)

Ein Text, der über fast zwei Jahrtausende keine der üblichen Traditionszusammenhänge aufzuweisen hat, ist fremd, ist nicht interpretiert und überrascht. Das ist das Faszinierende. Zudem hat sich mit diesem Text eine Quelle aufgetan, die nach der Meinung der meisten Wissenschaftler sehr ursprüngliche Ansätze zeigt, die, aus der Jesusbewegung kommend, bisweilen Bilder schaffen, welche den üblichen Standards in keiner Weise entsprechen. Das Leben Jesu wird nicht erzählt, es gibt keine Lehre von der Zukunft, keine Eschatologie (Endzeitlehre); es gibt auch keine von Jesus entwickelte Lehre, keine Christologie; es ist eine ganz spröde Aneinanderreihung von 114 Jesu zugeordneten Aussprüchen. Der Leser, ob Laie oder Fachmann, ist daher auf sich selbst zurückgeworfen, muß seinen eigenen Intuitionen folgen, soll, wie es das zweite Logion beschreibt, sich wundern (lernen), mehr noch, er wird sogar verwirrt sein, wenn er findet!

Sicher liegt hier eine der überraschenden Pointen des Spruchs: das Finden führt zur Verwirrung, zur Desorientierung und dieses zum Wundern und aus solchem erwächst schließlich Herrschaft über das All. Eine Sequenz von Steigerungen, die dem Verstand nicht so leicht eingehen mag; dennoch spiegelt gerade solch merkwürdige Logik die Essenz vieler religiöser Erfahrungen. Thomas von Aquin beispielsweise, der große mittelalterliche Theologe, wird kurz vor seinem Tod von einer ‚Erleuchtung' überrascht oder heimgesucht, die ihn sein ganzes monumentales Werk als bloßes Stroh beurteilen lässt. Er sprach nicht weiter über dieses Wunder aber rührte seinen Schreibstift seitdem nicht mehr an.

Es scheint, als sei gerade die Verwirrung, d.h. der momentane Verlust des ‚normalen' Koordinatensystems des Verstandes eine notwendige Voraussetzung für einen radikalen Sichtwechsel, der erst jene Öffnung ermöglicht, durch die das Wunder zu uns treten kann – ein Wissen, das dem Künstler vertrauter ist als dem durchschnittlichen Wissenschaftler. ‚Ich suche nicht, ich finde', sagte einst Picasso in Umkehrung des Jesusspruchs; und was er fand revolutionierte die Kunst des 20. Jahrhunderts von Grund auf.

Mag einem die Verwirrung noch eingehen, erleben wir sie doch täglich zur Genüge, so scheint das Wunder per definitionem das Besondere, das Einmalige, das diese Welt, spirituell gesehen, im Innersten zusammenhält. Nicht als Akt, der die Gesetze des Daseins außer Kraft setzt, sondern sie allein darin übersteigt, dass er ihre geistig-seelische Dimension aufleuchten lässt; anders, eine Verkehrung, die die Banalität des Alltags in das Wunder eines Tages, d.h. eines bewussten Momentes im All zu wandeln vermag. Was aber hat das mit Herrschaft zu tun? Prof. Martin schreibt in seiner Ansicht des Logions hierzu:

Religion symbolisiert das weiteste Spektrum der Erfahrung und der Phantasie, also auch extreme Ohnmacht und Allmacht. Im altkirchlichen Glaubensbekenntnis wird die Allmacht ganz auf Gott zentriert und in ihm anschaulich: Ich glaube an Gott, den Allmächtigen. Aber in der Abschieds- und Aussendungsrede kann auch Jesus, der Menschensohn, sagen, ihm sei alle Gewalt, im Himmel und auf Erden gegeben. Unser Logion weicht von diesen christlich vertrauten Allmachts-Vorstellungen dadurch ab, dass es das Gottesprädikat, allmächtig zu sein, auch Menschen am Ende ihres Weges von Suchen und Finden, durch Verwirrung und Staunen hindurch zuspricht. (Das Thomasevangelium)

Vielleicht sollte zur weiteren Klärung noch ein anderes Logion, Nr. 29, herangezogen werden, das den ambivalenten Begriff der Herrschaft in ein neues Licht taucht, und an das Thema des Wunderns unmittelbar anknüpft.

‚Jesus sprach: Wenn das Fleisch geworden ist wegen des Geistes, ist es ein Wunder. Wenn der Geist aber wegen des Fleisches, ist es ein Wunder von Wunder. Aber ich wundere mich über dieses, wie sich dieser große Reichtum niedergelassen hat in dieser Armut.'

Staunen über Staunen. Dessen auch im Erwachsenenalter fähig zu bleiben ist eine der großen Lebenskünste. Wenn alle Philosophie mit solchem Staunen beginnt, wie Sokrates feststellt, so hofft sie zumeist doch am Ende aus diesem Staunen endlich herauszukommen- zum Wissen, zur Erkenntnis. Die religiöse Sphäre dagegen darf das Sich Wundern auf allen Ebenen der Existenz niemals abschließen. Das scheint eine zentrale Aussage dieses Jesusspruchs. Was also heißt Herrschaft, die aus solchem Staunen geboren wird?

Indem der Spruch die Paradoxie des Lebens erschaut, das sich in jedem Moment im flüchtigsten Sein von der Mikro- bis zur Makroebene, zur kosmischen Wirklichkeit erstreckt, bleibt er ihr anverwandt, ja wesensgleich. Hier ist nichts zu tun, Ehrfurcht ist das angemessene Wort, ebenso Freude, Jubel oder Erschrecken. So wird der Staunende Instrument und Resonanzkörper zugleich, dessen Echo das All, die Ganzheit des Lebens, aufschließt, erhellt, vertieft. Jesus aber weist zurück auf ein drittes noch größeres Wunder; der Theologe Marcel Martin schreibt dazu:

Dem doppelten Wunder gegenüber meldet Jesus mit dem unüberhörbaren persönlichen Auftakt, ‚aber ich..' ein drittes Wunder an, das schon sprachlich dadurch auffällt, dass es im Vergleich zu den beiden ersten lehrhaften Zuordnungen nicht einfach noch eine dritte, sondern eine gänzlich andere Position beschreibt. Hier wird nicht mehr das Eine auf das Andere zurück-

geführt, sondern schlicht gesagt, dass zwei Kategorien, die himmelweit voneinander getrennt erscheinen, zueinander in Beziehung getreten sind: ‚Dieser große Reichtum hat sich niedergelassen in dieser Armut'. Unsere leibhaftige Existenz vollzieht sich zwischen Allmacht und Ohnmacht, zwischen im Grunde unvereinbaren Aussagen. Die Pointe unseres Logions ist das dreifache Staunen. Zum tiefen Verständnis staunender Existenz zwischen Reichtum und Armut möge das Geschick dessen beitragen, der dieses Logion spricht. Existenz zwischen Allmacht und Ohnmacht lässt sich wohl kaum extremer erzählen als im Leben, Sterben und Auferstehen Jesu. (ebd.)

Auslegungen mit derart offenen, sich widersprechenden Horizonten konnten einer jungen Kirche, die nach Macht und Einfluss und hierarchischer Vereinheitlichung ihrer Organisationsstruktur verlangte, wenig verheißungsvoll erscheinen. Ist es Zufall oder einfach der rechte Zeitpunkt, dass das Thomasevangelium wie auch andere Schriftzeugnisse der frühen Christenheit zu einem Zeitpunkt auftauchen, da das abendländische Christentum in eine tiefe Krise geraten ist? Könnte man sagen, dass diese Logien dem Horizont einer Postmoderne vielleicht angemessener sind als die Sprache der Evangelisten? Dazu Martin:

Ja, weil, wenn man es bösartig ausdrücken will, die vier Evangelien spirituell kontaminiert sind, nicht vergiftet, aber so stark geprägt, dass ihre Interpretation schon ganz selbstverständlich im Gegensatz zu der Offenheit der Lektüre und Rezeption des Thomasevangeliums steht. Das ist eine Situation, die die Postmoderne sehr mag und diese Quelle in ihrer transhistorischen Situierung geradezu erlaubt und herausfordert. Das ist eine optimale Ausgangsposition für eine nachkritische, postmoderne Lektüre. Und sie bietet von daher auch einen Tiefgang und ein Angebot für einen interreligiösen Dialog oder einen philosophisch-theologischen Dialog, wie die anderen Texte nicht so leicht. (Interview)

Sich solchen Texten als Laie zu nähern, scheint erst einmal kühn, wenn nicht gar unsinnig, gemessen an dem, was sie vorauszusetzen scheinen. Dennoch:

Ich kenne genug Leute, die das auf ihre Weise tun, insofern ist es auch möglich. Es ist erstmal die allgemeine Neugierde. Dazu kommt ein weiteres Motiv, nämlich der Ärger darüber, dass ich etwas nicht verstehe. Das ist auch die Logik des Korans. Deshalb lässt es mich nicht los. Ich will etwas herauskriegen und verstehen, warum ich es nicht verstehe. Wenn Sie mich also nach Techniken fragen, nach Annäherungswegen, – ja, ich denke schon, dass man mit solchen Sprüchen, wie man so schön sagt, schwanger gehen kann. Man repetiert sie, man kann sie wie ein Mantra sprechen oder singen, man kann mit diesen Texten alltäglich Kontakt halten; und das ist ja auch eine zen-buddhistische Pointe, die absurd erscheinen mag, aber irgendwann ihren Sinn aus sich entlässt. (Interview)

Im Logion 59 ‚*Schaut aus nach dem Lebendigen, solange ihr lebt, damit ihr nicht sterbt, und ihn zu sehen sucht und ihn nicht sehen könnt'*, skizziert Jesus die Grundbewegung, die innerste Haltung, auf die es ankommt- Ausschau halten nach dem Lebendigen damit etwas nicht unerfüllt bleibt, möglicherweise auf immer? - eben dieses Leben hier, jetzt. Der Anruf ist dringlich, duldet keinen Aufschub, kein Morgen, keine Reinkarnation. Er besagt zugleich, dass gerade in diesem Menschenleben das Entscheidende zu finden ist- der/das Lebendige, nach der alle Sehnsucht drängt- noch in der tiefsten Sucht. Vergeblichkeit ist offenkundig in diesem Logion eine reale Möglichkeit und der Tod also keine Lösung.

Dass der Lebendige mehr sein muss als alles Einzelne, was um einen herum existiert, scheint offensichtlich, dennoch: Den/das Lebendige(n), die große Liebe beispielsweise, zu finden, ist, wie vielen schmerzlich bewusst, nicht unbedingt die endgültige

Lösung. Liebe vergeht, zerbricht, verödet. Entscheidend dagegen ist, die lebendige Er-Innerung aufrecht zu erhalten und damit nicht nur die Hoffnung sondern auch die Ahnung, dass der oder das Lebendige sich durch unaufhörliche Auferstehung auszeichnet; im Sinne der Abwandlung eines anderen Ausspruchs Jesu: ‚Ich bin in dieser Welt aber nicht von dieser Welt'. Genügsamkeit könnte sich also leicht ebenso als Selbsttäuschung entpuppen.

So mag es, gerade in heutigen Zeiten, wo so viele sichere Wahrheiten dahinschwinden, auch sein, dass sich der Lebendige ganz woanders findet als angenommen. Man denke nur an die banale Erfahrung, dass Dinge, die man sucht, gerade dort nicht sind, wo man sie gemeinhin vermutet. Die Antwort heißt daher immer wieder- innehalten, sich erinnern: wo begegnete ich das letzte Mal dem Gesuchten,- welcher Geschmack war dabei, welche Empfindung in der Berührung?

Das eigene Gedankenumfeld macht oftmals blind bei der Suche, zumal ‚der Geist weht, wo er will', vielleicht in Nachbars Garten, dem ich noch nie viel abzugewinnen vermochte, vielleicht in einer anderen als der eigenen, vertrauten Religion, vielleicht sogar unter einem anderen Namen als dem, den ich erhoffte! Neben dem Staunen bedarf es offenkundig genauso der Wachsamkeit, ja der Neugierde, die mich ins Unbekannte zieht. Auch das so genannte eigene Innere mag hier unter das Fremde oder scheinbar Allzubekannte fallen, und erst die eingestandene Verwirrung über die selbst gestrickten Ideologien verhülfe zum Ausweg aus dem persönlichen Labyrinth. Dazu noch einmal Martin:

Mystik ist wohl das generellste Stichwort. Es gibt amerikanische Forschungen, die auf Verbindungen zu frühester jüdischer Mystik verweisen, also noch weit vor der Kabbala. Dabei handelt es sich um Präsenz- und Entgrenzungserfahrungen. Diese Spuren scheinen mir sehr relevant zu sein. Der Interreligiöse Dialog ist sowieso verheißungsvoll, da sowohl die Mystik wie die Apokalyptik säkularisationsresistent sind. D. h. dies sind Religionsformen, die nicht an Herrschaftsweisen und dogmatische Ausdrucksarten gebunden sind, sondern ihr eigenes Ende und das Ende der Welt mitbedenken, zur gleichen Zeit aber auch ihr Überleben. Das Andere ist, dass das Thomasevangelium eine anschlussfähige Quelle zum Thema Non-Dualität ist- alle Zweiheit, alles Gespaltene soll zu dem Ort zurückfinden, wo es herkommt. Zur Quelle, zum Licht, zum Ursprung; das sind zentrale religionsphilosophische Kategorien. Über solche Kategorien, kann es einen hochinteressanten Interreligiösen Dialog geben.

(Das Thomasevangelium)

Licht, Ursprung, Liebe sind Grundworte, und die Apostrophierung des Thomasevangeliums wie der anderen in Nag Hammadi gefundenen Schriften als ‚gnostisch' bezeichnet exakt den Riss, der sich schon durch das frühe Christentum zieht: Glaube und Kirche als einzige Stifter des Heils gegen Erkenntnis und innere Schau als eigentlichen Kriterien spiritueller Heilsgemeinschaft. Der erbitterte Kampf der frühen Kirchenoberen gegen sogenannte Häretiker erinnert in vielem an die Auseinandersetzung der heutigen Kirchen mit der Esoterik, der östlichen Weisheit und der Verstandeslogik der Wissenschaft. Nur, was damals die ersten Wehen waren, die schließlich zur Geburt vielleicht der mächtigsten religiösen Institution der Welt über fast 2000 Jahre führte, zeigt sich im 21. Jahrhundert, zumindest im Abendland, eher als Abgesang einer einmaligen hegemonialen Vorherrschaft in Sachen Religion. Aufklärung und Wissenschaft, Atheismus, die Begegnung mit anderen Weltreligionen haben dazu geführt, dass aller Glaube, alle Metaphysik sich dem Auge der Erkenntnis von Wissenschaft und kritischer Rationalität zu stellen haben. Diesem Blick hat sich allerdings auch eine moderne Gnosis, bzw. Esoterik auszusetzen, die häufig allein auf Spekulationen überirdischer Lichtreiche, Engel oder spezifischer Auserwähltheit und Szenarien geheimer Weltschicksale beruht. Die Palette entsprechender Heilswisser, von Scientology über Opus Dei bis hin zu den diversen terroristischen Fundamentalismen monotheistischen Zuschnitts ist groß.

Der, welcher die Welt erkannt hat, hat einen Leichnam gefunden. Und wer einen Leichnam fand – die Welt ist seiner nicht wert.

Radikaler als in diesem Logion kann man das Thema Erkenntnis, um das weiterhin alle, auch postmoderne Philosophien kreisen, kaum auf den Punkt bringen. Die Welt als Schlachtfeld und die Medien als oftmals wohlfeile Darbringer der ewig gleichen Botschaft vom Menschen als Tötungsmaschine- auf höchstem technischen Niveau. Wer die täglichen Nachrichten aus dem Irak, Afghanistan und Syrien noch zu (er)hören vermag, wird dem ersten Satz, und sei es nur aus schulterzuckender Resignation, wahrscheinlich zustimmen. Die Frage lautet dennoch: Findet der, der die Welt als Leichenfeld täglich vorgesetzt bekommt, noch etwas ganz Anderes- Leben diesseits und jenseits des Todes? Eine Welt, die seiner Einsichten wert wäre, wie es im zweiten Satz des Logions heißt. Und umgekehrt, wo immer wir das, ja Den Lebendigen wahrnehmen, werden wir auf seiner Höhe sein, werden wir Ihn als unmittelbaren Ausdruck der Quelle erkennen, nach der wir – inmitten so vieler Leichenberge (nicht nur menschlicher, sondern ebenso sehr all der anderen Wesen dieser Schöpfung) – uns insgeheim sehnen? Werden wir Postmoderne Erkenntnis mit Liebe derart zu verbinden vermögen, um aus Todeswelten neue Lebenswelten zu erschaffen, die unsere Sehnsucht vielleicht auch als die des Alls erahnen lassen? Fragen, die angesichts der Herausforderungen und Sackgassen des eben begonnenen neuen Jahrtausends von vielen Menschen immer leidenschaftlicher gestellt werden.

Des Theologen Marcel Martin bevorzugtes Logion heißt daher nicht von ungefähr:

‚Ich bin das Licht, das über allem ist, ich bin das All; es ist das All aus mir hervorgegangen und das All ist zu mir gelangt. Spaltet ein Holz, ich bin dort, hebt den Stein auf und ihr werdet mich dort finden.'

Sein Kommentar dazu liest sich wie eine wunderbar einfache Auflösung eines zunächst rätselhaft anmutenden Spruchs:

‚Einerseits ist es der Ausdruck dieses unendlichen Umwegs von mir zu mir durch den Weltraum und das All und durch alle Instanzen des endlichen Lebens und Todes hindurch; andererseits die Verheißung, dass es eine Ganzheit gibt, und dass ich nicht verloren gehen kann. Dazu die Rätselhaftigkeit der Passage- ‚Spaltet ein Holz..' Holz und Stein sind die Grundmaterialien aller Tempelbauten; wenn ich diese Materialien in Bewegung setze, dann löse ich alles, was tempelmäßig fest ist und rituell verabredet und kontrolliert, auf, und bin in der Mitte der Lebendigkeit. Und diese Lebendigkeit ist im Alltag der Welt, wo ich Steine hebe und Holz spalte, wo das Licht hereinbrechen kann, so dass ich selbst in solchem Alltag nie ganz fremdbestimmt bin, und also auch da noch ganz bin, wo ich spalte, hebe und fallen lasse!'

(Das Thomasevangelium)

Schwerkraft und Gnade Die vielen Gesichter der jüdisch-christlichen Sozialistin Simone Weil

Weiß man, wodurch das Gleichgewicht in der Gesellschaft gestört ist, so muß man sein Möglichstes tun, um der zu leichten Schale ein Gewicht hinzuzufügen. Aber man muß immer bereit sein, sich auf die Gegenseite zu schlagen, wie die Gerechtigkeit, diese Flüchtlingin aus dem Lager des Siegers. (Simone Weil, Schwerkraft und Gnade. In: Rowohlt, Monographie)

Simone Weil, die diese Zeilen schrieb, wurde am 3. Februar 1909 in Paris geboren und starb während des Zweiten Weltkrieges, gerade einmal 34 Jahre alt, am 24.August 1943 in einem Sanatorium in der südenglischen Grafschaft Kent. Sie bekannte kurz vor ihrem Tode, dass sie zu keiner besseren Zeit hätte leben können: ‚da alles verloren sei, was die Hoffnung mit den Begriffen der Vernunft, der Gerechtigkeit und der Heiligkeit verbunden habe, sei alles auf gänzlich neue Weise wiederzuentdecken und zu erschaffen.' Damit meinte sie ebenso die Katastrophe des Zweiten Weltkrieges und des Holocast wie den radikalen Verlust an religiöser und spiritueller Verwurzelung. Eines ihrer zentralen Werke, geschrieben in ihren letzten Lebensjahren, heißt daher. L'encrainement/ Die Einwurzelung:
Das moderne Phänomen der Irreligiösität erklärt sich fast gänzlich aus der Unvereinbarkeit von Wissenschaft und Religion.. Das Vorhandensein der Wissenschaft bewirkt, dass die Christen ein schlechtes Gewissen haben. (Rowohlt)

So schreibt sie in eben jenem Spätwerk, das die Grundrichtung ihres Leben und Denkens ausweist: die Einheit von Zweifel, Wahrheit und Leiden durch radikale Existenz zu verwirklichen. Ihre Eltern waren jüdischer Abkunft, doch fern jeder Orthodoxie;

mit der Religion Israels kann Weil, wie sie später oftmals erwähnt, wenig anfangen. Dem Gottesbild des Alten Testamentes, einer für sie in vielfacher Hinsicht archaischen Religiosität, steht sie mit Befremden gegenüber. Angezogen ist sie dagegen vom mathematischen Talent ihres Bruders, den sie verehrt und von dem sie schon zeitig an die Gesetze der Naturwissenschaft herangeführt wird. Er sollte später einer der bedeutendsten Mathematiker des 20. Jahrhunderts werden.

Selbst eine Frühreife, wird die junge Weil schon mit 16 Jahren Philosophie bei dem in Frankreich weithin bekannten Geisteswissenschaftler Emile Chartier studieren, dem auch Teilhard de Chardin wesentliche Impulse verdankte. 1928 besucht sie die renommierte Ecole Normale Superieure, beendet diese mit einem Staatsexamen drei Jahre später und nimmt eine Stelle als Lehrerin im Städtchen Le Puy in Mittelfrankreich an. Ihre pädagogischen Fähigkeiten gelten vielen als außerordentlich; ihre Prämisse zieht Vorsatz und Ziel ihres eigenen Weges in unübertroffener Klarheit zusammen:

Die Lösung eines geometrischen Problems ist, als kleines Fragment einer besonderen Wahrheit, nur kostbar als Gleichnis jener anderen, die eines Tages mit Menschenstimme gesagt hat: ‚Ich Bin Die Wahrheit.' So aufgefasst, ähnelt jede Schulübung einem Sakrament. Wie sehr würde sich unser Leben ändern, wenn wir erkennten, dass z.B. die griechische Geometrie und der christliche Glaube der nämlichen Quelle entsprungen sind. (ebd.)

Ein Foto aus der damaligen Zeit zeigt eine sehr junge, zierliche Frau, mit fein geschnittenen Gesichtszügen, eine Brille auf der Nase, gerade 20 Jahre alt. Sie galt als äußerst burschikos, rauchte selbstgedrehte Zigaretten und ging mit Vorliebe in Cafes, um zu diskutieren. Exzentrikerin und Heilsarmeepredigerin waren nur zwei so mancher, wenig schmeichelhafter Titulierungen seitens ihrer Mitstudenten. Dabei war eines ihrer tiefsten Verlangen, wie alle anderen zu sein. Wie aus ihren vielen Briefen bekannt, litt sie schon früh unter rasenden Kopfschmerzen- eine Plage, die sie ebenso stoisch ertrug wie Schmähungen und Vorurteile gegenüber ihren politischen Einstellungen. Ausgerüstet mit einem haarscharfen Verstand, sah sie sich bald als Zeitzeugin, aber nicht aus der Ferne sondern in der unmittelbaren, mitfühlenden, genauer -leidenden Solidarität mit den Entrechteten ihrer Epoche. Albertine Thevenon, eine mit ihr befreundete Gewerkschaftlerin, erzählte oft von der unscheinbaren kleinen Frau, der der Dialog alles, die alltäglichen Dinge des Lebens dagegen wenig galten:

Sie war einfach und obwohl ihre allgemeine Kultur die unsere so sehr übertraf, führten wir lange freundschaftliche Gespräche; sie lachte und forderte uns auf, zu singen, es waren nicht immer sittsame Lieder. Am Fußende eines kleinen Eisenbettes hockend, in einem hässlichen Zimmer, ohne Möbel, rezitierte sie bisweilen griechische Verse, die wir zwar nicht verstanden, aber die uns angesichts ihrer Freude gefielen. Ein Lächeln, ein Blick machten uns zu Komplizen bei einigen Streichen. (ebd.)

Weil wächst in einer Zeit revolutionärer Stimmungen auf. Ihr Interesse am sozialpolitischen Geschehen im französischen wie europäischen Umfeld- Wirtschaftskrisen und Börsenkrach, das Erstarken radikaler Parteien wie der kommunistischen und der faschistischen- focussieren ihren Blick auf die Frage der Gerechtigkeit angesichts steigender Arbeitslosigkeit und der Möglichkeit eines neuen Krieges. Schon bald setzt sie sich für die Belange der notleidenden Arbeiterschaft ein. Als junge Lehrerin nimmt sie Kontakt zu den Gewerkschaften auf und führt Protestmärsche in Le Puy an, dem Ort ihres ersten Lehrerdaseins. Dort nennt man sie bald, in Anlehnung an Jeanne D'Arc, die rote Jungfrau und fordert bei der Schulbehörde ihre Strafversetzung. Sie wird beschuldigt, Kommunistin zu sein; doch sah sie Marx kritischer als die meisten ihrer linken Freunde, ohne die Hochachtung, die sie für den Analytiker des Kapitals empfand, je zu verneinen. Deutlich grenzte sie sich dagegen vom Stalinismus ab:

Descartes sagte, dass eine falschgehende Uhr keine Ausnahme von der Gesetzmäßigkeit der Uhr sondern eine andere Art von Mechanismus darstelle, der seinen eigenen Gesetzen gehorche. Ebenso muß man das stalinistische Regime betrachten- nicht als einen falschgehenden Arbeiterstaat sondern als einen sozialen Mechanismus anderer Sorte. (ebd.)

1932, im Alter von 23 Jahren, reist sie nach Deutschland, um die dortige politische Lage zu erkunden. Zeitungsessays wie *‚Gehen wir einer proletarischen Revolution entgegen?'* zeichnen sich durch eine analytische Brillianz aus, die sie in linken französischen Kreisen recht schnell bekannt machen. Dabei ist sie völlig uneitel, ganz der selbstgestellten Aufgabe einer möglichst objektiven Berichterstattung ergeben; das Verlangen nach Anerkennung in intellektuellen Zirkeln liegt ihr fern. Für das jüdische Volk sieht sie schon früh und mit großer Trauer die Zeichen des Untergangs durch Hitler.

Im Herbst 1934 vollzieht sie einen entscheidenden Schritt, der ihr Leben für immer verändern wird. Sie lässt sich vom Schulunterricht beurlauben und wird Hilfsarbeiterin in verschiedenen Fabriken des Landes. Sie verpflichtet sich sozusagen zu einer experimentellen Studie am eigenen Leibe über die Bedingungen eines Arbeiterlebens am Fließband. So nimmt sie u.a. eine Stelle bei der Autofirma Renault an und arbeitet als Packerin und Fräserin an der Stanzmaschine- alles im Akkord, zehn Stunden am Tag, immer am Rande der totalen Erschöpfung. Ihre Erfahrungen hält sie in einem Tagebuch fest.

Arbeiterinnen: Frau Forrestier, Mimi, meine Kollegin bei den Eisenstangen, dazu eine Blondine aus den Rüstungswerk, die Geschiedene, Mutter des verbrannten Kindes, und die, die mir ein Brötchen gab. Montag,- der Personalchef lässt mich um 1o Uhr kommen, um mir mitzuteilen, dass mein Tarif für das Schleifen auf 2 Franc festgesetzt ist. Tatsächlich beträgt er nur 1.80 Franc. Donnerstag. von 10 Uhr oder früher bis ungefähr 14 Uhr planieren mit großem Schwinghebel. Arbeit wieder angefangen, nachdem sie ganz fertig war, auf Anweisung des Werkmeisters und auf mühsame und gefährliche Weise. Freitag: den ganzen Tag an derselben Maschine gearbeitet, große Ermüdung, obwohl ich nicht bis zur äußersten Schnelligkeit ging. (ebd.)

Hannah Ahrend, die große jüdische Sozialphilosophin spricht später von der Einzigartigkeit dieser Dokumente in der ungeheuren Literatur über die Arbeitsfrage, weil sie ohne Vorurteile, ohne Sentimentalitäten und ohne Glorifizierungen einfach Erfahrungen der Lebensbdingungen der ArbeiterInnen beschreibe. In einem Brief an eine Freundin berichtet Simone Weil:

Offen gesagt, das Leben hier ist für mich ziemlich schwer. Um so mehr, als die Kopfschmerzen nicht die Freundlichkeit hatten, mich zu verlassen; an Maschinen mit Kopfschmerzen zu arbeiten, ist sehr anstrengend. Die schmerzliche Versuchung, der man in einem solchen Leben sich widersetzen muß, ist vor allem die, nicht mehr zu denken. Man fühlt, dass es das einzige Mittel ist, nicht mehr zu leiden. Man ist versucht, ganz einfach aus dem Bewußtsein alles zu verbannen, was nicht zum vulgären, täglichen Kleinkram gehört. Außerhalb der Arbeitsstunden auch physisch in einen Halbschlaf zu versinken, ist eine große Verlockung. Für die Arbeiter, denen es gelingt, Kultur zu erwerben, empfinde ich eminente Achtung. Trotz allem halte ich aus. Und ich bedaure keine Minute, mich in dieses Experiment gestürzt zu haben. (ebd.)

Ihr Zeugnis über die Brutalität, ja mehr, die generelle Inhumanität solch entfremdender Arbeit verbindet sich von nun an organisch mit ihrer Suche nach einer zeitgenössischen Religiösität, deren Wesenskern sie in der Bereitschaft zur existentiellen Hingabe an das Mitleiden und die Wahrheit, die darin aufscheint, sieht. Ihr großes Werk: *Das Unglück und die Gottesliebe,* wie alle ihre Schriften erst nach ihrem Tode veröffentlicht, ist Ausdruck einer Klarheit und Leidenschaft, die sie als Denkerin einer ‚radikal innovativen Art' zeigt, wie Peter Winch, Schüler des mit Weil zeitgleich lebenden und ähnlich denkenden Philosophen Wittgenstein bewundernd schreibt. Man könnte ihren damaligen Existentialismus als eine Art negativer Theologie beschreiben, die sich im Essigbad der Fließbandarbeit, das sie seelisch wie physisch fast verbrannte, zur Gottesliebe verwandelte.

In der Fabrik ist mir für immer der Stempel der Sklaverei aufgeprägt worden, gleich jenem Schandmal, das die Römer den verachtetsten ihrer Sklaven mit glühendem Eisen in die Stirn brannten. Seither habe ich mich immer als einen Sklaven betrachtet. Mir ist aufgegangen, dass das Christentum vorzüglich die Religion der Sklaven ist, und das die Sklaven nicht anders können als Ihm anhangen, und ich unter den übrigen. (ebd.)

So schreibt sie Jahre später an den Dominikanerpater Jean Marie Perrin. Die Zeit bei Renault hat ihr die Augen nicht nur für die gnadenlose Ausbeutung durch die moderne Technik der Fließbandarbeit geöffnet, ebenso sehr leitet diese Erfahrung körperlicher und geistiger Verelendung den Beginn einer Hinwendung zu der Gestalt Jesu Christi ein, die sich im Verlauf ihres kurzen Lebens zur alles entscheidenden Begegnung weitet. Das schließt auch die Auseinandersetzung mit der katholischen Kirche als Institution ein. Darüber hinaus aber ist es das Mal einer ‚unauslöschlichen Bitterkeit', die das Experiment in ihrem Herzen hinterlassen hat, wie sie in ihrem Fabriktagebuch notiert:

Langsam, qualvoll erobere ich, quer durch die Sklaverei, das Gefühl meiner Menschenwürde zurück, ein Gefühl (..) das stets von dem Bewußtsein begleitet ist, dass mir nichts zusteht, dass jeder Augenblick ohne Leid und ohne Erniedrigung wie eine Gnade wahrgenommen werden muß, wie die Wirkung günstiger Zufälle. Wenn man sich an die Maschine stellt, muß man acht Stunden täglich seine Seele knebeln. Diese Situation hat zur Folge, dass das Denken verkümmert, sich verkrampft wie das Fleisch vor dem Messer. Man kann nicht bewusst sein! Ein Lächeln, ein gütiges Wort, ein Augenblick menschlichen Kontaktes sind wertvoller als die ausgreifenden Freundschaften unter den großen oder kleinen Privilegierten. Dort allein weiß man, was Brüderlichkeit bedeutet. Aber es gibt nur sehr wenige solcher Zeichen. (ebd.)

Ihre Brieffreundin schreibt im Vorwort zum Fabriktagebuch darüber, wie Simone Weil wenig später begann, sich’von ganzer Seele dem Christentum zu erschließen: ‚der Geist einer makellosen Mystik ging von ihr aus.‘ Was war geschehen? Als 1936 der Bürgerkrieg in Spanien als Vorspiel zum Zweiten Weltkrieg entfacht wurde, hatte Weil gerade einen Artikel veröffentlicht: ‚*Beginnen wir nicht wieder den trojanischen Krieg!*, in dem sie Nationalismus und Patriotismus brandmarkte. Wenig später eilt die zierliche, in praktischen, zumal militärischen Dingen völlig unerfahrene Frau an die Front und schließt sich den Anarcho-Syndikalisten des antifaschistischen Linksbündnisses an. Doch ein Unfall bereitet ihrem Engagement ein jähes Ende. Voller Unruhe beschließt sie, nach Italien zu gehen. Dort kommt sie erstmals mit der Kunst der Antike, der Renaissance und des christlichen Mittelalters in Berührung. Eine geistige Neuorientierung ist die Folge, ausgelöst durch eine völlig unerwartete religiöse Erfahrung:

Im Jahre 1937 verbrachte ich zwei wunderbare Tage in Assisi. Als ich dort in der kleinen romanischen Kapelle von Santa Maria degli Angeli, diesem unvergleichlichen Wunder an Reinheit, wo der heilige Franziskus so oft gebetet hat, allein war, zwang mich etwas, was stärker war als ich, mich zum ersten Mal in meinem Leben auf die Knie zu werfen. (ebd.)

Und nur ein Jahr später, mitten in den Geburtswehen des heraufdämmernden Weltkrieges, die sie mit hellwachem Blick begleitet und kommentiert, veranlassen rasende Kopfschmerzen sie zu einer weiteren Unterbrechung ihres Berufes. Gemeinsam mit ihrer Mutter verbringt sie das Osterfest 1938 in der Benediktinerabtei von Solemnes im nördlichen Frankreich. Als sie das Kloster verlässt, ist sie, die jüdische Atheistin und Aufklärerin, eine durch die unmittelbare Begegnung mit der Liturgie und den Sakramenten der katholischen Kirche von Grund auf Verwandelte. Sie schreibt darüber an Pater Perrin:

Ich verbrachte die Karwoche in Solemnes und wohnte allen Gottesdiensten bei. Ich hatte bohrende Kopfschmerzen; jeder Ton schmerzte mich wie ein Schlag. Da erlaubte mir eine äußerste Anstrengung der Aufmerksamkeit, aus diesem elenden Fleisch herauszutreten, es in seinen Winkel hingekauert allein leiden zu lassen und in der unerhörten Schönheit der Gesänge und Worte eine reine und vollkommene Freude zu finden. Diese Erfahrung hat mich auch durch Analogie besser verstehen lassen, wie es möglich ist, die göttliche Liebe durch das Unglück hindurch zu lieben. Ich brauche nicht eigens hinzuzufügen, dass im Verlauf dieser Gottesdienste die Passion Christi ein für allemal in mich Eingang fand. Es gab dort einen jungen katholischen Engländer, der mir zum ersten Male eine Vorstellung von der übernatürlichen Kraft der Sakramente vermittelte. (ebd.)

In diesem Zusammenhang erzählt sie Perrin von ihrer ersten Christuserfahrung, ausgelöst durch das wie ein Gebet wiederholt gesprochene Gedicht eines englischen Lyrikers des 16. Jahrhunderts, George Herbert, mit dem Titel *‚Liebe‘:*

Einmal, während ich es sprach, ist Christus selbst hernieder-

gestiegen und hat mich ergriffen. In meinen Überlegungen über die Unlösbarkeit des Gottesproblems hatte ich diese Möglichkeit nicht vorausgesehen: die einer wirklichen Berührung von Person zu Person, hienieden, zwischen dem menschlichen Wesen und Gott. Ich hatte wohl unbestimmt von dergleichen reden hören, aber ich hatte es niemals geglaubt. In den Fioretti waren mir die Geschichten von Erscheinungen zuwider, ebenso wie die Wunder im Evangelium. Im Übrigen waren an dieser plötzlichen Übermächtigung durch Christus weder Sinne noch Einbildungskraft im Geringsten beteiligt- ich empfand nur durch das Leiden meiner Kopfschmerzen hindurch die Gegenwart einer Liebe, gleich jener, die man im Lächeln eines geliebten Antlitzes liest.

Ich hatte auch nie irgendwelche Mystiker gelesen, weil ich niemals etwas gespürt hatte, das sie mir zu lesen befahl. Gott in seiner Barmherzigkeit hatte mich gehindert, sie zu lesen, damit mir unwiderlegbar klar würde, dass ich diese völlig unerwartete Berührung nicht aus Eigenem erdichtet hatte. Christus liebt es, wenn man ihm die Wahrheit vorzieht, denn ehe er Christus ist, ist er die Wahrheit. (ebd.)

Als 1940 der Einmarsch der Naziarmeen in Frankreich beginnt, begibt sie sich mit ihren Eltern auf die Flucht hinter die Demarkationslinie, die das besetzte vom freien Frankreich trennt. Das faschistische Vichy-Regime überwacht sie daraufhin. Wenig später flieht die Familie weiter in die USA; die Tochter hat aber letztlich nur eines im Sinn: aktiv in den Widerstandskampf gegen den Faschismus einzutreten. Ihrem Wunsch, als Partisanin zu kämpfen, wird jedoch nicht entsprochen. So setzt sie sich nach England ab, betätigt sich als Analystin verschlüsselter Informationen und berät die französische Exilregierung in London in Fragen einer Nachkriegsordnung. Sie entwirft eine neue Menschenrechtscharta und reflektiert Jesu Satz von der Feindesliebe, der für sie nichts mit Pazifismus und dem Problem des Krieges zu tun hat:

Wenn ich bereit bin, im Falle strategischer Notwendigkeit, Deutsche zu töten, dann nicht, weil ich ihretwegen gelitten habe. Nicht, weil sie Gott und Christus hassen. Sondern weil sie die Feinde aller Nationen der Erde sind, und weil man sie, unglücklicherweise, zu meinem großen Schmerz, nicht daran hindern kann, Übles zu tun, ohne eine gewisse Anzahl von ihnen zu töten. (ebd.)

Die letzten Jahre ihres Lebens gehören, trotz größter körperlicher Erschöpfungszustände, zu ihren fruchtbarsten. In ihren Tagebüchern zum Thema *Schwerkraft und Gnade* notiert sie sowohl Alltagssituationen wie komplexeste philosophische und theologische Fragestellungen, speziell zur Thematik des Verhältnisses von Arbeit und Erlösung; eine Problematik, die sie seit ihren Fabriktagen immer neu umkreist:

Arbeit ist für uns der einzige Weg vom Traum zur Wirklichkeit. Nicht nur, dass der Mensch wissen sollte, was er tut, er sollte nach Möglichkeit auch erkennen, wie es sich auswirkt. Die eigene Arbeit sollte für jeden ein Gegenstand der Kontemplation sein. Körperliche Tätigkeit ist einerseits Einwurzelung in diese Welt, andererseits unter das Gesetz der Materie, der Notwendigkeit gestellt, die immer auch ein Element des Zwangs, der Knechtschaft beinhaltet. Man führt sie aus wegen eines Bedürfnisses-weil man von etwas leben muß. Die Erde muß ausreichend bearbeitet sein, dann tritt sie uns, als umgewandelte Sonnenenergie, als Wein und Brot, als Frucht Gottes wie in der Eucharistie entgegen. Man muß nur die Bildzeichen lesen, die der Materie von Ewigkeit eingeschrieben sind. (ebd.)

Beständig ringt sie mit ihrer eigenen moralischen Unvollkommenheit: ‚Die Wesen und Dinge sind mir nicht heilig genug', bezichtigt sie sich und weist auf die Gnade, die einzig Erlösung zu geben vermag vom Sog der Schwerkraft. Alles, was Niedrigkeit heißt, ist für sie ein Phänomen dieser drückenden Energie. Die erleuchtende Berührung durch die Gnade kann nur dem geschehen, der fähig ist, Raum zu geben , sich leer zu machen für die göttliche Einwirkung.

Aufmerksamkeit ist ihr daher das zentrale Stichwort in Bezug auf Unglück und Leid, und die Kraft, beides nicht zurückzuweisen.

Nicht danach trachten, nicht zu leiden, noch danach trachten, weniger zu leiden, sondern danach trachten, durch das Leiden nicht zum Schlimmeren verändert zu werden. (ebd.)

Solche Einsicht resümiert sie unter die Fähigkeit einer wirklichen Liebe zum Leben! Da der Mensch die Gnade Gottes nicht erzwingen kann, bleibt allein das Bereitsein. Auf was? Weils Antwort: das Licht und die Leere; man könnte auch sagen, das Schweigen Gottes, so wie es auch Jesus am Kreuze wohl erfahren hatte. Dieses Schweigen ist für Weil, ähnlich den Berichten der Mystiker in allen Religionen, die höchste Präsenz einer gleichzeitig physisch als abwesend empfundenen, wie auch immer vorgestellten Gotteswirklichkeit. Manche Stimmen sprachen daher vom ‚buddhistischen' Christentum Simone Weils.

Die Geschöpfe reden mit Lauten, das Wort Gottes ist Schweigen. Christus ist das (sichtbar gewordene P. E.) Schweigen Gottes. Wer fähig ist, nicht nur zu schreien (im Unglück) sondern auch zu hören, vernimmt die Antwort. Diese Antwort ist das Schweigen. Wer fähig ist, nicht nur zu hören sondern auch zu lieben, vernimmt dieses Schweigen als das Wort Gottes. Dieses ist das Licht, das jeden Menschen erleuchtet. (ebd.)

Sie selbst spricht von einem denkenden Glauben, der das Irdische und das Himmlische zu einer paradoxen Einheit fügt, um es als das zu bewahren, was es immer ist und bleibt- ein Mysterium. Eines, das weder dem rationalisierenden Verstand noch dem Mystizismus Platz macht und so die Essenz des christlichen Glaubens wahrt: die Wahrheit, dass ohne das Irdische die Transzendenz oder Gott keinen Wert haben für den Menschen. Daher die Bedeutung des Kreuzes:

Das Bild des Kreuzes, im Karfreitags-Hymnus mit einer Waage verglichen, könnte zur unerschöpflichen Inspiration für die werden, welche Lasten tragen und Hebel bedienen und am Abend müde sind von der Schwerkraft der Dinge. Auf einer Waage kann ein beträchtliches Gewicht nahe dem Mittelpunkt durch ein sehr schwaches Gewicht angehoben werden, das sich in sehr großer Entfernung davon befindet. Der Leib Christi war ein sehr schwaches Gewicht, aber durch die Entfernung zwischen der Erde und dem Himmel hat er das Universum aufgewogen. (ebd.)

Glaubenswahrheiten solcher Art fallen für Weil unter die reine Anschauung; sie gelten nicht dem Verstand, dem diskursiven Denken sondern verlangen ein Harren in Demut, ohne Erwartung, ohne jede Gewißheit, als Namenloser sozusagen, bis sich, vielleicht, das torlose Tor von selbst öffnet. Sie schreibt: ‚Die Heiligen sind die, die, noch lebend, in den Tod eingewilligt haben'. Dass sie sich dazu zählt, allerdings unter Verzicht auf den Begriff des Heiligen, ist ohne Zweifel. Ihr Neid galt, wie sie einmal sagte, dem gekreuzigten gläubigen Schächer zu Jesu rechter Seite auf Golgatha.

Der Radikalität des Weilschen Denkens steht, und das macht ihre Einzigartigkeit aus, immer eine entsprechende Verhaltensweise zur Seite. Armut beispielsweise galt ihr weder als Tugend noch als Möglichkeit, sich großzügig zu zeigen. Geld und Güter interessierten sie nicht, wie der Existentialist Sartre, neben Camus einer ihrer späteren Bewunderer, an einem kleinen Ausschnitt aus ihrem Leben zeigt und kommentiert. In der Schlichtheit der hier beschriebenen Geste schimmert ihre innere Größe durch:

In Le Puy lebte sie in einem elenden Hotel und legte auf den Kamin das Geld, das sie hatte; die Tür blieb offen, wer wollte, konnte es nehmen. Sie erwarb damit keine Tugend, noch nicht einmal einen Verdienst!, denn sie gab (eigentlich) nichts, da sie sich nicht vorstellte, das Geld gehöre ihr! (ebd.)

Neben der Arbeit im englischen Büro des Kommissariats der Aktion für Frankreich, die sie mit größter Konzentration und Disziplin durchführt, schreibt sie mit Hochdruck an ihrem großen Werk *Die Einwurzelung,* das mit Blick auf eine neue Zukunft Europas nach dem Krieg gedacht ist. Ein Kernpunkt hierin ist die Würde und Spiritualität der Arbeit. Denn, ‚Arbeit ohne Poesie, ohne Religion ist Sklaverei', notiert sie.

Ihre Erschöpfungszustände steigern sich. Eines Tages erscheint sie nicht im Büro; eine Freundin sucht sie in ihrer Wohnung auf. Sie findet Weil in einem hochgradigen Schwächezustand vor und lässt sie in ein nahegelegenes Krankenhaus einweisen. Eine Lungentuberkulose wird festgestellt; sie verweigert jedoch beharrlich jede Nahrungsaufnahme aus Solidarität mit dem Elend der französischen Kriegsgefangenen. Wenige Tage nach ihrer Einlieferung stirbt sie im Grosvenor Hospital im südenglischen Ashford, wahrscheinlich ohne die Taufe empfangen zu haben, nach der es sie brennend verlangte: ein spiritueller Hunger nach den Sakramenten, den sie nur, ‚in der Enthaltung von ihnen als einer noch reineren Berührung denn der Teilnahme' balancieren zu können glaubte. In einem Brief an ihren Bruder heißt es:

Ich bin mir im Unklaren, ob ich mich taufen lassen soll: Ich glaube an Gott, an die Trinität, die Inkarnation, die Eucharistie und die Lehren des Evangeliums. Aber was ist mit meinen zum offiziellen Lehramt der Kirche unterschiedlichen Anschauungen? Ich habe bemerkt, dass der Katholizismus selbst im Geiste der Priester keine fest umrissenen Grenzen hat. Es ist unmöglich, durch Befragen von ihnen zu erfahren, was zum strengen Glauben gehört und was nicht. Ich persönlich habe noch nicht herausfinden können, ob ein Priester, der mich taufen würde, eine Gotteslästerung beginge oder nicht. (ebd.)

Einem Freund, dem Katholiken Gustave Thibon, hatte sie einst wissen lassen:

Für den Augenblick wäre ich eher geneigt, für die Kirche zu sterben, als in sie einzutreten, falls sie es nächstens nötig hätte, dass man für sie stirbt. Sterben, das verpflichtet zu nichts. Es schließt keine Lüge aus...

Die Botschaft des Jahrtausends: Carl Amerys ökologischer Weckruf

Er gehörte dem Jahrgang 1922 an, einer Generation, dessen Aufstiegschancen nach 1945 glänzend waren, so seine Ansicht, weil der Krieg so viele gleichaltrige Konkurrenz liquidiert hatte. In München geboren, in Freising und Passau groß geworden gehörten seine Eltern der südddeutsch-katholischen Bildungsschicht an, die ihm eine ‚unverrückbare, höchstens nach links ausbaubare Feindschaft zum Nationalsozialismus vermittelte.' So beginnt der Schriftsteller Carl Amery seine Vorstellung in der deutschen ‚Akademie für Sprache und Dichtung' im Jahre 1992. Er fährt fort:

Meinen Prosastil hätte ich nicht ohne die langjährige Bekanntschaft mit angelsächsischer und französischer Literatur entwickeln können und, damit im Zusammenhang, ohne die mit den Jahren wachsende Überzeugung, dass der komische Weltzugang leichter und eher die Tragödie enthält und aus sich entläßt als umgekehrt.

Amery war ein bodenständiger Visionär und kosmopolitischer Realist. Seine Zeit in den USA, seine Ehe mit einer Amerikanerin spielten eine wesentliche Rolle in seinem Leben. Wenn man sich das Engagement von Amery anschaut, zeigt sich, dass ihn, als gebürtigen Bayern, eine zornige Liebe zu seiner Heimat bestimmt hatte, und hier insbesondere zur Religion: die katholische

Kirche konnte sich seines grimmigen Humors sicher sein. Der Konservative als radikaler Weltbürger und christlicher Zeitgenosse. Sein literarischer Kollege und Freund Gert Heidenreich pointiert:

Carl war in der Prosa der 60/70iger Jahre ein Unikat, man konnte ihn nicht für irgend eine Mode oder Richtung vereinnahmen. Er war ein barocker Erzähler, er war ein Mann mit überbordender Phantasie und er war ein Mann von großer Neugier auf die Realität. (Interview)

Amery muß als ein Multitalent gesehen werden. Neben seinem stupenden Wissen, speziell in Bezug auf die europäisch/bayrische Geschichte, besticht sein politisch-literarischer Aktivismus: seine Mitgliedschaft in der literarischen Gruppe 47, seine Kritik eines katholischen Milieukatholizismus im Jahre 1963, die Wellen der Empörung hervorrief; sein Eintreten für Heinrich Böll in den Schattenjahren der Republik unter dem Trauma der Baader-Meinhof Aktionen, seine kurze Penpräsidentschaft 1989/90. All dies erwies ihn sozial und politisch als einen höchst streitbaren wie solidarischen Zeitgenossen. Amery war im unmittelbarsten Sinne des Wortes Aufklärer, dem Schrift und Tat eins waren; ein Ethos, das er in Erasmus von Rotterdam, dem großen holländischen Humanisten, am Reinsten verkörpert sah.

Sein eigener Humanismus war, das ist das Besonderes dieses urbayrischen Literaten, geprägt von einem besonderen Talent für einen vorausschauenden, scheinbar phantastischen Futurismus. Seine Science Fiction Romane, die auf das Utopische von Wirklichkeit zielten, waren für den bundesrepublikanischen Schriftstellerbetrieb ein Unicum, das man nicht ernst zu nehmen vermochte. Die vorausschauende Ahnung einer ökologischen Zerstörung dieses Planeten schien viel zu abwegig.

Größere Resonanz als seine Belletristik lösten die späteren Aufsätze und Monographien zur jetzt allgegenwärtigen ökologischen Krise aus, die er als Kulturkrise begriff, da sie die bisher dramatischste Sackgasse der Menschheit darstellt und die bisherigen politischen Stereotypen von links und rechts, reaktionär oder progressiv/revolutionär gründlich außer Kraft setzt. Der störrische Konservative, wie der Publizist und Freund Walter Jens ihn beschrieb, bewegte sich Zeit seines Lebens weitab von jedweder CSU High-tech- bzw. Lederhosenmentalität. Vielmehr stand er für einen Konservatismus, dem die Rhythmen der Natur nahe waren – das Ensemble der gewachsenen Lebenswelten, das er als das Konservativste, sprich Erhaltenswerteste, was er kannte, verehrte; die natürlichen Ganzheiten von Pflanze, Tier und Mensch, die nicht statisch sondern in stetem Flussgleichgewicht die Beständigkeit der lebendigen Erde, der Gaia, bis heute zu sichern wußten. Erfahrungen die bis in seine Kindheit, die mit der Natur noch eng verknüpft war, zurückreichten.

Amery, bayrischer Kosmopolit und scharfzüngiger Kommentator des gesellschaftlichen wie kirchlichen Establishments der Bonner Republik, erkannte sein Lebensthema schon in den späten 60iger Jahren: das Aufscheinen einer Krisis, die in der kurzen Zeit von nur drei Jahrzehnten zu einer gigantischen Welle anwachsen sollte, die den UNO-Klimarat schon vor Jahren von der Stunde der Entscheidung sprechen ließ: Jetzt oder nie lautete die Parole.

Dabei fällt eine wie nebenbei ausgesprochene Einschätzung Amerys zum Verhältnis von Natur- und Geisteswissenschaften ins Auge:

Sprache und Dichtung haben bereits jetzt mehr Impulse den Lebenswissenschaften, diesen möglichen Brückenschlägern zu verdanken als dem traditionellen Verhältnis zu den sogenannten Geisteswissenschaften, die in eben diesen Jahrzehnten den neuen Paradigmen der Ökologie merkwürdig verschlossen blieben.

Die Botschaft des Jahrtausends

Seinen eigenen Berufsstand sah er mit dem gleichen visionären Realismus: Die Probleme, die der Schriftsteller behandelt, seien für diesen nicht die Probleme der Arbeitswelt -er habe sich ja von solcher eine gewisse Freiheit erhandelt, eben durch sein Schreiben- es seien, gut marxistisch gesprochen, Überschussprobleme; mit anderen Worten, der durchschnittliche europäische Literat sei existentiell selten in der Lage, hinter gesellschaftlichen Verhältnissen das natürliche Gewebe zu erkennen, in das Ersteres eingebettet ist, notierte er 1980. Selbst dort, wo die literarische Zivilisationskritik ihr Material aus dem erkennbar gestörten Verhältnis von Natur und Gesellschaft holt, sah er die literarische Technik immer als eine anthropozentrische. Was, wie er bemerkt, in der Antike beispielsweise noch ganz anders war. Dazu sein Kollege Gert Heidenreich:

Das, was bei Carl dazukommt, ist natürlich, dass er als einer der ganz Wenigen überhaupt in einer frühen Phase erkannt hat, was für eine Weltkrise in diesem Thema verborgen ist,- nämlich eine Menschheits- und eine Seelenkrise. Er hat sein Thema erkannt, und es für sich gewählt und nicht ohne Grund ist er dann auf der essayistischen Seite gelandet. Es ist nämlich sehr schwer, solche Themen in der Literatur, die immer von Liebe und Tod handelt, darin zu integrieren. Die Natur existiert in der Literatur in einer erstaunlichen unbeschädigten Weise, während sie in der Realität längst vor die Hunde geht. Dieses Mißverhältnis, das hat Carl erkannt. (Interview)

Die Lyrik sah er als einzigen Zweig am Baum der Literaturgattungen, die die Natur als Spiegel menschlicher Existenz nie aus den Augen verloren habe, auch in der modernen Schriftstellerei. Denn, so schrieb Amery, ‚in ihr steckten noch Elemente des alten Schamanentums, das über Jahrzehntausende der Erlebnisbegleiter der Menschheit gewesen war.' Literatur im Zeitalter fundamentaler ökologischer Krisen verstand er als Weltdichtung. Eine solche könnte, so seine Hoffnung, vielleicht imstande sein, der Profanisierung der nicht-menschlichen Natur entgegenzuwirken; letzteres ein Ergebnis der jüdisch-christlichen Focusierung auf das ausschließliche Gespräch zwischen Mensch und Gott. Eine Dichtung jenseits des Dunstkreises falscher Naturfrömmelei allerdings, vielmehr als Anwältin des tiefsten und geheimsten Leides von Natur und Mensch verstanden.

Jedweder naiven Naturschutzromantik abhold, eröffneten solche Wahrnehmungen dem kantigen, oftmals spröden Bayern Amery einen Raum von Begegnungen, neuen Lernfeldern und darüber hinaus dramatische politische Auseinandersetzungen wie die damaligen Demonstrationen um das Atomkraftwerk Whyl zeigten. Ereignisse, die für seine weitere Laufbahn entscheidend waren. Der Publizist und Intellektuelle traf nun auf Lebensaktivisten ganz anderer Färbung als im gängigen Literaturbetrieb, und der katholische Konservative erkannte in diesem Dialog mit Pazifisten, Umweltschützern, linken Aktivisten und besorgten Naturwissenschaftlern, dass es nicht mehr um Revolutionen im klassischen Sinne ging, sondern um den Kern der christlich-jüdischen Botschaft: die Aufgabe des Menschen als Hüter und Pfleger der Natur, die ihm nicht nur von außen sondern ebenso in seinem Innern gegenübertritt. Homo sapiens ist ihm nicht mehr Krone der Schöpfung im Sinne des Satzes: ‚mache dir die Erde untertan' sondern ihr erster Diener und durch diesen Dienst erst wirklich geadelt.

Als 1972 der ‚Club of Rome' seine berühmte Studie *Grenzen des Wachstums* herausgab, hatten für Amery, der ja schon seit den frühen 60iger Jahren für das Thema Ökologie sensibilisiert war, endgültig die Alarmglocken zu läuten begonnen. Er schrieb:

Wer sich einigen Sinn für historische Proportionen bewahrt hatte, konnte damals schon wissen und wusste auch, dass damit der sogenannte Kalte Krieg zur Nebensache geworden war: er verschwand wie ein Spuk und die siegreiche Konfession des Ökonomismus schwur die Menschheit auf das Banner des totalen Marktes ein: TINA- There is no Alternative, wie die britische Premierministerin Margaret Thatcher das neue Credo auf den Punkt brachte. (Die Botschaft des Jahrtausends)

Amerys Resümee in seinem Buch *Global Exit* lautete: Erstens, ‚Der Zustand der Biossphäre, und damit die Lebensperspektive für die kommenden Generationen sind katastrophal. Zweitens: Die Herrschaft des totalen Marktes, der Reichsreligion kenne, bis hinauf zu den Nobelpreisträgern, kein Modell der Schrumpfung. Und drittens: Geld ist das Sakrament dieses ökonomischen Fundamentalismus'.

So spricht einer, der elf Jahre vor seinem Tod die Konsequenzen benannter eindimensionaler Logik in einem schmalen Band mit einem wahrlich großen, ja dramatischen Titel publizierte: *Die Botschaft des Jahrtausends. Von Leben, Tod und Würde.* Der bayrische Christ, der die Einsicht in menschliche Unvollkommenheit und Begrenztheit als Grunderkenntnis jedes echten Konservativen deklarierte, entfaltete mit dieser Schrift die radikal neue Perspektive unseres, wie er es nannte, biossphärischen Zeitalters:

Das ideengeschichtliche Hauptereignis des 20. Jahrhunderts, das im 21. Jahrhundert zu praktischer Politik wird, ist das Auftauchen der Gattungsfrage im öffentlichen Bewusstsein: kann die Menschheit ihre Errungenschaften überleben? (ebd.)

Die Botschaft des Jahrtausends muß als Amerys geistiges Testament betrachtet werden. Der Mann, der die Zukunft in den frühen Jahren der Bundesrepublik in Science Fiction Romanen wie *Der Untergang der Stadt Passau* auslotete, hatte eine Pflicht auf sich geladen, die nur wenige Publizisten der Karriere förderlich erachteten: Rufer in der Wüste zu sein, die Stimme der Kassandra zu erheben. Ähnlich sah es sein Freund Gert Heidenreich:

Ich erinnere mich an ein Gespräch mit ihm, wo wir uns in einer verblüffenden Weise einig waren in einer schrecklichen These: die Welt hat von Hitler nicht gelernt, was man nicht machen darf, sondern sie hat gelernt, wie man's macht.

In diesem Gespräch war mir mit einem Male wieder klar, was ganz Anderes er hatte als all die sonstigen Gesellschaftskritiker: er hatte eine bayrische, barocke Art, kein Blatt vor den Mund zu nehmen! Und das ist in dieser Kultur der Eleganz, die sich entwickelt hat, etwas sehr Ungewöhnliches. Carl wollte in gewissen Fragen ungenießbar sein.

Das ist etwas, was ihn auszeichnet und ihn in die Literaturgeschichte der Empörer stellt. Und davon haben wir zu wenige. Wie er das durchgehalten hat, weiß ich nicht; es ist ja nicht leicht, mit solchen Erkenntnissen zu leben. (Interview)

Der Fortschritt steht für Amery am Scheideweg: es geht nicht mehr, wie noch im 19. Jahrhundert, um Maschinenstürmerei sondern um eine ganzheitliche technisch-soziale Philosophie und Ethik mit entsprechender Praxis. Er hatte, wie viele andere mit ihm, u.a. der Ökonom Ernst Schumacher, der Pädagoge Ivan Illich, der Naturwissenschaftler Gregory Bateson eingesehen, dass der auf zumeist nur wenige Komponenten abzielende technologische Eingriff in den ungeheuer komplizierten Organismus des Lebendigen unmöglich ohne schlimmste Risiken und Nebenwirkungen vorgenommen werden kann. Mehr noch: wir haben keine Ahnung, worin diese Risiken bestehen.

Ein Rufer in der Wüste zu sein, entsprach nicht unbedingt seinem Naturell als lebensfrohem, an Geschichte und Evolution, Vergangenheit und Zukunft gleichermaßen interessierten Zeitgenossen. Aber es war ihm schon lange nur zu deutlich bewusst, was der Sozialwissenschaftler Niklas Luhmann einst sarkastisch auf den Punkt brachte: ‚Die Grünen haben völlig recht, es kann sie nur keiner hören.' Noch nach der endgültigen Bestätigung eines menschengemachten Klimawandels mit katastrophalen Folgen, ulkte die Zeitschrift ‚Die Zeit' in einen Artikel- ‚Jetzt hätten die Idealisten, sprich Ökologen bedauerlicherweise! doch Recht gegenüber den Realisten behalten. Die ‚Bildzeitung' titelte damals: ‚Nun müssen wir die Welt retten!!' Amerys Wahrnehmungen kamen dagegen aus einer völlig anderen Sphäre:

Die Botschaft war zunächst nur als etwas ganz Allgemeines, als eine Neufassung alter Prophetien vom Jüngsten Gericht zu begreifen. Die Reaktion: man versucht nicht hinzusehen, man hält sich einfach an die alten Schlüsselwörter und Streitgegenstände: rechts gegen links, das Gute gegen das Böse u.s.w.

(Die Botschaft des Jahrtausends)

Heute, so lautete Amerys Nachricht, kehrt sich der Fortschritt gegen die Basis des Lebens selbst- die Erde als einem lebendigen, intelligenten Ganzen, dessen Boden unser einziger Halt ist:

Ziemlich plötzlich wurde den am allgemeinen Denkprozeß Beteiligten klar, dass die bisherige Bewusstlosigkeit des Fortschritts mit seinem Energieheißhunger, seinen Müll- und Sondermüllhalden, seiner Verwüstung halber Erdteile von der Bewußtlosigkeit der Bierhefe nicht zu unterscheiden ist. Dieser Ökonomismus ist fundamentalistisch, weil Wirklichkeiten jenseits seiner Koordinaten nicht verarbeitet werden. Zuvörderst die Tatsache, dass die Ökonomie eine Unterabteilung der Ökologie ist, statt umgekehrt, wie viele Kapitalisten glauben machen wollen. Es geht heute höchstwahrscheinlich um Alles oder Nichts, wenigstens oberhalb einer Welt von Gräsern und Insekten. (ebd.)

Doch Amery weiß, dass Kassandra nicht eine bloße Schwarzmalerin ist; sie sieht, und in diesem Sehen ist auch die Lösung, die unbequeme, nicht erwünschte, miteinbeschlossen.

Eine ganz andere Art von Fortschritt erkennt entschlossen die erdgeschichtliche Herkunft des Menschen, seine Kreatürlichkeit, an. Innerhalb dieser Kreatürlichkeit gibt es keine Auswege, keine Ablaßsysteme. Mit dem einfältigen, titanischen Menschenbild des neuzeitlichen Humanismus, der uns über Marxismus und Liberalismus hinweg noch heute stark bestimmt, ist unter der Fahne eines ökologischen Fortschritts endgültig Schluß. Aus unserer Kreatürlichkeit folgt zudem, dass nur unsere sozialen, nicht aber unsere materiellen Handlungen zurücknehmbar sind. (ebd.)

Mit anderen Worten: Die Ausrottung einer Art ist in der Evolution ein nicht mehr umkehrbarer Prozeß. In Deutschland sind davon inzwischen ein Viertel aller Tier- und Pflanzenarten betroffen. Und wie sah er in diesem Zusammenhang das Christentum? Der Realist wie spirituelle Visionär Amery spricht hier eine Sprache, jedoch mit doppelter Ausrichtung:

Die alte Christenheit zwischen San Diego und Sibirien sitzt weiterhin an den Fleischtöpfen des Sklavenhauses - des Weltmarktes; wir haben es noch nicht verlassen und im Grunde denken wir auch gar nicht daran, es zu verlassen. Aber:Es ist ein Gebot der Selbsterhaltung der Kirchen, den unmißverständlichen Kampf gegen die Reichsreligion, d.h. den Kreuzzug für eine bewohnbare Welt Gottes aufzunehmen. (ebd.)

Amerys unumstößliches Lebensmotto lautet auch hier: keine Angst vor der klaren Analyse, alle Kraft der Vision! Eben dieses Paradox zeichnet die Botschaft des Jahrtausends aus, dass sie sich unverfügbar macht für falsche Kompromisse, der Zukunft dafür beide Hände reicht, aus, sagen wir es altmodisch: christlicher Nächstenliebe. Die Liebe zur Schöpfung umfasst mehr als homo sapiens,- nämlich Tiere, Pflanzen, Lebenswelten: eben die 'Gedanken Gottes' die wir heute verschwinden lassen, und damit auch den Urheber, Gott selbst.

Selten hat ein katholischer Literat die Grundlagen der Gesellschaft so radikal in Frage gestellt wie Amery: Ob Kapitalwirtschaft oder Zinseszins, Nahrungsmittelindustrie oder Verkehrspolitik, Landwirtschaft oder der Umgang mit schwindenden Ressourcen; er ließ kein Tabu aus, und vergaß dabei doch nie, dass es keine einfachen Lösungen gibt, wenn überhaupt.

Amery's Botschaft spricht von der Einheit von Leben, Tod und Würde. Er wusste, dass rein technokratische Wege zur Lösung der Umweltkrise zum Scheitern verurteilt sind, da sie sich an der spirituellen Dimension der heraufziehenden Katastrophen vorbeimogeln. Er war in seiner Schau der Dinge ein glasklarer Dialektiker, der auch als Christ und Demokrat nicht davor zurückschreckte, marxistisches Gedankengut in seine Analysen miteinzubeziehen. Er sah, wie viele ‚Eliten der Metropolen' über der Anbetung des Kapitals, des goldenen Kalbs, den sinnlichen, direkten Kontakt zur Erde, die die Menschheit trägt und umhüllt, schon längst verloren haben. Stattdessen träumen sie von neuen, künstlichen Paradiesen.

Hinter all dem verbalen, aktionistischen Getümmel um Klima- und Umweltschutz erkannte er die eine große Verdrängung westlicher Gesellschaft: die Tatsache des Todes als einer natürlichen Verkehrsform des Lebens, die diesem erst seine Würde schenkt. Die Ars moriendi, die Kunst des Sterbens, schon im Leben als grundlegende spirituelle Praxis eingeübt, sei der Postmoderne gänzlich abhanden gekommen, stellte der lebensfrohe Katholik immer wieder fest:

Der Tod ist heute ein peinliches Stoffwechselgeschäft. Er findet grundsätzlich in der Klinik statt, seine Endgültigkeit wird durch Maschinen festgestellt; das corpus delicti wird dann, zwecks Freimachung eines begehrten, gewinnträchtigen Bettes in eine geflieste Kellerkammer abgeschoben. (ebd.)

Amery war sich im Klaren, dass es kein Argument für oder gegen das Leben gibt, das nicht gleichzeitig ein Argument für oder gegen den Tod ist. Ihm war ebenso deutlich, dass der Begriff der Würde im globalen Kontext der Kulturen sehr unterschiedlich gehandhabt wird. Und so postulierte er früh, dass es vielschichtig vernetzter Perspektiven bedarf, um die großen Themen von heute- wie Überbevölkerung, Hunger und Armut nachhaltig, d.h. unter Einbeziehung einer spirituellen Vision, lösen zu können. Er erkannte vor allem, wie haarscharf Entwicklung und Verfall beieinander liegen. Dabei war er kein Schwarzseher: vielmehr verwies er mit unbeirrbarer Konsequenz daraufhin, dass eine authentische Nachhaltigkeit ihr Ethos aus dem Vermögen bezieht, ‚das Leben und sein anderes Ufer den Tod, klar zu sehen und voll anzuerkennen.'

So lautet Amerys entscheidende Frage: ‚Gibt es eine Form der Religiosität, die den neuen Einsichten der Lebenswissenschaften standzuhalten vermag?- gegen den Drang einer blinden Geschäftemacherei mit der Erde bis zum bitteren Ende?' Denn: ‚keine Verbeugung gegen Rom, gegen Mekka wird z.B. die Halbwertzeiten des Plutoniums verkürzen', stellte er kühl fest. Also ist Erbsünde heutzutage schlichtweg das Mißachten ökologischer Grundregeln.

Was trägt zuletzt? Der bayrische Schriftsteller verwies immer wieder auf die paradoxe Einsicht, dass die Gattung homo sapiens nicht die Krone der Schöpfung sei, doch auf Grund eben dieses Wissens sich von allen anderen Lebewesen unterscheide. Souveränität und Demut sind ihm die beiden Säulen eines neuen, eines Dritten Bundes, von dem durch die Geschichte des Christentums hindurch immer wieder die Rede war: der Bund mit dem Heiligen Geist, der die anderen beiden Bündnisse mit dem Vater und dem Sohn zur Vollendung führt; alle zusammen Ausdruck einer postmodernen christlichen Spiritualität, die die

Einheit der Religionen in diesem Heiligen Geist erkennt. Denn, so der weltoffene Christ, ‚wenn man sich eine Vielfalt von künftigen Kulturen der Nachhaltigkeit wünsche, sei das überwölbende Dach einer gemeinsamen Religiosität von höchster Wirksamkeit'. Anzeichen dafür machte er überall in der Welt aus:

Die Heiligen, um die es hier geht, leben in Himalayaklöstern und in Indianerschwitzhütten, in christlichen und jüdischen Kulturen, in den Traditionen der islamischen Mystiker. Diese Heiligen waren und sind keine Übermenschen, stattdessen Menschen von fast völliger Unabhängigkeit von der Reichsreligion des Konsums; Menschen, die ihre scheinbar so schwierige Existenz als unendlichen Reichtum erleben. (ebd.)

Ob ein solcher Bund gelingen würde, ließ Amery offen.

Wege zu einer postmodernen Schöpfungsspiritualität: Matthew Fox

Am Anfang war das Geschenk. Und das Geschenk war bei Gott, und das Geschenk war Gott. Und das Geschenk kam und schlug sein Zelt unter uns auf- zuerst in Form eines Feuerballs: eine Milliarde Jahre des Kochens und des Brodelns bis die Begabungen des Wasserstoffs und Heliums Galaxien gebaren, die Billionen Sterne schufen. Lichter in den Himmeln und kosmische Brutöfen, die neue Geschenke entstehen ließen: Begabungen gebärende Gaben. (Matthew Fox, Schöpfungsspiritualität)

So beginnt der amerikanische Theologe, Lehrer und Gründer des ‚Instituts für Culture and Creation Spirituality' Matthew Fox eine postmoderne Kosmologie, die doch der Genesis des Alten Testamentes in Manchem durchaus nahesteht. Die wissenschaftlichen Entdeckungen zur Entstehung des Kosmos bis hin zu unserem Planeten, bis hin zum heutigen Menschen erkennt der

Theologe als kostbare Früchte einer für ihn heiligen Geschichte der Evolution.

Fox wurde mit seinen Büchern *Vision vom kosmischen Christus und Schöpfungsspiritualität* weit über die Grenzen der USA bekannt. In der Nachfolge Martin Luthers entwarf er im Jahre 2005 fünfundneunzig Thesen oder Glaubensartikel für eine umfassende Reformation der christlichen Kirchen.

Fox, der bis 1992 dem Dominikanerorden angehörte, wurde 1988 vom damaligen Kardinal Ratzinger für seine Thesen mit einem Schweigegebot bestraft und vier Jahre später aus dem Orden ausgeschlossen. Er gilt als führender Exponent einer neuen Kooperation von Wissenschaft und Spiritualität. Sie soll die Wunde heilen, die die westliche Aufklärung der Welt hinterlasssen hat- den Riß zwischen sogenannt objektiver Forschung und der spirituellen Suche nach Sinn und Erkenntnis. Die Zeit für eine neue Verbindung zwischen den beiden Großmächten menschlicher wie kosmischer Wirklichkeit hält nicht nur er für gekommen. Seine ‚Schule der Weisheit', die er im Jahre 2005 gründete, ist hierfür eine weites Experimentierfeld.

Thomas von Aquin sagte schon im 13. Jahrhundert: Der Geist ist unsere Beziehung zu allem, was existiert. Und das eben ist eine großartige, ja mächtige Definition. Warum ist sie so wichtig heute? Weil in diesem Moment unserer Geschichte die ganze Welt von der neuen Schöpfungserkenntnis der Wissenschaften berührt wird. Diese erzählt uns nämlich, in welchem Zusammenhang wir mit den eine Trilliarde Galaxien stehen und den 14 Milliarden Jahren , die unsere Geschichte ausmachen. Das Gleiche gilt für den Prozess der Photosynthese, mittels welchem die Pflanzen, und damit wir Menschen die Sonne essen. All dies sind neue Schöpfungsgeschichten. Wir brauchen solche, um die Menschheit in Zeiten umfassender Artenzerstörung neu zu erleuchten. (Interview)

Schöpfungsspiritualität ist ein Wort in Anlehnung eines Satzes von Paulus, der in seinem Römerbrief (8,22) von den Geburtswehen einer neuen Schöpfung spricht. Sie umgreift den gesamten Kosmos und bezeugt das ungeheure Netz des LEBENS, in das auch der Mensch, homo sapiens, hineingewoben ist. Kreativität ist die größte Gabe dieses Wesens und Mitgefühl seine gottesnächste Eigenschaft. Damit verweist Fox ebenso auf die historische Figur des Jesus wie auf den auferstandenen Christus als universale geistige Wirklichkeit. Diese transpersonale Kraft ist für ihn Ausdruck des Heiligen Geistes, der in allem Leben wirkt.

Was ist eigentlich ‚die Schöpfung'. Fox antwortet darauf schlicht und direkt: alles- Raum und Zeit, Mensch, Stein, Pflanze, Tier – jedes durchpulst vom Atem Gottes, daher Abbild des Göttlichen. Nun spielt der Mensch in dieser Schöpfung als Mitschaffender eine inzwischen immer bedeutsamere wie gefährlichere Rolle; ihm ist heute, angesichts ebenso segensreicher wie verheerender Technologien eine immense Verantwortung in die Hände gelegt. Ist doch das Netz des LEBENS in ungeheurem Maße buchstäblich mit seinen Gedanken, Phantasien und Taten durchtränkt. Anders ausgedrückt: alles beruht auf Verbindung kreierenden Bedürfnissen und Intentionen, alles ist Beziehung, ist mithin Aufeinanderangewiesensein. Ein anderes Wort dafür ist Attraktion, der wissenschaftliche Begriff hierfür heißt Gravitation. Ein Freund von Fox, Brian Swimme, Physiker, schreibt in seinem Buch *Das Universum ist ein grüner Drache* dazu:

Liebe beginnt mit Verlockung, mit Anziehung. Stell dir den ganzen Kosmos vor, all die hundert Milliarden Galaxien, wie sie durch den Weltraum rasen. Auf dieser kosmischen Ebene ist die grundlegende Triebkraft die Anziehung, die jede Galaxis auf jede andere ausübt.

Ohne diese grundlegende Verlockung würde alles an Interesse, Bezauberung, an Geheimnisvollem wegfallen; Galaxien wie Familien, Atome wie Ökosysteme- alles löst sich im Nu in Luft auf, wenn die Verlockung, die das All durchdringt, stillgelegt wird. Die Gravitation ist ein grundsätzliches Geheimnis.

Entsprechend folgert Fox: ‚die Schöpfung ist der ursprüngliche Segen' also ganz im Sinne der Genesis, wo es heißt: ‚Gott sah alles an, was er gemacht hatte, und siehe, es war sehr gut'. So weit die Parallelen. Doch dann folgt ein Satz des amerikanischen Theologen mit einem ganz anderen Klang: In ihrer Demut habe die Schöpfung sich zum Gegenstand eines ihrer eigenen Werke gemacht, der menschlichen Rasse.

Mit einem Sprung sind wir im Heute, im Hier und Jetzt von Internet, Gentechnologie, Embryonenforschung, Klimawandel, strahlendem Atommüll und dergleichen Dinge mehr; Tatsachen, die nichts so belassen, wie es frühere Generationen noch gewohnt waren. Die amerikanische ‚Tiefenökologin', Sozialaktivistin und Geistesverwandte von Fox, Joanna Macy, schreibt in ihrem Buch *Die Wiederentdeckung der sinnlichen Erde:*

An der Zukunft zu verzweifeln, ist in unserer Gesellschaft eine Art Tabu, und wer es bricht, gilt als verrückt, zumindest als depressiv. Niemand will eine Kassandra um sich haben. Es macht auch nicht gerade Spaß, solche Rollen zu spielen. Als mir zum ersten Mal schlagartig klar wurde, dass unser kollektiver Selbstmord eine durchaus ernstzunehmende Möglichkeit ist, da war mir zumute, als gäbe es niemanden, zu dem ich mit meinem Schmerz gehen könnte. Was läßt sich sagen ohne Schwarzmalerei? Wollte ich andere hineinziehen in dieses Grauen?

Aus welchem Stoff also sind wir gemacht? Die Schöpfungsspiritualität antwortet: den Elementen unseres Körpers, die auch diejenigen des Universums sind, der Seele mit ihren weiten Schwingungen zwischen Trauer und Leid, der Ekstase und der Freude; all das ist Ausdruck der Geschichte und der Größe des Menschen und damit auch des Universums. Man denke an die Erzählungen der australischen Ureinwohner über die Traumzeit, die Reisen der Schamanen in andere Welten, an Jesu Visionen eines offenen Himmels, an die Hymnen des Franz von Assisi auf die Natur, seinen Sonnengesang. Der 'Christus in allen Dingen' wie der frühe Kirchenvater Gregor von Nyssa es formulierte, ist nicht von ungefähr die Grundlage christlicher Schöpfungswahrnehmung.

Der kosmische Christus ist die mystische Tradition der göttlichen Gegenwart in jedem einzelnen Sein des Universums. Hildegard von Bingen sagte im 12. Jahrhundert, dass jede Kreatur ein reines Partikel Gottes sei; diese Art mystischer Einsicht brauchen wir heute.

Der theologische Begriff hierfür ist Panentheismus: alles ist in Gott und Gott ist in allem. Dies ist das mystische Erwachen – die Wahrnehmung der Präsenz des Heiligen in Allem. Heutzutage haben wir eine Wissenschaft, die uns sagt, dass alle Dinge im Kosmos von Licht durchdrungen sind. Johannes sagt im Neuen Testament, dass jedes Sein Licht in sich trägt. Ihr aller Name ist Christus. Bringt man diese beiden Sichtweisen zusammen, bekommt man eine neue Kosmologie.

(Matthew Fox, Schöpfungsspiritualität)

Fox verbindet seine Kosmologie klar mit weiblichen Attributen, daher lautet die erste seiner 95 Thesen: 'Gott ist Vater und Mutter' mit der Verdeutlichung von These 2: 'In unserer Zeit ist Gott mehr Mutter als Vater, denn das Weibliche fehlt am meisten.' Es ist für ihn wesentlich, das Gleichgewicht der Geschlechter wiederherzustellen. Der strafende Gott ist ihm Ausdruck einer patriarchalen Neurose; Abbild einer auf Angst beruhenden religiösen Weltanschauung. Zudem: ein Gott da draußen existiert nicht. Gott ist in allem. Der moderne Gläubige ist für ihn daher ein Mystiker, d.h. ein 'Liebender des Lebens', der die Einheit aller Dinge und Wesen zu erkennen fähig ist.

Anders jedoch als in früheren Zeiten stehen der Einzelne wie die Gesellschaft im 21. Jahrhundert vor der Tatsache, dass die Schöpfung angesichts von Bevölkerungswachstum und insbesondere der Transformationskraft von Wissenschaft und Technik, also des menschlichen Erfindungsgeistes, zunehmend selbst gefährdet ist. Kein Gott rettet biologische Vielfalt vor der Profitgier mächtiger Industrien, dem Konsumwahn moderner Zivilisation, der Plünderung der Ressourcen von Ländern und Meeren.

Wir haben keine Kontrolle über die Natur. Schon Thomas von Aquin sagte: Erlösung oder das Heil bedeuten zuallererst- die Dinge im Guten zu bewahren. Diese Definition ist ganz ökologisch. Denn sie meint, dass wir die Natur als ein Gut und einen Segen empfangen haben. Entsprechend sollen wir sie an kommende Generationen weitergeben. Eine unserer Hauptsünden heute ist anthropozentrische Arroganz. Eine Sünde wider den Heiligen Geist seitens des modernen Menschen. (Interview)

Fox spricht von der Kreuzigung der Natur im Namen des Fortschritts; Nachhaltigkeit ist daher für ihn ein anderes Wort für Gerechtigkeit und damit auch selbstverständliche Begründung seines Einsatzes für die Armen dieser Welt, die unter der Zerstörung der Umwelt besonders leiden. Mehr noch als die Befreiungstheologie setzt er auf die Kreativität des menschlichen Geistes zur Überwindung wirtschaftlicher Not. Die Idee von Kleinkrediten mit Minimalzinsen zum Aufbau eigner Kleinstunternehmen für Frauen in Afrika und Asien beispielsweise weist in solche Richtung. Im Zentrum einer neuen Spiritualität stehen für Fox jedoch zwei alte Begriffe, die einer leistungs- und hochgeschwindigkeitsorientierten Gesellschaft schwerlich ins Konzept passen: Feier und Kult sind ihm Schlüssel zur menschlichen Gemeinschaft, gewandet in Form und Sprache unserer Zeit Ihre Inhalte bilden die neuen Erkenntnisse der Wissenschaft zur ursprünglichen Einheit von Mensch, Welt und Kosmos.

Schöpfungsspiritualität nach Fox ist in vier Pfade ausgefächert, die kreuzweise aufeinander bezogen ins Zentrum führen: die via positiva, via negativa, via creativa und die via transformativa. Wege in ein neues Bewußtsein, das die Umweltzerstörungen als Ausdruck einer geistigen Krisis unserer rein anthropozentrisch orientierten Zivilisation erkennt.

Die via positiva lebt vom Einfachsten und Schwersten: dem JA zum LEBEN, beides groß geschrieben. Selbstbejahung, Staunen und Freude ohne Egoaufblähung, so sagt uns die Psychologie, sind -speziell im Westen- eine der schwierigsten Herausforderungen an den Einzelnen. Schuld, Angst, Skepsis und falsche Demut stehen solcher Selbstbejahung nur zu häufig im Wege. Vertrauen in die Existenz ist für den aufgeklärten Menschen keineswegs leichter geworden; Zweifel und dahinter schlummernde Depressionen sind ein weitverbreitetes Krankheitsbild einer intellektualistischen Gesellschaft.

Wir haben den Sinn für die Güte des Lebens verloren; deshalb gibt es so viel Pessimismus auf der Welt und Energielosigkeit. Ohne einen Sinn für die Güte und Schönheit der Welt verliert man den Antrieb, Neues zu beginnen. Rilke sagte:,geh auch deine Klage auf dem Wege der Preisung, denn sie ist der Beginn von Allem'. (Interview)

Die Via Negativa kann als Schattenreich betrachtet werden, das uns durchs Leben begleitet. Sorgen und Nöte sind breite Straßen in die Dunkelheit, ins Unübersichtliche, in die Leere, wo die normalen Lebens- und Glaubensmuster versagen. Mit den Worten des Johannes vom Kreuz: ‚die Nacht der Seele'. Dort, wo die uralten Fragen auftauchen: Was soll das Ganze? Warum ich? Was tun? Nichts schwieriger, als sich auf solche Fragen einzulassen, sie in ihrer erdrückenden Fülle anzunehmen, und aus dieser Haltung einer schöpferischen Öffnung heilsame Nahrung zu ziehen.

‚Mitschöpfertum' lautet ein heutzutage oft gebrauchtes Stichwort, um die durch Technik und Wissenschaft herausragende Stellung und den Einfluß des Menschen auf die Natur zu würdigen. Ob in Fragen von Gentechnologie, Klimawandel, Artenzerstörung, oder Medizin- die Position von homo sapiens auf unserem Planeten hat eine Dimension erreicht, die inzwischen viele das Fürchten und den Lieben Alten Gott zurückwünschen läßt.

Doch schon Jesus spricht nicht von einer physischen Wiederkehr sondern vom Heiligen Geist, dem unsichtbaren Tröster, den er seinen JüngerInnen schicken wird. Eine Kraft allerdings, die kommt und geht, wann und wie sie will. Diese Wahrheit verdrängten die frühen Christengemeinden, die auf die Parusie, die leibliche Rückkehr Jesu zu ihrer Zeit setzten. Und noch im Jahr 1000 stellte Bernhard von Clairvaux, Zisterziensermönch und Berater des damaligen Papstes die bange, von Zweifeln behaftete Frage, wann, ja eigentlich ob mit dieser Wiederkunft überhaupt zu rechnen sei. Noch einmal tausend Jahre später scheint diese endgültig beantwortet und der Mensch allein auf weiter kosmischer Flur.

Hier setzt der letzte Pfad, die via transformativa an. ‚Barmherzigkeit will ich, nicht Opfer', besagt ein entscheidendes Jesuswort im Matthäusevangelium (12,7). Hinweis auf Möglichkeiten einer Gerechtigkeit ohne Rächer, Schritte in ein Licht, das die Dunkelheit nicht kennt, Leuchtspuren in und hinter dem Kreuz. Man kann diesen Satz auch im Sinne der 95 Thesen von Matthew Fox lesen: als spirituelle Einlösung einer 14 Milliarden Jahre alten Geschichte des materiellen Werdens dieses Kosmos aus atomaren Explosionen und biochemischen Reaktionen, in die die Evolution des menschlichen Bewusstseins zuinnerst eingeflochten ist.

Das Gesetz des Fressens und Gefressen-Werdens ist hineingewoben in einen tieferen Raum von Vergebung, von Verwandlung, den Jesus mit jenem anderen Wort verdeutlicht: 'Wer sein Leben hingibt, wird es gewinnen'. Urworte des Vertrauens in ein Größeres, Unfassbares, dem logischen Prinzip nicht zugänglich. Die Auferstehung verweist, so Fox, auf den aller Schöpfung innewohnenden, unauslöschlichen Segen. In dieser Erkenntnis ruhen für ihn Hoffnung und Mysterium eines kosmisch orientierten Christentums der Nachmoderne. Hier öffnet sich ein riesiges Feld ursprünglicher Spiritualität, dem die moderne Wissenschaft - nach Jahrhunderten erbitterten Streits mit der Religion – brüderlich die Hand reichen kann, gemäß ihrer Vernunft! Der Quantenphysiker Hans Peter Dürr aus München sieht dic Natur im Grunde als reine Verbundenheit. Diese fundamentale Verbundenheit führt nach seiner Ansicht dazu, dass die Welt eine Einheit ist.

Was heißt das nun für eine moderne Schöpfungsspiritualität? Darauf antworten Fox und andere: eben die wissenschaftliche Bestätigung der ältesten Intuition der Menschheit: es gibt eine wechselseitige Bedingtheit nicht nur auf der soziobiologischen Ebene von Familien, Sippen und Clans sondern ganzer Kulturen. Darüber hinaus zeigt uns die moderne Physik wie unmittelbar der Planet Erde mit allem, was auf ihm und außerhalb von ihm existiert- die entferntesten Galaxien des Universums eingeschlossen, verflochten ist. Die heutige Naturwissenschaft sagt uns und bestätigt damit die Weisheit der Religionen sowie der Mystiker aller Zeiten, dass ein unsichtbarer Erinnerungsraum, der englische Biologe Rupert Sheldrake nennt ihn das morphogenetische Feld, in das zelluläre Bewusstsein allen Lebens eingewoben ist und es mit dem Ursprung des Universums direkt vereint.

Dabei stellt die physikalische Grundgröße Schwerkraft, die ebenso auf Mikroorganismen wie auf die Sterne einwirkt, nicht zu sprechen vom Menschen, einen allen gemeinsamen Bezugsrahmen dar: Anziehung, der sich lebendige Form in keiner Weise entledigen kann, aus deren Wirken jeden Moment Neues hervorgeht. Man könnte daher mit Fug und Recht die Gravitation als den meßbaren Eros des Kosmos bezeichnen. Dieser Eros schafft Gemeinschaft in horizontaler wie vertikaler Dimensionalität, nicht nur mit dem Nächsten und Ähnlichsten sondern auch mit dem Entferntesten. Geist und Materie sind hier nicht mehr zu trennen.

Gleichzeitig mit der Anziehung wirkt jedoch noch ein anderes Gesetz: das der Expansion. Das Universum dehnt sich aus. Ernesto Cardenal, der nicaraguanische Christ und Poet fragt: 'Dehnen auch wir uns aus? Wächst unser Mut, öffnet sich unser Herz?' Dogmatismus, so Fox, ist ein Schrumpfen durch Angst, ein Versagen, der Größe des menschlichen Geistes Raum zu geben, ein Kainsmal, das sich immer wieder an Fuß und Stirn der Religionen heftet. Wie sehr dieser Geist ein grundlegend schöpferischer Akt ist, den die systemische Wissenschaft allmählich und mit Staunen zu begreifen beginnt, betont der Ökologe, Systemforscher und Freund des Theologen Fox, Erich Jantsch:

Gott ist der Geist des Universums. Geist ist die selbstorganisierende Dynamik auf allen Ebenen, eine sich selbst entwickelnde Dynamik, 'deren Peripherie,' mit den Worten des christlichen Mystikers Jakob Böhme ,'nirgends und deren Zentrum überall ist'. So gesehen ist die Geschichte der Natur auch die Geschichte des Geistes. Die Verbundenheit unseres eigenen Lebensprozesses mit der Dynamik des allumfassenden Universums ist bisher nur der mystischen Erfahrung zugänglich gewesen. In der Synthese wird sie nun zu einem Teil der Wissenschaft, die damit dem Leben näher kommt.

(Erich Jantsch, Die Selbstorganisation des Universums)

Aus dem Gesagten ergibt sich eine entscheidende Konsequenz: Alle Fragen des Umweltschutzes, der Biodiversität, der Klimaveränderung etc. sind Fragen einer Ökologie, die nur unter kosmologischen Gesichtspunkten, d.h. einer umfassenden, nachmodernen spirituellen Perspektive den ihr gemäßen Rahmen finden. Dabei stehen Technik und konventionelle Wissenschaft nicht, im Gegensatz zur momentanen Vorstellung gesellschaftlicher Eliten, im Zentrum als sozusagen selbstverständliche Mittel der Wahl. Es geht vielmehr um die Evolution eines Bewußtseins, das ein bislang ausschließlich auf die menschlichen Bedürfnisse zentriertes Denken und Handeln zugunsten einer größeren Ganzheit zu transzendieren vermag. Eine neue Geschichte der spirituellen Evolution des Lebens, so Fox:

Es gibt einen unglaublichen Hunger, ein riesiges Interesse an Spiritualität, das die Kirche aufgreifen sollte; aber, aus welchen Gründen auch immer, ignoriert sie dieses Bedürfnis. Und das, obwohl die Kirche in den Aussagen Jesu wie auch dem Leben der großen Mystiker des Christentums reiche Schätze vorfindet, um die geistlichen Bedürfnisse der Menschen von heute zu stillen. Meister Eckhart und Hildegard von Bingen erkannten, dass die Natur Ausdruck der göttlichen Gnade ist. Wir sind selbst Natur. Natur ist ein Quell der Offenbarung. Göttliche Weisheit fließt aus ihr. (Interview)

Immer wieder verweist der amerikanische Theologe auf die Via Creativa, einen Pfad, der durch Dankbarkeit, Staunen und Neugierde fruchtbar wird. Wenn Überdruß, Langeweile und in der Folge Aggression und Gewalt- pathologische Grundmuster überentwickelter Völker – zu allen Zeiten die Oberhand gewinnen, versandet die Wahrnehmung des Heiligen in der Welt. Carl Amery, deutscher Geistesverwandter des Matthew Fox, spricht in seinen Büchern dementsprechend von einer neuen 'Reichsreligion', die den Westen fest im Griff hat: dem Konsumismus- das Verbrauchen als vorrangigem Lebensinhalt des Einzelnen wie der Gesellschaft. Die Erde als Warenlager, das jederzeit zur Plünderung bereitsteht.

Nichts auf dem Pfad der Kreativität ist selbstverständlich; ein Universum, das in einem Milliarden Jahre währenden Akt der Geburt Bewußtsein hervorgebracht hat, dass nicht auf den Menschen beschränkt ist, ist ehrfurchtgebietend. Die weiblichen Gebärden der Zuneigung, des Inne-werdens, der Intuition sind daher Kernpotentiale einer schöpferischen Haltung zu Welt und Kosmos und Barmherzigkeit, in einem sehr unsentimentalen Sinne, der spontane Akt einer kosmozentrischen Spiritualität.

Mehr denn je erkennen wir, dass Gott heute durch alle Religionen und Kulturen spricht; dieses oftmals paradoxe Sprechen auszuhalten, ja als schöpferisch zu begreifen, gelingt noch nicht vielen. Die Angst vor Unübersichtlichkeit fördert im Gegenzug jede Art von Fundamentalismus oder vorgeschobener Gleichgültigkeit; Gift für eine im neuen Jahrtausend anstehende Ökumene, die nicht nur die unterschiedlichsten religiösen Traditionen umfassen muß sondern ebenso die Kluft zwischen Säkularität und Spiritualität zu überwinden hat. Matthew Fox folgert:

Der Ansporn kommt aus der Erfahrung der Schönheit. Hier zeigt die ökologische Zeitenwende, in der wir leben, ihr unglaubliches spirituelles Potential. Denn dadurch, dass wir uns verlieben, bekommen wir Kraft. Heute sollen wir uns als ganze Spezies, als Menschheit in unseren Planeten, die Erde, verlieben, in diese Geschichte des Kosmos, der wir entstammen, in die Lebewesen, die kommenden Generationen von Kindern,- kurz, in die Schöpfung insgesamt.

(Matthew Fox, Schöpfungsspiritualität)

Teil Zwei

PIONIERE DES INTERRELIGÖSEN DIALOGS

Ken Wilber: Plädoyer für eine zweite Aufklärung

Der amerikanische Geisteswissenschaftler, Philosoph und Aufklärer Ken Wilber gilt als einer der großen Denker und Wegbereiter eines nachmodernen integralen, interkulturellen Dialogs. Seine außerordentliche schriftstellerische Produktivität begann in den 70iger Jahren des letzten Jahrhunderts mit zwei Büchern, die für seine weiteren Arbeiten bezeichnende Titel trugen: Spektrum des Bewußtseins und Halbzeit der Evolution. Ein programmatischer Auftakt. Daran an schlossen sich über die nächsten Jahrzehnte in steter Abfolge Werke wie Eros, Kosmos, Logos, Naturwissenschaft und Religion, Integrale Spiritualität. Insgesamt mehr als 20 Bücher, die nicht nur in den USA für Aufsehen sorgten. Immer wieder umkreist Wilbers integraler Ansatz die Möglichkeiten einer schöpferischen Verbindung von westlich rationaler Aufklärung und östlicher spiritueller Weisheit; genauer, das Verhältnis von wissenschaftlicher Erkenntnis und mystischer Erfahrung. Ein Impuls, der dem tiefen Ungenügen an der eigenen frühen religiösen Erziehung entsprang:

Ich wurde im Geiste des Baptistentums der Südstaaten erzogen, eine der unspirituellsten Religionen auf diesem Planeten; bei Licht besehen ein reiner Fundamentalismus, nach dem Motto- nur die Bibel ist wahr und zwar im wörtlichen Sinne. Im schlimmsten Maße banal und uninteressant. (Interview)

Er suchte, wonach viele seiner Zeitgenossen ebenfalls Ausschau hielten: Zuallererst und immer wieder – die Schlüssel zu spiritueller Erfahrung, Schau, kreativer Übung und ihrer Anwendung in einem postmodernen, komplexen Alltag, um einen authentischen Kontakt mit der inneren Wirklichkeit von religio ermöglichen.

Ich ging an die Duke Universität, um Medizin zu studieren. Bald schon wurde mir klar, dass hier keine der Fragen beantwortet wurden, die ich mit mir herumtrug. Je genauer ich mir die Programme anschaute, desto deutlicher hatte ich das Gefühl, es handle es sich um bessere Klempnerarbeiten, ohne jedwede Kreativität, geschweige denn die Chance auf Antworten zu den fundamentalen Fragen, die einem 20Jährigen durch den Kopf gehen. Damals stieß ich zufällig auf eine Ausgabe des Tao Te King von Laotse. Das Büchlein machte einen ungeheuren Eindruck auf mich. In dem Moment wußte ich, was ich wirklich studieren wollte. Ich begann sofort, mit einem fast obsessiven Drang, alles zu lesen, was mit meditativer, weniger religiöser Literatur, zu tun hatte, vor allem Mystik. (Interview)

Das gleiche Unbehagen betraf jedoch auch die Erfahrung eines sich in relativistischen Deutungsmustern verlierenden, westlichen Intellektualismus, der den Kontakt zu spirituellen Wirklichkeiten mehr oder minder gänzlich ad acta gelegt hat. Flachlanddenken nannte er das. Die Erschöpfung etablierter Religion wie einer bloß technizistischen Wissenschaft markiert für Wilber den Kern der Krise westlicher Gesellschaften: kein unendliches Wachstum mehr, Bankrott aller Ideologien mit Totalanspruch wie Kommunismus, Faschismus einschließlich eines allumgreifenden virtuellen Kapitalismus; Ende auch einer allein selig machenden Kirche und ihres klerikalen Patriarchats, ohne ein erlösendes Matriarchat in Sichtweite. Stattdessen neue, oftmals verbrecherische Fundamentalismen aller Art.

Doch Wilber weiß: Religionen sterben nicht einfach, sie verwandeln sich; ihre Kleider, sprich ihre Riten und Zeremonien sind vergänglich, ihre äußere Sprache unterliegt dem Zeitgeist, und ihre Glaubensbekenntnisse entsprechen den Vorstellungen und Einsichten des jeweiligen kollektiven wie individuellen geschichtlichen Bewußtseinszustandes. Ihr Kern jedoch ist unvergänglich; er ist trans-rational, trans-historisch, im Sinne Laotses:

Er brachte mir die östliche Mystik nahe; ich verstand, dass ich von dort den Faden zur westlich-christlichen Mystik aufnehmen konnte: Meister Eckehart, Johannes vom Kreuz, Teresa von Avila. Gerade in den frühen Tagen des Christentums gab es eine ganze Reihe von Kontemplationsschulen, die im Wesentlichen zu den gleichen Einsichten gelangt waren wie die östlichen Traditionen. Die Kernaussage lautete: Menschen haben Zugang zu zumindest zwei Wahrheiten,- einer absoluten und einer relativen. Letztere wird durch Disziplinen wie Wissenschaft und Geschichte definiert, die erstere, absolute Wahrheit durch Spiritualität erkannt. In der relativen Welt gibt es das Ich oder kleine Selbst, in der un-bedingten ein höheres, transzendentales oder spirituelles Selbst. Menschen leiden und haben Probleme, weil sie eine falsche Identität annehmen. Statt sich mit dem ewigen, ungeborenen, zeitlosen Selbst zu identifizieren, halten wir uns an das kleine, begrenzte Ego, dem zusammengeschnürten Selbst.

(Interview)

Der integrale Ansatz wurde aus dieser Einsicht geboren. Geburtshelfer und Ahnen waren Visionäre wie der Deutsche Jean Gebser mit seinem großen Werk *Ursprung und Gegenwart,* Teilhard de Chardins evolutionäre Christologie und Sri Aurobindo, der den integralen Yoga in Indien entwickelte. Ihre Anschauungen einer sich ein-und ausfaltenden Spirale von Bewußtseinswellen bildeten das Grundgerüst für Wilbers anspruchsvolle *Theory of Everything,* seiner ‚Theorie von Allem'.

Die wissenschaftliche Grundhaltung von Versuch und Irrtum blieb dabei der Ausganspunkt seiner weiteren Untersuchungen. Hierzu boten die östlichen psychospirituellen Methodiken den idealen Boden in der Frage: wie stellt sich die Beziehung zwischen Form und Leere, Erleuchtung und Alltag, dem Ich und dem Selbst dar? Paradoxien, mit denen zuvor schon C.G. Jung ein Leben lang gerungen hatte.

Wie das Herz-Sutra des Buddhismus sagt: Wie immer das Absolute Leere ist, so ist es doch gleichzeitig auch Form. Das heißt, dass beide Selbste, das höhere und das relative, konventionelle im Leben vonnöten sind. Durch die westliche holistische Psychotherapie haben wir zudem gelernt, dass das kleine Selbst oder Ich entwickelt werden kann und so von einem unbewußten, schattenverhafteten, entfremdeten Ich zu einem relativ angemessenen Selbst-Verständnis zu gelangen vermag- einem authentischen Ich-Selbst. Lange Zeit war sich die frühe klassische Psychotherapie der Wirklichkeit eines Höheren Selbst nicht bewußt. Das Gegenteil geschah in den meditativen Traditionen- im Osten wie im Westen. Sie tendieren dazu, das kleine Selbst oder Ich als Illusion zu betrachten. Dabei treffen sie noch niemals eine Unterscheidung zwischen einer entfremdeten und einer bewußten Selbstwahrnehmung. Beides bezeichnen sie als Samsara, Schein; man sollte sich also nur mit dem höheren Selbst identifizieren. Aber genau das verfehlt die Erkenntnis der Einheit beider Wahrheiten und übergeht damit das konventionelle Ich als notwendigem Werkzeug im alltäglichen Leben. Der integrale Ansatz besagt dagegen ganz klar: wir brauchen beide Selbste.
(Interview)

Wilber entwickelt daraus ein Grundmodell. Er nennt es eine ‚Landkarte des Bewußtseins'. Sie beruht auf der wissenschaftlichen Einsicht, dass dem Menschen zumindest vier Grundperspektiven des In der Welt Seins gegeben sind: die Ich/ Wir/ Es und Sie-Sichtweise: graphisch dargestellt als ein Quadrat, aus der Überkreuzung einer horizontalen mit einer vertikalen Linie geboren. Die oberen zwei Felder zusammen mit den zwei unteren ergeben vier Quadranten. Angelehnt an die Tatsache, dass die meisten Sprachen Fürwörter der ersten, zweiten und dritten Person haben, bezeichnet er die Inhalte der jeweiligen Quadranten wie folgt: Links oben *das Ich* (Innen) mit Gefühlen, Gedanken – das subjektives Bewußtsein; rechts oben das Feld des Ausdrucks davon: *das Es* als das objektive, sprich sichtbare Verhalten, das beobachtbare Außen des Innen. Unten links das kollektive Feld *des Wir,* sozusagen der Schoß des Ich: Kultur, Kunst, Weltanschauungen; ihm gegenüber deren soziale Objektivierungen: das Sie als Wissenschaft, Technik, Bildungs/Rechtssysteme u.s.w. Ein beständig interagierender Spannungsraum, der sich ebenso quantitativ, im Sinne neuer Erfindungen wie entsprechend qualitativ, als immer differenziertere Wertestrukturen entwickelt:

Was sich entfaltet, ist der Geist selbst durch immer komplexere Formen; in der Tat bedeutet Evolution: ‚Geist in Aktion'. Dieser schafft unterschiedlichste Weltsichten, verschiedene Bedürfnisse und Begierden, und damit verschiedene Ethiken im Verlauf der menschlichen Geschichte. Jean Gebser, einer der Pioniere auf dem Gebiet der Entwicklungsphilosophie, spricht von einer Evolutionsgenese des menschlichen Bewußtseins: vom Archaischen zum Magischen, zum Mythischen, zum Rationalen, zum Pluralistischen unserer Postmoderne und weiter zum Integralen Bewußtsein. (Interview)

Ein scheinbar einfaches Schema, das seine Möglichkeiten jedoch erst dann zu erkennen gibt, wenn man es dynamisch sieht- alle vier Quadranten wirken ununterbrochen aufeinander und schaffen so immer komplexere Werthaltungen durch neue wissenschaftlich/technische Entdeckungen und globale

Vernetzungen- siehe Internet. Ein vieldimensionaler Prozeß von ineinander geschachtelten durchlässigen Holarchien oder flexiblen Ganzheiten: umfassendere Bewußtseinsebenen sind dadurch gekennzeichnet, dass sie frühere, einfachere Stufen in ihren entwicklungsoffenen Anteilen notwendig integrieren. Eine moderne, globale ökonomische Sichtweise erweist sich demgemäß nur dann als fruchtbar, wenn sie beispielsweise heimische, regionale, bzw. traditionelle Anschauungsformen mitzureflektieren und zu verarbeiten vermag. Wilber ersetzt damit die inzwischen fruchtlosen Debatten um links oder rechts durch integrierende Wertebenen, die jene beiden politischen Kategorien immer schon enthalten. Sein Prinzip heißt ‚transzendieren und integrieren'.

Das Absolute und das Relative sind zwei Seiten einer Medaille. Ersteres verändert sich nicht; es tritt nicht in die Sphäre der Zeit ein. Es ist ungeboren und wird auch nicht durch die Evolution berührt. Das Ich oder relative Selbst, die Welt der Form dagegen, entwickelt sich, dadurch verändert es sich; es wird immer komplexer. Das endgültige Ziel einer integralen Spiritualität ist die Einheit von Form und Leere. Da die Welt der Formen wandelhaft ist, benötigen wir Übungen, die schöpferisch mit diesem Zusammenhang von Welt und dem Absoluten zu arbeiten vermögen. (Interview)

Die uralte Anschauung einer in sich geschachtelten Abfolge von Bewußtseinsstufen, der großen Kette des Seins, auch ‚philosophia perennis' geheißen, liegt Wilbers Theorie zugrunde. Jedoch entkleidet er sie ihrer metaphysischen Spekulationen und unterwirft sie stattdessen moderner, entwicklungsorientierter, systemischer Rationalität, um die Stagnation fundamentalistischer Glaubenshaltungen zu überwinden:

Unglücklicherweise blieb das Christentum auf der Stufe eines mythologischen Bewußtseins stecken. Die meisten Formen christ-

licher Religiösität hier sind noch einem buchstäblichen Glauben verhaftet: Moses teilte wirklich mit seinem Stab das rote Meer, Gott ließ lebendige Frösche auf die Ägypter niederregnen. Das ist schlichtweg kindischer Glaube auf der Stufe eines Siebenjährigen; zugleich machten die Naturwissenschaften, die Medizin im Zeitalter der Aufklärung große Fortschritte. Vormoderner Mythenglaube stieß auf eine Rationalität allgemeinen Fortschrittsdenkens. So läßt sich anhand sozialpsychologischer Studien zu kollektiven Bewußtseinshaltungen zeigen, dass es eine Entwicklung von einem vorrationalen zu einem trans-rationalen Bewußtsein gibt. Letzteres umgreift die Rationalität der Moderne und öffnet sich gleichzeitig nach vorne für qualitativ neue, sprich nun integrale, d.h. mehrperspektivische holistische Schauungen, die aus der gleichen Quelle schöpfen wie die Wahrnehmungen der mystischen Traditionen in Ost und West. (Interview)

Wilber spricht daher von der Notwendigkeit einer zweiten Aufklärung, die die Sackgasse mythisch-dogmatischer Religiosität ebenso überschreitet wie eine vandalisierende, kapitalistische Wirtschaft, der demokratische Grundsätze und ökologische Parameter inzwischen nurmehr als Hindernisse für das eigene Profitstreben gelten. Erfahrungspotential in Richtung integraler Anschauung sieht er bei einer Unzahl von Menschen freigesetzt, gerade auch bei vielen Kirchenchristen.

Er nennt diese neue Ebene Schau oder Visionslogik. Klar ist, daß es dabei vorab nicht um romantische Erlebnisse geht als vielmehr um die grundnotwendige Öffnung des Tores zu einer weltzentrischen Haltung, die das ‚Wir' der Einen Menschheit in den eigenen Seelenraum aufzunehmen bereit und fähig ist; ohne, und hier kommt der entscheidende Grundsatz seiner integralen Theorie zum Tragen- ohne Preisgabe der schöpferischen Seiten früherer Gottes- und Weltbilder. Das Integrale kennt keinen dialektisch verbrämten Radikalismus im Sinne linker Revolutionstheorien.

Der entscheidende Punkt in Sachen des Glaubens hängt mit der Realität von Bewußtseinsstufen zusammen. Zum Beispiel zeigt sich im Alten Testament ein ganz anderes Gottesbild als in den Evangelien. Der frühe Bibel-Gott ist wesentlich aggressiv, gewalttätig. So etwas findet man nicht bei Jesus Christus. Wir können demnach die Bibel wie alle anderen Schriften als ein Produkt der geistigen Evolution verstehen, die sich immer noch weiter entwickelt. Man erkennt dann höhere Bewußtseinszustände und kann sich doch mit dem Ursprung, Christus zum Beispiel, verbunden fühlen. (Interview)

Wilber, der den Buddhismus lange favorisierte, wird im Laufe seiner eigenen Meditationspraxis sowie der Lektüre tiefenpsychologischer Forschung klar, dass die Attraktion östlicher Weisheit, einfache und effiziente Meditationspraktiken anbieten zu können, einen entscheidenden Schatten birgt: die Degradierung des alltäglichen Ichbewußtseins zum bloßen Illusionisten. Das Unbewußte jedoch läßt sich nicht einfach durch Meditation aufklären bzw. reinigen. Es bedarf der Analyse, der psychologisch-kritischen Aufklärung an sich selbst. Mit dieser fundamentalen Einsicht hatte der amerikanische Religionskritiker dem neuen Aberglauben des New Age, dass das Sitzen auf dem Meditationskissen ES bringen werde, den Boden entzogen. Und gleichzeitig östlichen Meistern den Spiegel vorgehalten. Er erkennt und benennt die Teil-haftigkeit aller Wahrheitsansprüche: ‚true but partial'- wahr, aber nicht die ganze Wahrheit, lautet sein integrales Diktum von nun an.

Die Evolution der Religionen ist von Anbeginn an die Auseinandersetzung mit anderer Religiosität gekoppelt gewesen; zumeist ergaben sich daraus neue Mischungen. Das Christentum traf auf die griechische Philosophie und verband durch Paulus beide. Als der indische Mahayana Buddhismus nach China gelangte, begegnete er dem Taoismus und daraus entwickelte sich der Zen.

Man kann dem Einzelnen nicht verbieten, Praktiken, die wirksam sind, nicht mit dem eigenen Traditionsgut in Verbindung zu bringen. (Interview)

Unübersehbar spiegelt der Stillstand des inneren Wissens um die transformativen Kräfte des menschlichen Geistes im intellektuellen westlichen Establishment eine dramatische Sackgasse der Moderne. In der Huldigung eines kritischen Intellekts als dem non plus ultra geistiger Errungenschaften von homo sapiens vermag sie keine Evolution des menschlichen Bewusstseins darüber hinaus anzuerkennen. Finanz- und ökologische Krise sind jedoch dramatische Hinweise eines anstehenden Paradigmenwechsels. Wilbers Prinzip ‚transzendieren und integrieren' weist den Weg von einer extrem anthropozentrischen Geisteshaltung zu einer integrativen, kosmozentrischen Wirklichkeitsanschauun, jenseits der Tyrannei verabsolutierter Einzelperspektiven, egal ob ökonomischer, politischer oder religiöser Art. Das Ethos der integralen Vision beruht auf dem Willen zur Überwindung jedweden Separatismus, aus der mystischen Einsicht in die Unteilbarkeit des Lebens.

Bei aller Begabung für großräumige Theorie ist Wilber durchaus auch Praktiker. Die Meditation hat ihn ein Lebtag lang bei seinen Studien begleitet. Sie ist ihm Richtschnur, Korrektur und Erfüllung in einem, eine Quelle der Inspiration für das Dasein in einer postmodernen Gesellschaft, in der sich vormodern-traditionelles Denken mit rein atheistischen und schon transpersonalen, nicht-dualistischen Bewußtseinsstrukturen mischt. Nehmen wir als Beleg sein Bild von den drei Gesichtern Gottes:

Diese drei Angesichte können, wie alle anderen Phänomene, durch die grammatikalische Linse der ersten, zweiten und dritten Person unserer Sprache angeschaut werden: die erste Person ist der Sprechende, die zweite der Angesprochene und die dritte die, über die gesprochen wird. Heutzutage haben viele Menschen des New Age eine Dritte Person Sichtweise auf Gott. Sie identifizieren ihn als Netz des Lebens oder das Gesamt des manifesten Universums oder als Gaya, Mutter Erde. Eine objektivierende Ansicht des Geistes. In der Zweiten Person- Anschauung erscheint Gott als der Große Andere, das große Du in Martin Bubers Ich-DU Beziehungslehre. Man kann nun beide Sichtweisen als die subjektiven Perspektiven des eigenen höheren Selbst sehen. Diese erste Person Sicht ist in Jesu Ich BIN Satz verkörpert: ‚Ich Bin, bevor Abraham war'; er drückt die fundamentale, immer gegenwärtige Wahrnehmung bzw. Empfindung der eigenen reinen Existenz aus; es ist die einzige Konstante, dessen man heute, gestern, vor fünf und vor fünftausend Jahren gewärtig ist. (Interview)

Er nennt es: ‚The One Taste', den Einen Geschmack. Niemand hat das spirituelle Handwerkszeug zur Ermöglichung solcher Erfahrung so bereichert, vervielfältigt und gleichzeitig einer derart kritischen Analyse unterzogen wie dieser pragmatische Amerikaner. So sieht er selbst sein Leben in einer Stufenabfolge immer neuer Erkenntnisse, die er seinen Lesern und Schülern hautnah zukommen läßt: als Lernmodell für eine integrale, transformative Praxis. Und diese umfaßt Vieles: Meditationen, Körperübungen, Visualisierungen, therapeutische Analyse, soziale Mitarbeit: Sein und Werden durch die Vier Quadranten.

Wir machen Gebrauch von dem, was ich integrale transformative Praxis nenne. Sie ist eine Auswahl all der spirituellen Übungen, die Wandlung versprechen und die wir daraufhin untersucht haben. Einige dieser Methoden, wie zum Beispiel moderne Psychotherapien, sind sehr hilfreich für die Arbeit mit dem eigenen Schatten. Je kontinuierlicher man übt, desto stärker die innere Öffnung. (Interview)

Das Modell unterschiedlicher Bewußtseinsebenen, vertikal angeordnet aber ineinanderschwingend, hat Wilber den Vorwurf des Elitismus eingebracht. Zu Unrecht, wie die Sozialwissenschaften bestätigen, denn solche Holarchien sind auch in demokratischen Gesellschaften augenscheinlich, auch wenn man nur von Funktionshierarchien spricht. Egalitarismus als solcher ist Ideologie. Der amerikanische Forscher stützt sich dabei auf die Untersuchungen verschiedenster Kulturen sowie auf die Einsichten seines Kollegen Abraham Maslow, Begründer der *Humanistischen Psychologie,* der zu einer umstürzenden Einsicht gelangte:

Abraham Maslow fand heraus, dass die ersten fünf, sechs Entwicklungsstufen durch Bedürfnisse nach Sicherheit, Zugehörigkeit, Wertschätzung seitens anderer gekennzeichnet sind – im Grunde alles Mangelsituationen: Etwas fehlt, ich brauche dies und das und jenes. Doch in dem Moment, wo das Ich erstmals ein Verlangen nach Selbsttransformation spürt, verändern sich die Motivationen der Menschen dramatisch: der Einzelne wird nicht mehr von Habensgier getrieben sondern erfährt ein Gefühl des Überfließens – Lebensfülle und Glücksempfinden stellen sich ein. Einer von Maslow's Studenten, Claire Graves, beschäftigt sich mit der Entwicklung von Werthaltungen, und er fand Ähnliches heraus: in den psychohistorischen Stadien archaisch, magisch, mythisch, rational bis pluralistisch geht es vornehmlich um Empfindungen von Bedürftigkeit und Macht – und dann ein Riesensprung in eine andere Dimension von Bedeutung. Eine neue Rangordnung erscheint, die nicht mehr in den früheren Perspektiven gefangen ist und diese als die einzig wahren sieht, um somit alle anderen Weltanschauungen als falsch zu verdammen. Erst auf solch umfassender Stufe verstehe ich, dass die früheren wichtig waren und sind und ihre Grundqualitäten in die neue Dimension integriert werden müssen. Dann sprechen wir vom integralen Raum, der heutzutage allmählich erkennbar wird: Dieser ist nicht mehr vom Prinzip des Ausschlußes regiert, wie bei allen früheren Stufen sondern von der Einsicht in die Teilhaftigkeit aller Wahrheit. (Interview)

Für viele Theologen, nicht zu sprechen von einer abgeklärten atheistischen Intelligentsia, sind Mystik und visionäre Schau ein rotes Tuch. Persönliche Erfahrungen in dieser Sphäre erscheinen zumeist als läppisch, bzw. esoterisch. Wer ist schon ein Meister Eckehart? So liegt der Verdacht schnell nahe, es handle sich hierbei um Spinnerei oder gar Sektierertum. Das lockt zumeist die konfessionellen ‚Staatsanwälte' auf den Plan. Im offenen Feld eines globalen Ringens um Sinn und Unsinn von Religion ist die Verunglimpfung individueller, transpersonaler Erfahrungen seitens Gesellschaft wie Kirchen eines der mächtigsten Mittel, um die überaus empfindlichen Wurzeln eines neu heranwachsenden, spirituellen Lebens zu kappen. Die gleiche Vorsicht ist allerdings gegenüber den eigenen Sehnsüchten nach Endgültigem geboten:

Es gibt kein 'Nach' der Erleuchtung. Das Wort ‚völlig erleuchtet' ist unsinnig, so wie es Blödsinn ist, von einem ‚völlig Gebildeten' zu sprechen. Was soll das heißen? Gar nichts! So was ist schlicht unmöglich. Mit anderen Worten, Erleuchtung ist ein nicht endender Prozeß von Selbst- Transformation. Das Gleiche gilt für die integrale Entwicklung. Das Mühen um Wachstum erscheint in der Welt als Evolution, und im Individuum als Entfaltung seines eigenen Bewußtseins, welches nichts anderes ist als die Arena der kosmischen Evolution im Menschen. Die große Kette des Seins im Werden ist eher zu sehen als ein Nest- keine Leiter oder einlinige Aufwärtsstrebung im hierarchischen Sinne sondern eine Abfolge konzentrischer Sphären einer sich immer neu erweiternden, spirituellen Umarmung. (Interview)

Die größte Herausforderung für Adepten des Integrals: Wilbers Arbeiten nicht als bloßen Kopftrip zu nehmen, sondern, wie die Exerzitien eines Ignatius von Loyola beispielsweise, als geistliche Anleitung zu einer schöpferischen Kontemplation von Welt und Selbst zu verstehen- mit Blick auf eine Gegenwart folgenschwerster Umbrüche. Wie sagt der amerikanische Mystiker:

Halte dich offen für Überraschungen. Sei vorsichtig, dies ist nur eine zweidimensionale Landkarte des Bewußtseins. Schau dich um, was fehlt. Dies ist kein abgeschlossenes Projekt! (Interview)

Aber, so könnte man hinzufügen, ein ungemein zeitgenössischer Weg zur Heilung vom allgemeinen Alptraum des Getrennt-Seins und der inneren Hungergeister. Was es dazu braucht, ihn zu gehen: *Mut und Gnade,* gleich dem Titel seines persönlichsten Buches über den Kampf seiner Frau Treya mit ihrer Krebserkrankung. Sie starb; sein Vermächtnis: die integrale Vision.

Erleuchtung und Glaube: Henri Le Saux. Ein französischer Mönch in Indien

Der wandernde indische Sannyasin ist in Wahrheit dem wandernden Jünger des Evangeliums nahe verwandt. Wenn man tatsächlich den Auftrag ernst nimmt, den Jesus seinen Aposteln gab, als er sie aussandte, das Reich Gottes zu verkünden, so handelt es sich um nichts weniger als: Alles zu verkaufen, was man besitzt, nichts für das Morgen anzusammeln, wie die Vögel des Himmels. Der wandernde indische Sannyasi ist ebenso sorglos und frei von allen Bindungen an Dinge, Orte oder Menschen. Er bewegt sich überall wie ein Fremder und ist doch überall zu Hause. (...) Mit der Silbe OM als Boot überquert er den Raum des Herzens und gelangt ans andere Ufer, in den innersten Raum, der sich ihm offenbart. Und so tritt er ein in die Wohnung Brahmans.

So zitiert der französische Benediktinermönch Henri Le Saux in seinem Buch *Als christlicher Mönch unter den Weisen Indiens* die berühmte Passage des Maitri Upanishad, eines Ausschnitts der Upanishaden, der Meditationen und Lehren der Rishis, der Weisen Indiens aus fernen Zeiten. Wer war dieser Mann, dessen Leben ein einziger anschaulicher Kommentar zu seinem Satz war: ‚Alle Werke, die der Mensch vollbringt, tut er, um ans andere Ufer zu gelangen?'

Le Saux wurde am 30. August 1910 in der Bretagne als Ältester einer Familie mit acht Kindern geboren. Als junger Mann schon äußerte er den Wunsch, Priester zu werden. In Rennes besucht er erst das Priesterseminar, zeigte sich als hervorragender Schüler, so dass seine Oberen ihn nach Rom schicken wollen. Er weigert sich aber, spürt er doch einen starken Ruf nach dem mönchischen Leben. Eine kleine Episode aus dieser Zeit ist vielleicht kennzeichnend für seinen starken Willen und seine ihm damals noch unbewusste Berufung: Als seine Mutter an der Geburt eines der vielen Kinder zu sterben droht, gelobt der Vierzehnjährige Gott, auch in die entferntesten Missionen zu gehen, wenn nur seine Mutter genesen würde. Sie tut es.

Mit 19 Jahren tritt er in die Benediktinerabtei von Kergonan in der Bretagne ein; sechs Jahre später, zu Weihnachten 1935, wird er zum Priester geweiht. Die Wirren des Zweiten Weltkrieges erreichen auch ihn: Einsatz an der Front, Gefangenschaft, Flucht, später Rückkehr ins Kloster, Wiederaufbau. Schon 1942 erscheint seine erste Schrift *Amour et sagesse* (Liebe und Weisheit). Er spricht dort vom brennenden Herzen auf der Suche nach dem Wort des Lebens. Es ist das seinige, das brennt; die Sehnsucht hat einen Namen: Indien. In dieser Zeit kommt er in Kontakt mit Abbe Monchanin, einem Pionier eines authentischen Dialogs mit dem Hinduismus. Sechs Jahre später lässt ihn der Abt seines Klosters ziehen; nun ist er frei für das große spirituelle Abenteuer seines Lebens. Im Sommer 1948 verläßt Henri Le Saux seine christliche Heimstatt in der Bretagne; einmal in Indien gelandet, wird er den Subkontinent Zeit seines Lebens nicht mehr verlassen. Abbe Monchanin und er gründen sogleich den Ashram von Shantivanam, den ‚Wald des Friedens', im südlichen Bundesstaat Tamil Nadu.

Ganz im indischen Stil bauen sie zwei Hütten am Ufer des Flusses Kavery und nehmen neue Namen an; Le Saux wird von nun an Abishiktananda heißen = die Seligkeit des gesalbten Herrn. Statt der Benediktinerrobe kleiden sich beide in das orangefarbene Gewand der Sannyasis, der hinduistischen Mönche. All dies ist gedacht als ein Versuch zur ‚christlichen Integration der monastischen Überlieferung Indiens' wie der Untertitel eines von ihnen im Jahre 1956 gemeinsam herausgegebenen Buches lautete, das weithin Aufsehen erregte: *Die Eremiten von Saccidananda,* d.h. von Dem, der Sein, Erkenntnis und Seligkeit gibt- die vedantische Definition Gottes.

Gleich nach ihrer Ankunft in Indien besuchen die beiden christlichen Mönche den Ashram von Tiruvannamalai, um dort dem vielleicht größten lebenden Weisen des Subkontinents zu begegnen: Ramana Maharshi, jenem Meister der Advaita, der mystischen Lehre von der Nicht-Dualität, der Nicht-Zweiheit. Im Gegensatz zur klassischen christlichen Theologie, die Gott und Schöpfung, Gut und Böse in duale Gegensätze spaltet, erkennt der Advaitin die unbedingte Einheit von Transzendenz und Immanenz, Brahman (Das Absolute) und Atman (das Selbst):

Andächtiges Schweigen herrschte in dem Pandal, kaum von gelegentlichem Flüstern unterbrochen. Wenn Sri Ramana zu einem der Nebenstehenden etwas sagte, spitzten alle neugierig die Ohren. Die Gläubigen, auf dem bloßen Boden sitzend, hatten den Blick auf ihn gesammelt, waren ganz in Meditation versunken. Ich begann mit konzentrierter Aufmerksamkeit auf Jenen zu schauen, von dem ich so viel gelesen und gehört hatte. Etwas musste sich ereignen, wenn er und ich einander leibhaft begegneten. Das stand für mich fest. Jedoch trotz meiner glühenden Erwartung fand ich mich enttäuscht. In allem, was ich sah und hörte, war etwas, was nicht anging. Das Wort Bhagavan z.B., das uns seit dem Morgen unablässig in den Ohren klang. Ist das nicht der HERR? Ist das nicht prinzipiell ein göttlicher Titel- und ihn einem Sterblichen geben, wie heilig er auch sei, war das nicht doch eine Profanisierung? Ich vergaß, dass die französische und englische Sprache keine Skrupel haben Monseigneur und Mylord in noch viel profanerer Bedeutung zu gebrauchen. Ich hatte noch nicht begriffen, wie sehr das Göttliche alles Leben und alles Denken Indiens einhüllt.

Angestrengt betrachtete ich diesen Alten, ein Siebzigjähriger mit sehr sanftem Gesicht, sehr schönen Augen. Er saß auf dem Boden wie wir, aß wie wir mit den Fingern genau das gleiche Essen. Wirklich, er erschien mir wie ein guter Großvater. Aber die Aureole? All meine Versuche, sie wahrzunehmen, blieben vergeblich.

Gegen 4 oder 5 Uhr nachmittags setzten sich die Brahmanen des Ashrams um den Diwan, auf dem Bhagavan thronte, und begannen den Gesang der Vedas. Zum ersten Mal hörte ich diese beschwörende und verzaubernde Psalmodie, stark rhythmisch, auf drei oder vier Tönen tanzend. Das brachte einen weit, sehr weit zurück in die Zeit, bis zu den Einsiedeleien der Weisen, die seit alters her in ihren Wäldern diese Strophen sangen. Die vedischen Hymnen sind von einzigartiger Eindringlichkeit, zumindest wenn einer bereit ist, sich innerlich ihrer Beschwörung zu öffnen. Der Geist wird hinübergetragen in eine unbekannte Welt, eine Welt aber, die er ganz wunderbar als die seine erahnt und die sich an seinem Ursprung selbst offenbart. Schnell hatte ich es aufgegeben, verstehen zu wollen, ich ließ mich einfach ergreifen und tragen.

Am anderen Morgen erwachte ich mit Fieber. Als wieder die Vedas begannen entführte mich ihre Beschwörung noch viel weiter von den Dingen und von mir selber als am Vortag. Das Fieber, die Benommenheit, ein gleichsam halbträumerischer Zustand hatten in mir Bereiche des Über-Bewußten freigemacht, in denen alles, was ich sah und hörte ein Echo von umstürzender Intensität hervorrief. Ungekannte Harmonien erwachten in meinem Herzen. In diesem Weisen vom heiligen Berg Arunachala erschien mir der einzige Weise des ewigen Indien. Das war ein Anruf der alles sprengte, alles spaltete, der einen riesigen Abgrund aufriß.

Noch am selben Abend mussten wir aufbrechen. Das Fieber stieg. Am anderen Morgen konnte ich mich nur noch aufs Bett werfen, und da blieb ich drei Tage lang, unfähig mich zu regen. Als ich aus den Fiebertagen erwachte, begriff ich, bis in welche Tiefe diese erste Begegnung mit Sri Ramana und dem Mysterium von Arunachala in mich eingebrochen war.

(Henri Le Saux. Als christlicher Mönch
unter den Weisen Indiens)

Le Saux, der christlich-hinduistische Pilger, wird zum Einsiedler am heiligen Berg Arunachala, den Sri Ramana Maharshi in vielen seiner Gedichte als den mystischen Ort seines Erwachens und als seinen Vater preist: ‚Eines Tages hörte ich deinen Namen sagen, schon war es geschehen, du hattest mich entführt Arunachala.. Du hast mich verschlungen..Du tratest bei mir ein, mich zu dir zu ziehen, hieltest mich gefangen in der Höhle deines Herzens.' Später wird der christliche Swami an seine Schwester in der Bretagne schreiben: ‚Siehst du, ich habe den gregorianischen Gesang wie selten einer geliebt, aber jetzt habe ich die Melodie entdeckt, die alles übertrifft. Ich verliere mich im Schweigen des OM.'

Von nun an kreisen seine Gedanken und seine Wege um den großen Weisen und den Berg Arunachala. Immer wieder verbringt er in den 50iger Jahren lange Zeiten innerer Einkehr in der verschiedenen Höhlen des Bergmassivs, die der Anziehungspunkt für zahllose Eremiten, Asketen wie auch weltliche Neugierige bildet. Hier kommt es zum ersten entscheidenden Durchbruch. Er schreibt in sein Tagebuch vom Juli 1952:

Die Erkenntnis dieser alldurchdringenden Gegenwart Gottes in meinem Tun wie in meinem Sein wie in allen Dingen. Satori, die Erleuchtung ist die wahre Taufe, diese neue Vision seiner selbst und der Welt, nicht eine intellektuelle Erkenntnis sondern abgrundtiefe, erdbebenartige Verwandlung des Seins.

(Henri Le Saux, Spiritualität der Upanishaden)

Die Lehre von der Nicht-Dualität (Nicht-Zweiheit=A-dvaita) ist für Le Saux der Dreh- und Angelpunkt in seiner spirituellen Auseinandersetzung mit Indien. In den Upanishaden wird Advaita wie folgt umschrieben:

Denn wo eine Zweiheit gleichsam ist, da sieht einer den anderen, da hört einer den anderen, da riecht einer den anderen: Wo einem aber alles zum eigenen Atman geworden ist, wie sollte er irgend jemanden sehen oder hören oder riechen, wie sollte er irgendjemanden erkennen. (ebd.)

Hier liegt der Kern aber nicht der Endpunkt aller Auseinandersetzung zwischen Christentum und Hinduismus für den christlichen Sannyasin. Er, der Wanderer zwischen den spirituellen Welten, der Indien jahrelang durchquerte, mit der Bettelschale in der Hand, in Höhlen hausend und meditierend, verneinte seine analytisch-intellektuellen Gaben gerade angesichts solcher Erfahrungen in keiner Weise. Immer wieder nutzt er die Möglichkeit kritischer schriftlicher Reflexion und tritt in dieser Weise vor seine Kirche wie vor ein weites Publikum in Indien als auch in Europa. So schreibt er in Bezug auf den Advaita:

Die großen Upanishaden sind ein bevorzugtes Moment in der Entwicklung des menschlichen Bewusstseins. Da Advaita, die Nichtdualität den Kern der upanishadischen Lehre ausmacht, bleibt dem, der die Wahrheit der Upanishaden erfahren hat, kein Platz mehr für irgendein Gebet. Die Entsprechung zu dem, was man im Abendland Gotteserfahrung nennt, hat im Kontext der Upanishaden nichts zu tun mit irgendeinem Gottesbegriff. Das Selbst kann nicht durch Belehrung, noch durch Wissen erlangt werden. Also muß die Explosion im Herzen des Schülers selbst entstehen. Die Lehre der Nichtdualität kann nur in der Intimität der Guru- Schüler Beziehung entstehen, die gewissermaßen schon nicht-dual ist. Nur wen Er erwählt, kann Advaita erlangen.

Die Explosion bringt das Erwachen, einen Bewusstseinszustand, der dem Menschen eigentlich als sein Geburtsrecht zusteht, und doch nur durch höchsten Einsatz zu verwirklichen ist. Hier leuchtet die Wahrheit auf, dass es eine Ebene des Seins gibt, die jenseits von Leben und Tod ist, durch keine philosophische Reflexion oder religiöse Lebensweise zu erreichen. (ebd.)

Die drei großen Traditionen des Ostens- der Hinduismus, der Buddhismus und der Taoismus sind, wie Le Saux ausführt, Zeugen dieser Erkenntnis.

Die Konsequenzen sind gravierend, gerade für Christen, die Gott vorab als metaphysisches, zu glaubendes Konzept versteht. Wie sehr Le Saux selbst, der zeitlebens der Kirche treu geblieben ist und Christus immer als seinen Sat-guru, seinen innersten Meister gesehen hat, unter den notwendigen Folgerungen seiner advaitischen Erfahrung gelitten hat, zeigen viele Eintragungen seiner Tagebücher wie auch seine offiziellen Publikationen:

Tatsächlich befindet sich die Christenheit gegenwärtig an einer der schwerwiegendsten Wendungen ihrer Geschichte. Sie findet sich im Osten bis auf ihre Wurzeln in Frage gestellt. Diese Begegnung mit dem Osten stellt den Wert all ihrer mentalen und so-

zialen Strukturen in Frage. Wenn das Christentum seinen Universalitätsanspruch beibehalten will, ist es dazu herausgefordert, diese Advaita-Erfahrung zu integrieren. Wenn ihm dies nicht gelingt, muß es akzeptieren, auf eine bloße religiöse Sekte reduziert zu werden. (ebd.)

Eine solche Auseinandersetzung, so betont er, kann nicht über theologische Reflexionen, d.h. Konzepte und neue Dogmata erfolgen sondern nur auf der Ebene der höchsten Erfahrung selber. Sozusagen als ein Experiment Einzelner wie Gruppen von Kontemplativen, die ihr Leben dieser Verwirklichung voll und ganz widmen.

Heute, mehr als ein halbes Jahrhundert später erscheinen solche Worte von prophetischer Klarsicht, angesichts einer spirituell darniederliegenden Kirche, die sich mehr und mehr von einem allumfassenden Konsumismus ins soziale wie religiöse Abseits gesetzt sieht. Wie radikal der christliche Mönch Abishiktananda in diesen Einsichten über die ideologischen Grenzen seiner Kirche hinausgeht, zeigt die folgende Passage:

Dann (nach der advaitischen Erfahrung) ist Gott nicht mehr ein ER, über den die Menschen unter sich zu sprechen wagen. Er ist nicht einmal mehr ein DU, dessen Gegenwart der Mensch als ein Gegenüber erfährt, sondern vielmehr wird Gott hier, ausgehend von der Wahrnehmung seiner selbst, als ein Ich entdeckt und erfahren, das ICH BIN der Upanishaden , das ICH BIN DER ICH BIN des brennenden Dornbuschs. Dieses ICH ist nicht ein abstraktes Ich, dass ich von dem DU ableite, dass ich zu ihm sage, sondern ein ICH, das ich in der Tiefe meines eigenen Ichs wahrnehme. Es gibt viele Stellen im Johannesevangelium, wo Jesus dieses ICH BIN betont. (ebd.)

Als sein Weggefährte Abbe Monchanin im Jahre 1957 stirbt, sind die Tage des Ashramlebens von Shantivanam endgültig gezählt. Da sich in den Jahren keine indisch-christlichen Mitbrüder eingefunden haben, fühlt sich Swami Abishiktananda frei, sich ganz einer neuen Himmelsrichtung zu ergeben: der Norden, die Himalayas ziehen ihn unwiderstehlich an. Der verwaiste Ashram wird ein Jahrzehnt später von einem anderen, zu Ende des 2o. Jahrhunderts berühmt gewordenen Benediktinermönchs aus England übernommen; sein Name: Bede Griffiths.

Nahe den Quellen des Ganges, in Uttarkarshi, lässt sich Le Saux in den 6oiger Jahren nieder. Seine Pilgerreisen gelten nun den großen hinduistischen Heiligtümern hoch oben in den Bergen, wie Badrinath (Gott Vishnu geweiht) und Kedarnath (Gott Shiva geweiht). Am Ufer des Ganges baut er sich eine kleine Einsiedelei und beginnt eine rege schriftstellerische Tätigkeit, die ihn bald auch auf Vortragsreisen in die großen theologischen Zentren des Landes wie Delhi, Madras und Poona führt. Der Wandermönch wird zum vielbeachteten Kritiker und Anreger der indischen Kirche. Sein subjektives spirituelles Experiment eines existentiellen interreligiösen Dialogs wird unter den Christen Indiens wahr- und ernstgenommen. Seine wachsende Korrespondenz schließt inzwischen drei Kontinente ein, u.a. auch Amerika. Ein Zeitgenosse, Jean Sulivan, charakterisiert ihn wie folgt: ‚Gehorsam und unbezwingbar, gehörte er einer neuen Rasse an, der Rasse derer, die nicht revoltieren, die nicht einmal daran denken, die aber niemals nachgeben: Sie vereinigen in der Kreuzigung die Treue zu zwei Realitäten, zu sich selber und zur Kirche und es ist für sie eine einzige Treue.‘

In all seinen Unternehmungen, seinen Meditationen bleibt ihm ein Hauptanliegen, das ihm Indien zutiefst ins Herz gebrannt hat: 'die Wahrheit jenseits des Eidos, der Idee wiederzufinden, nicht Gefangener des Begriffs zu werden', wie er selbst schreibt. Es gelte für die Christen, so seine Folgerung, im Neuen Testament direkt die Werte der Innerlichkeit und Nichtdualität wiederzuentdecken.

Doch bleibt er bei dieser Forderung nicht stehen. Er erkennt in seiner eigenen Religion einen Schatz, der zwar nur nach dem Durchgang durch die advaitische Erfahrung gehoben werden kann, aber dann einen entscheidenden Schritt über sie hinausführt- zur Erfahrung der Wirklichkeit der Trinität.

Der Christ, der in sich selbst hinabgestiegen ist bis zum Grund und zur Quelle seines Seins, fühlt und entdeckt zunächst seine geheimnissvolle Einheit mit Gott, nicht anders als der Advaitin, sein Bruder. Aber jenseits hiervon, in jenem äußersten Augenblick, erkennt er sich als ausgehend vom Vater im eingeborenen Sohn.

Alles Sein erweist sich hier als Mit-Sein, koinonia, und der Grund-Satz Jesu: ‚Ich und der Vater sind eins, alles habe ich Vater bekommen', wie es im Johannesevangelium heißt, schimmert in einem ganz neuen Licht der Verschmelzung von Einheit und Zweiheit auf. Die Erfahrung der Sohnschaft in der gleichzeitigen unauflöslichen Einheit mit dem Schoß des Vaters, dem Urgrund, umschreibt das Geheimnis der Trinität.

In seiner Jugenderfahrung erlebte Sri Ramana Maharshi das Geheimnis dieses wesenhaften Sterbens (wie Jesus am Kreuz). Von diesem Tode aber ist er nie ‚erwacht'. Dagegen: In der blendenden Herrlichkeit des Seins hat der Mensch Jesus sich und seinen Vater zu unterscheiden gewusst. Die Erfahrung der Auferstehung ist in gewissem Sinne dieses Erwachen des Wortes, der Sohnschaft (Jesu) im Schoße des Vaters, gemäß dem ersten Vers des Johannesevangeliums: ‚Im Anfang war das Wort und das Wort war bei Gott und das Wort war Gott.'

(Henri Le Saux, Als christlicher Mönch
unter den Weisen Indiens)

Der christliche Sannyasin Swami Abishiktananda ringt in immer neuer Weise mit der Erfahrung Jesu, mit der Paradoxie seiner Beziehung zu ABBA, dem Vater, von dem er ausgeht, zu dem er hingeht, dieses andere, größere ICH, von dem er alles empfängt, auch göttliche Macht- der Geist Gottes ist mit ihm, überall. Wie sehr steht diese Beziehungshaftigkeit im Kontrast zur Erfahrung der Einsamkeit des advaitischen ICH BIN. Der Mystiker in ihm weiß, dass alle Erklärungen zu kurz greifen, um dieses Geheimnis durch die Vernunft zu lösen.

Seine Intuition verweist ihn auf den Ergänzungscharakter beider Erfahrungen. Er spricht von der verzehrenden Erfahrung der Ferne und der Nähe des Seins (Gottes), aber er spricht über diesen äußersten/innersten Ort, ‚wo der Vater im Grunde unseres Selbst uns gegenüber ist' in Begriffen des christlichen Glaubens, ahnend, dass seine advaitischen Brüder/Schwestern ihm hier nicht folgen werden. Die Bruchstelle ist benannt; er wird sie nicht überkitten, wiewohl er den Schluß zieht: ‚Die Erfahrung Jesu schließt die der Veden in sich und übersteigt sie gleichzeitig'. Es bleibt offen, inwieweit die Erfahrung Jesu auch die seine ist, bzw. wieweit es sich hier um eine Frage des Glaubens handelt; eines Glaubens jedoch, der, wie ein anderer großer Weiser Indiens, Sri Aurobindo, feststellte, aus einer Intuition genährt wird, die letztlich zur Erfahrung führt.

Im Frühling des Jahres 1972 ist Swami Abishiktananda wieder in seinem geliebten Häuschen in Uttarkarshi in den Bergen. Die Lektüre der Upanishaden nimmt ihn erneut gefangen, und jetzt, einem Erdrutsch gleich, öffnen sich urplötzlich die inneren Räume zu einer gewaltigen Erfahrung:

Es gibt ein unendliches Fortschreiten dieser inneren Ebenen. Diese Tage sind von einer außergewöhnlichen Fülle, obwohl sie mich physisch zerstören; der ganze Grund der Seele wird aufgewühlt.. Und: Ich weiß jetzt, dass die Upanishad wahr ist. Es ist das Eingehen in das höchste Licht, den Atman, die Seligkeit, Brahman. Wie es in der Svet. Upanishad heißt: ‚Ich kenne Ihn, den großen Purusha, (den Ewigen Menschen) von der Farbe der

Sonne, jenseits der Finsternis. Wer ihn kennt, überwindet den Tod, kein anderer Weg führt zum Ziel.' (ebd.)

Diese Zeilen sind der Auftakt zu einem großen spirituellen Finale, das ihn mehr oder minder bis in den Tod begleiten wird. Die ‚blendende Erfahrung' der Upanishad raubt ihm buchstäblich den Atem und hinterläßt eine konstante Atemnot. Zwei wichtige Artikel verfasst er in dieser dramatischen Zeit: *‚Die Gotteserfahrung in den Religionen des Ostens'* und: *‚Die Upanishaden und die Advaita-Erfahrung'.* Kurz darauf weiht er einen seiner wenigen Schüler, der ihm besonders am Herzen liegt, in die zwiefache monastische Tradition ein, die christliche und die hinduistische. Diese Zeremonie rührt ihn, der nun aus der Meisterperspektive handelt, zutiefst an.

Im Juli 1973 wandert Henri Le Saux am Ufer des Ganges, schon, wie ein Freund später schreiben wird, hineingerissen in einen Durchbruch des Geistes, der in ihm immer tiefere Abgründe auftat. Dann, auf dem Marktplatz in Rishikesh, jener heiligen Stadt am Ganges, ereilt ihn ein Herzinfarkt, der ihn zu Boden wirft. In seinen Augen ist es das größte spirituelle Abenteuer: es führt ihn zum vollen geistigen Erwachen. Später, als ihm die Sprache wieder zur Verfügung steht, lauten seine ersten Worte: ‚Es ist schön, ich kann dir nicht sagen, wie schön es ist! Einfach die Augen öffnen, da, wo man ist.' In einem Brief vom August desselben Jahres schreibt er: ‚Ich habe den Gral gefunden, und der Gral ist weder fern noch nahe, er ist jenseits von allen Orten.. Ein Aufflug, ein Erwachen, und die Suche ist erfüllt.'

Am 7. Dezember 1973 stirbt Henri Le Saux, und alle, die ihn in den letzten Tagen vor seinem Tod sehen durften, bezeugen die außergewöhnliche Strahlung, die auf seinem Gesicht, in seinem Lächeln ruhte, seine großen staunenden Augen, die alles sagten.

Er war ans Ende seiner Pilgerschaft durch die großen inneren Räume des Christentums wie des Hinduismus gelangt, er hatte das andere Ufer erreicht und hatte die wahre Mitte, den Atman gefunden und war doch seinem Satguru Jesus Christus treu geblieben. Sein Erbe sollte nicht unverwaist bleiben, weder spirituell noch materiell. Denn noch zu seinen Lebzeiten betrat ein anderer Mann die indische Bühne, der auf seine Weise den großen Dialog zwischen Ost und West fortsetzen sollte: der schon erwähnte englische Benediktinermönch Pater Bede Griffiths, der sich 1968 des leerstehenden Ashrams in Shantivalam annimmt.

Leben für eine kosmische Dimension des Christentums. Eine west-östliche Biographie

Ich glaube, es war vor allem der Hinduismus, der mir einen Sinn für das Heilige vermittelt hat. Ich war auf der Suche danach, doch die westliche Welt ist profan: wir haben ganz bewusst alle Hinweise auf das Heilige beseitigt.

Ich schrieb einem Freund: ‚Ich will die andere Hälfte meiner Seele entdecken.' Ich wollte in meinem Leben die Hochzeit der beiden Dimensionen der menschlichen Existenz erfahren, die rationale und die intuitive, die männliche und die weibliche. Ich wollte den Weg zur Hochzeit von Ost und West finden. Es war nicht nur der Wunsch nach neuen Anregungen, der mich nach Indien zog, sondern der Wunsch nach einer neuen Lebensweise. So bin ich nun ein Sannyasin geworden. Ein Sannyasin ist völlig losgelöst von der Welt und von sich selbst. So einen hohen Grad an Loslösung habe ich bisher nicht erreichen können. Man kann heute kein Christ sein, ohne zumindest in gewisser Weise zu verstehen, wie die verschiedenen Religionen zueinander in Beziehung stehen.

(John Swindell, A human search, Bede Griffiths)

Als im Mai 1993 der Benediktinermöch und Sannyasin Bede Griffiths im Alter von 86 Jahren im Ashram von Shantivanam, dem christlich-indischen Gründungskloster Henri Le Saux` und Abbe´ Monchachins, zu Grabe getragen wird, ist das Leben eines weiteren Pioniers einer radikalen interreligiösen Existenz zu Ende gegangen. Der berühmte Gelehrte und Freund Raimon Pannikar schreibt in einem Kommentar zu Griffiths Buch *Die neue Wirklichkeit:* ‚Du hast einen langen Weg der Läuterung hinter dir; viele Jahre hast du dein Sadhana, deinen geistigen Pfad, praktiziert, ohne zu wissen, ob es jemals ein Ende im Tunnel geben würde. Du warst nicht flüchtig an Indien interessiert sondern an einer neuen Sicht der Wirklichkeit.'

An der Wiege seines indischen Lebens, dass er spät, im Alter von cirka fünfzig Jahren beginnt, steht eine Frau, eine Psychologin: Toni Süßmann. Sie ist eine frühe Schülerin C.G. Jungs, die sich in den Hitlerjahren in London niedergelassen hatte und dort eine Praxis für Psychotherapie und Meditation führte. Ihre Bibliothek eröffnet Griffiths den weiten Kosmos östlicher Spiritualität. Wenig später lernt er Pater Alapatt, einen indischen Benediktinermönch kennen, der auf der Suche nach Mitstreitern für ein christliches Klosterleben in Südindien ist. Ihre Begegnung gibt den entscheidenden Anstoß zum Aufbruch nach dem fernöstlichen Subkontinent. Im Jahre 1955 reisen sie mit einem der letzten Dampfschiffe über Port Said nach Bombay. Die Stadt und ihre Einwohner faszinieren ihn sofort:

Die Bewegungen der Menschen hier sind so spontan wie die der Vögel und der Tiere. Es liegt eine große Schönheit darin, und das hat mich wirklich verzaubert. Der Geist des Ostens ist mit seinem intuitiven Verständnis nicht nur offen gegenüber Mensch und Natur sondern auch gegenüber dieser verborgenen Kraft, die beide durchdringt. (ebd.)

In der Nähe von Bangalore beginnen sie einen ersten bescheidenen Ashram aufzubauen. Nach indischer Tradition ist dies ein Ort, an dem ein Heiliger lebt, der Gott erfahren hat und Schüler versammelt, die an dieser Erfahrung teilhaben wollen. Es sind Zentren, in denen die Gegenwart Gottes erlebbar wird.

Ein Bungalow wird gekauft und hergerichtet; noch sehr westlich, wie Griffiths im Rückblick bemerkt. Was er als einfachen Lebensstil empfindet, erweist sich im Vergleich zum Nachbardorf immer noch als unerhörter Luxus. Anders als bei seinem Vorgänger Le Saux finden sich von Anfang an interessierte indische Laien, die mit einer Mischung aus Bewunderung und Neugier dem Experiment der Christen zugetan sind – insbesondere erstaunt über deren weitläufige Kenntnis der heiligen Schriften des Hinduismus.

Es bleibt nicht bei der ersten Gründung, weitere folgen. Kerala, an der Südostküste Indiens gelegen, wird die nächste Station. Zusammen mit einem belgischen Zisterziensermönch, Pater Francis, eröffnet er einen neuen Ashram, kämpft mit den jährlich hereinbrechenden Sturzfluten des Monsun und eignet sich die indische Lebensweise mehr und mehr an. Der Ashram wächst, während Pater Francis als Nabelschnur zwischen Shantivanam, dem ersten christlichen Ashram von Le Saux / Monchachin und Kerala fungiert. 1968 entschließt sich Griffiths, ganz nach Shantivanam zu ziehen:

Wir fingen wieder bei Null an, mit praktisch gar nichts; der Ashram bestand damals nur aus zwei oder drei Hütten, alles andere haben wir aufbauen müssen: anfangs eine winzige Bibliothek und eine kleine Kapelle. Aus unserer syrischen Liturgie haben wir mit der Zeit eine indische Liturgie entwickelt. Wir begannen stets mit Gesängen in Sanskrit. Das ist sehr wichtig. Es ist eine heilige Sprache und hat eine eigene Schönheit und Kraft. Gefolgt wird dies mit Lesungen aus verschiedenen Schriften.

Wir lesen aus den Veden, den Upanishaden und der Bhagavadgita, auch aus dem buddhistischen Dhammapada und dem Tao Te King. Abends kommen die Texte des großen tamilischen Mystikers Kabir und anderer Heiliger zum Tragen. Danach gehen wir zu den Psalmen und weiteren biblischen Texten über; schließlich folgt das Bhajan Singen, das eine sehr fröhliche Angelegenheit ist, mit Trommeln und Klangschalen. Wir öffneten uns so für alle religiösen Traditionen der Welt. (ebd.)

Während der neu-alte Ashram gedeiht, wachsen gleichzeitig die Probleme. Die Bischöfe von Tamil Nadu sind lange Zeit nicht bereit, die neuartigen Liturgien zu akzeptieren, wiewohl die Kirche Indiens ihr Ja-Wort gegeben hatte.

Gleichzeitig zieht der Ashram spirituelle Sucher aller Art an. Das New Age ist angebrochen und mit ihm steigt die Zahl der Indienfreaks und Drogenkonsumenten. Griffiths und seine Mitbrüder halten jedoch an einem zentralen spirituellen Prinzip fest: auch schwierige Menschen zu akzeptieren, statt sie wegzuschicken. Die meisten fanden zudem sehr schnell selbst heraus, ob dieser Platz zu ihnen passte oder nicht. Und jeder hatte am Ende doch etwas zur Liturgie, zum Gebet, zur monastischen Lebensweise beigetragen, wie die Mönche mit Freude feststellen konnten.

Das ist für mich das große Prinzip; die Dinge wachsen zu lassen. Man hat eigentlich die ganze Zeit auf Gott vertraut. Niemand außer mir lebte anfangs ständig im Ashram. Viele Menschen kamen und gingen. Man hat überhaupt nicht erwartet, dass irgendetwas mit einer gewissen Regelmäßigkeit geschehen könnte. Wenn Menschen kamen, hießen wir sie willkommen, wenn sie gingen, mussten wir dies akzeptieren. Das ist eigentlich der einzig mögliche Weg des Seins. Wir wollen immer alles gestalten, ein richtiges Kloster bauen u.s.w. Das hier haben wir einfach wachsen lassen. Das ist das Prinzip des Tao. Niemals *etwas erzwingen wollen. Man muß lernen, sich dem Rhythmus des Lebens anzupassen, am Ende trägt er einen dann voran. Dann erhält man die Zuversicht, dass es etwas gibt, das einen führt. Ich habe das Gefühl sehr stark, dass der Ashram von Anfang an, also von Le Saux`s und Monchachins Zeiten an, geführt und geleitet wurde. Ich glaube, dass hier etwas Höheres am Wirken ist, von dem die Gründer geträumt hatten und wonach auch die Kirche in Indien auf der Suche ist: Inkulturation und Dialog mit allem, was dazugehört.* (ebd.)

Bede Griffiths Denken und Leben passen in den Zeitgeist, in die sozio-spirituelle Aufbruchsstimmung des Westens der 6oiger und70iger Jahre. Wie viele glaubt er nicht an die industrielle Zivilisation mit ihren Megastädten und ihrer Umweltzerstörung. Die Zukunft liegt für ihn in geistlichen Gemeinschaften wie Shantivanam, in einem neuen intuitiven Naturverständnis und in der Offenheit für das Göttliche. Er weiß, die jungen Menschen, die zu ihm kommen sind nicht mehr an der Institution Kirche interessiert, umso mehr an authentischer spiritueller Erfahrung und Führung.

Wo liegen die Quellen dieses Mannes, der 25 Jahre seines Lebens in der Stille und Geborgenheit eines Benediktinerklosters in England verbrachte, der, wie er später selbsteinsichtig sagen wird, die katholische Lehre ziemlich kritiklos in sich aufgenommen hatte; dem es vielmehr um die Schönheit der täglichen Liturgie und Gebete ging und das gemeinschaftliche Eingebunden-Sein in die Grundregel des heiligen Benedikt: ‚Ora et labora', bete und arbeite, als um interreligiöse Experimente?

Im Laufe der Zeit wird er Prior, und ist damit zum ersten Mal für etwa dreißig Mitbrüder verantwortlich. Die Geldmittel reichen selten, Mittel und Wege müssen immer erneut gefunden werden, um zurechtzukommen. In diesen Jahren lernt

Bede Griffiths seine wesentliche Lektion: zu vertrauen, ganz und gar zu vertrauen.

Ich werde nie das eine Mal vergessen, als wir an unsere Grenzen kamen. Wir hatten unseren Überziehungskredit bei der Bank voll und ganz ausgeschöpft. Einige Schwestern aus Afrika schrieben, dass sie sich eine Kuh wünschten und fragten an, ob wir ihnen helfen könnten. Die Gemeinschaft beschloß, den Glauben auf die Probe zu stellen. Wir sagten einfach, dass wir Gott vertrauen wollten. Dann schrieb ich den Schwestern: Ja, wir werden euch das Geld schicken. Ich glaube, am nächsten Tag kam das Geld für das, was wir wollten. Es sind diese kleinen Dinge, die uns zum rechten Zeitpunkt davon überzeugen, dass es so etwas wie eine göttliche Vorsehung gibt. In unserem Ashram haben wir all die Jahre ebenfalls immer nur von einem Monat zu nächsten gelebt. Gott lehrt uns, was notwendig ist, und dann tut man, was notwendig ist. (ebd.)

Zwanzig Jahre lang, von 1936 bis 1955, lebt Griffiths so in der Beständigkeit und dem Gehorsam gegenüber dem klösterlichen Rhythmus, mit dem Zauber des Rituals und der Atmosphäre des Gebets, in das alle Aktivitäten des Alltags unaufhörlich eingebunden sind. Zum Thema des Gehorsams schreibt er:

Natürlich war es damals sehr hilfreich, Gehorsam gelobt zu haben. Ich glaube, zu einem späteren Zeitpunkt kann es gefährlich werden, aber in einem gewissen Stadium ist es wirklich von großem Wert, wenn man lernt, einfach nur das zu tun, was andere sagen. Dadurch ist man gezwungen, sich nicht nur auf das eigene Ego zu konzentrieren, und es hilft einem, aus dem Ego herauszukommen. Ich glaube, man muß erst ein Stadium größerer Reife erreichen, damit das Ego wirklich verschwinden kann. Dann tut man die Dinge aus Eigeninitiative heraus. Sie kommen nun aus einem tiefer gelegenen Zentrum in unserem Innern. Das ist der Unterschied. (ebd.)

Zu dieser Lektion, die ihn auf Indien vorbereiten wird, gesellt sich eine zweite Aufgabe, die seine Begabung zur Freundschaft und zum Dialog zum Reifen bringt. Ihm obliegt die Betreuung von Gästen jedweden Status und Bildung. In einer Atmosphäre der Kontemplation und der inneren Offenheit widmet er sich den Menschen, die da kommen, um ihre Herzen für Gottes Botschaften zu öffnen. Ein Unterfangen, dass ihm besondere Freude und Genugtuung bereitet, ein noch unbewusster Vorgeschmack auf die öffentliche Rolle, die ihm in seinen späten Lebensjahren zukommen sollte.

In Indien erst erkennt er die kulturelle Beschränktheit des Christentums. Er ringt nun um eine neue universale (sprich authentisch katholische= allumfassende) Bedeutung der Kirche, um einen neuen Mythos Kirche als eine Aufgabe der gesamten Menschheit. Ihm wird klar, dass der Christ, welcher Kongregation er auch angehören mag, das Monopol der Wahrheit nicht mehr für sich allein beanspruchen kann. Alle, ob Atheisten, Hindus, Muslims sind Pilger auf dem Weg der Suche nach der letzten Wirklichkeit. Um zu ihr zu gelangen, so stellt Griffiths fest, muß auch der Mythos Christus, der ja ebenfalls zu Welt der vergänglichen Zeichen gehört, überkommen werden: um zum Mysterium selbst zu gelangen, dass jenseits von Wort und Gedanke liegt. Solche Einsichten zeigen eine zunehmend kritischere Einstellung zur Institution Kirche. In seinem schriftstellerischen Werk prangert er ihre Schattenseiten an, ohne ihr je die Existenzberechtigung abzustreiten. Für ihn konnten die Brutalitäten der Institution ihren tieferen Wesenszug als Gemeinschaft der Heiligen, als mystischer Leib Christi, nie wirklich überdecken.

Gleichwohl sieht er die Kirche in einer tiefen Krise, aus der nur eine Vermählung des westlich rationalen Verstandesprinzips mit dem östlichen intuitiven, weiblichen Geist herauszuführen vermag. C.G. Jungs Vision der ‚coniunctio oppositorum', der

Verbindung der Gegensätze, scheint hier auf. Vergessen sei auch nicht, dass es eine deutsche Jungianerin war, die ihn mit der indischen Geisteswelt vertraut machte. Er selbst spricht inzwischen von der Notwendigkeit eines christlichen Yoga, eine gedankliche Verbindung, die Jung zu seiner Zeit noch mit höchster Skepsis betrachtet hatte. Da es Griffiths um eine Transformation des Bewusstseins geht, wie sie Capra, Ken Wilber und andere New Age Denker aufgezeigt hatten, lautet sein Schlussfolgerung, dass auch das Evangelium neu dargestellt werden muß; es bedarf einer modernen Sprache, die mit den Lebenserfahrungen der heutigen Menschen in einen schöpferischen Kontakt gebracht werden kann. Das vorherrschende patriarchale System im Denken wie in der Organisation der Kirche muß überkommen werden, es soll den Werten des Weiblichen Platz machen. Es braucht, nach Griffiths, eine radikal neue Anschauung der menschlichen Natur wie des Kosmos, um das Ungleichgewicht unserer rein männlich-rational ausgerichteten abendländischen Tradition zu überwinden:

Durch mein Nachdenken über das Christentum begann ich seine kosmische Dimension zu entdecken, die uns so sehr verlorengegangen ist. Wir konzentrieren uns auf den menschgewordenen Christus oder die Person Gottes, und wir vergessen die gesamte kosmische Dimension, die in den Anfängen der Kirche so stark war. Das ist die eigentliche Grundlage. Das Universum hat in Christus Bestand. Wir beginnen zu erkennen, dass die hinduistische Betrachtungsweise des heiligen Kosmos nach unserem Verständnis durch die Gegenwart Christi geheiligt wird. Er ist eins mit Gott, und das ist der spirituelle Körper, diesseits und jenseits von Zeit und Raum. Das gesamte Universum ist in jenem spirituellen Körper. In der Eucharistie werden wir selbst zum mystischen Leib Christi.

(Bede Griffiths, Die Hochzeit von Ost und West)

Der Weg zu solchen Einsichten ist ebenso lang wie kurvenreich. Griffiths entstammt einer bürgerlichen englischen Familie, in der die Mutter den Angel-und Herzpunkt verkörperte. So nahe ist sie ihm, dass sie für den reifen Mann, jenseits ihrer individuellen Persönlichkeit, das Prinzip des Mütterlichen überhaupt versinnbildlicht, die Jungfrau Maria, die Mutter Gottes eben. Er liebt sie mit großer Innigkeit, erspürt die tiefe Frömmigkeit dieser Frau, die ihm zum damals noch unbewußten Hintergrund seines eigenen suchenden Sinnes wird. Der Vater dagegen bleibt außerhalb seiner Welt, ebenso bewundert wie unverstanden.

Das Umfeld des Kindes ist durchdrungen von einem Hauch des Paradiesischen, der Harmonie und des Friedens, zumindest bis zum Ausbruch des Ersten Weltkrieges. Zwei Quellen der Inspiration sind es hauptsächlich, die ihn seit früher Jugend durchs Leben begleiten: die Natur und die Bücher. Er ist ein Ästhet, ja ein Schöngeist, dem das Umherstreifen in der Landschaft und die Poesie alles bedeuten. Religion interessiert ihn nur am Rande. Wordsworth, einer der großen romantischen Dichter Englands hat es ihm besonders angetan; in seinen Versen spiegelt sich das pantheistische Naturgefühl jener Epoche, dass im England der 20iger Jahre des letzten Jahrhunderts, in dem Griffiths heranwächst, zu neuer Blüte gelangt. Und noch einmal vierzig Jahre später werden die Hippies ihn in Shantivanam in eben diesem Grundgefühl bestärken- die Gegenwart Gottes in der gesamten Schöpfung wiederzufinden.

Im Jahre 1925 beginnt er sein Studium in Oxford. Die Zeit der großen Ernüchterung zwischen zwei Kriegen hat begonnen. Zusammen mit Freunden aus pazifistischen Kreisen verweigert er die Offiziersausbildung und schließt sich der Antikriegsbewegung an. Der jugendliche Idealist leidet an der Enttäuschung über die Leere der zivilisierten Welt; er ist kein politischer Revolutionär, eher ein Demian bzw. Goldmund im Sinne

Hermann Hesses. Seine Religion ist die Schönheit im Leben, und hier speziell in der Natur.

Diese Grundhaltung bringt ihn zwangsläufig in Konflikt mit der allgemeinen Huldigung des Fortschritts in Industrie und Technik. Sein naiver Kinderblick erspürt die ungeheuren Schattenräume, die solcher Zeitgeist in seinem Rücken mit sich führt. Er liebt die Musik, z.B. den späten Beethoven, der ihn das große Mysterium des Lebens erahnen lässt: Gott. Später schreibt er:

Ich glaube, man lebt nur das aus, was man auch erfahren hat, und das bleibt einem dann für den Rest des Lebens. Auf eine kuriose Weise lebe ich das Leben, das ich mit 18 oder 19 Jahren führte noch heute.

(John Swindell, A human search, Bede Griffiths)

D. H. Lawrence beschäftigt ihn; die Beschreibung seiner sexuellen Erfahrungen lässt den kommenden Mönch, der auch in seiner vorklösterlichen Zeit zu keiner intimen Beziehung zu Frauen findet, die mystische Dimension des Sexus erkennen. Im hohen Alter von über 8o Jahren wird ihn der Durchbruch zum Weiblichen geschenkt- in Gestalt eines Schlaganfalls! Er wird ihn dennoch als die große Segnung seines Lebensabends begrüßen.

Wenig später tritt C.S. Lewis, der große katholische Schriftsteller, in sein Leben. Er wird sein Tutor in Oxford, und stellt die Weichen für die allmähliche Hinwendung des Freundes und Zöglings zum Christentum. Griffiths liest nun ebenso intensiv wie extensiv- Descartes, Spinoza, Dante; schließlich tritt Augustinus am Horizont auf und dann Thomas von Aquin. Dessen Beschreibungen der Liebe, der christlichen Agape, bestätigen ihm, was er schon bei Lawrence fand: die Heiligkeit des Sexus, die Vereinigung des Männlichen und des Weiblichen und das Schöpferische Dritte als Resultat.

1929, mit Abschluß seiner Studien in Oxford wird er zum Dropout, zum Aussteiger aus dem etablierten System – ein früher

Hippie. Mit zwei wohlhabenderen Freunden geht er aufs Land; sie erwerben ein billiges Cottage, um zu einer einfachen, ja elementaren Lebensweise zurückzufinden. Sein Lebensstil nimmt Indien vorweg. So karg, so primitiv hausen die drei, dass sie dem Mittelalter näher scheinen als der Neuzeit. Ihr großes Lektürefeld wird die Bibel, die er nun, Seite für Seite, zu erforschen sucht. Er schreibt:

Ich beginne Christus als etwas zu entdecken, das über das Menschliche hinausging, und die Kirche als etwas, das mehr war als die Gemeinschaft von Menschen: sie ist der mystische Leib Christi. So verwandelte mich dieses Leben und machte aus einem Heiden einen Christen, brachte aber das Heidentum in die Kirche – und genau das ist auch nötig. (ebd.)

Als einer seiner beiden Mitbewohner nach zwei Jahren eine Frau kennenlernt und sie wenig später heiratet, bricht die Gemeinschaft auseinander. Für Griffiths beginnt jetzt die Zeit der dunklen Nacht. Er kehrt dem Land den Rücken zu und versucht, wieder ein normales Leben zu führen. Gleichzeitig sucht er nach einem neuen Kontakt zu den Anglikanern, seiner Familienkirche. Doch eine innere Stimme widerspricht seiner Entscheidung. Wiewohl in seiner Familie die Katholiken schlichtweg als seltsame, ja kuriose Menschen gelten, wagt er die Begegnung mit einem katholischen Priester; sie endet mit einer großen Enttäuschung. Daraufhin beschließt er, nach London zu gehen, ins Zentrum des industriellen Systems, das er so verabscheut. Die seelische Verwirrung steigert sich ins Unerträgliche, bis zu jenem entscheidenden Abend, da er sich entschließt, eine ganze Nacht im Gebet zu verbringen:

Ich kniete nieder und begann zu beten. Natürlich hatte ich mit dem Schlaf zu kämpfen. Am schlimmsten war jedoch der Kampf gegen den Verstand. Ich hatte das Gefühl, dass das, was ich tat, völlig irrational war. Ein vernünftiger Mensch machte so etwas nicht. Ich hatte mit der ganzen konventionellen Welt zu kämpfen, um meinen Verstand zu durchbrechen und mich tatsächlich einer Dunkelheit zu öffnen. Es war kein helles Licht zu sehen. Das Licht der Vernunft war verschwunden. Je weiter ich jedoch ging, desto klarer wurde mir, dass eben meine Vernunft das Hindernis gewesen war. Ich musste mit diesem rationalen Verstand brechen, mich der Dunkelheit öffnen. Es gibt kein Licht dort drinnen.

So kämpfte ich mich weiter durch die Nacht. Ich erinnere mich daran, dass ich ein ganz klares Bild von Jesus vor Augen hatte, wie er im Garten Gethsemane der Dunkelheit und dem Tod ins Auge blickt. Das war eine wirkliche Todeserfahrung. Ich glaube, am nächsten Morgen erhob ich mich so gegen sieben Uhr. Ich fühlte mich vollkommen allein und hilflos. Dann hörte ich eine Stimme, die ganz und gar nicht von außen kam: ‚Du musst an einem Retreat teilnehmen'. Ich hatte niemals davon gehört, geschweige denn an einem Retreat teilgenommen. Also ging ich zu jener katholischen Kirche, die ich normalerweise besuchte, und fragte, ob es dort so etwas wie ein Retreat gäbe. Der Pfarrer sagte mir, dass am selben Tag im Westminster House ein solcher beginnen würde. So ging ich dorthin. (ebd.)

Die Zeit nach dieser Nacht erscheint ihm buchstäblich in ein neues Licht getaucht. Er liest *Die dunkle Nacht der Seele* von Johannes vom Kreuz: ‚Ich werde dich auf einem Weg, den du nicht kennst, zur geheimen Kammer der Liebe führen'. Nun spürt er selbst jene Liebe wie eine Überwältigung; sie wird für ihn zu einer Art Durchbruch. Später geht er, aus einem inneren Bedürfnis heraus, zur Beichte- zum ersten Mal in seinem Leben. Nie zuvor und nie danach, so wird er in seinem Tagebuch schreiben, habe er so geweint: ‚Mein Herz wurde vollkommen reingewaschen'. Ihm widerfährt das Erlebnis der Umkehr und Verwandlung.

Dennoch ist die Zeit der Verwirrung noch nicht vorüber. Erneute Zweifel überkommen ihn, und mit ihnen die Frage nach seiner religiösen Heimat. Katholische Kirche- ja oder nein? Wieder zieht er sich aufs Land zurück, fastet, und bittet schließlich in seiner Not einen Freund um Hilfe, ihn von dort wegzuholen. Doch unmittelbar nach diesem Entschluß überkommt ihn das Gefühl, genau das Falsche zu tun. Erneut rafft er sich dazu auf, eine ganze Nacht im Gebet zu verbringen.

Auch sie wird ihm zur großen Erfahrung einer Grenzüberschreitung. Diesmal lautet die Botschaft: Bleibe, wo du bist, lebe allein, und arbeite hier auf dem Bauernhof. Die Lektüre des englischen Theologen Newman, der als Anglikaner 1845 zum katholischen Glauben übertritt, bringt den endgültigen Durchbruch. In der Nähe seines Farmhauses entdeckt er die Benediktinerabtei Prinknash Abbey. In Benedict Stewart, dem Prior des Klosters, findet er endlich den Mann, der sein Ringen zutiefst versteht und anerkennt. Bede Griffiths hat seine neue geistliche Heimat gefunden und wird sie ein Vierteljahrhundert lang nicht mehr verlassen. Erfüllt ist von nun an auch sein Verlangen nach Schönheit im Alltag: die benediktinische Tradition der Gebete und gregorianischen Gesänge sinkt tief in seine Seele, und bereitet sie auf eine andere, ebenso heilige Musik vor: die uralten geistlichen Gesänge Indiens.

Der Schlaganfall trifft ihn aus heiterem Himmel; es ist der 25. Januar 1990, frühmorgens während der Meditation. Die Parallele zur Herzattacke seines geistigen Bruders und Vorgängers, Henri Le Saux, auf dem Markt in Rishikesh ist unübersehbar. Für eine Woche ist er nicht ansprechbar, schwebt im leeren Raum. Er denkt ans Sterben, bereitet sich auf seinen Tod vor. Aber der geht vorüber. Stattdessen überkommt ihn plötzlich die Inspiration, sich ganz der Mutter hinzugeben, dem Weiblichen in Gestalt Marias, der schwarzen Madonna, der Mutter Erde- und Empfindungen höchster Liebe durchfluten ihn nun tagelang. Er sieht diese Vorgänge psychologisch als endgültigen Durchbruch zum Weiblichen. Später notiert er: *Ich bekam dieses Gefühl von Advaita, Nicht-Zweiheit. Die Teilungsmauern zwischen den Dingen sind hinweggebrochen und alles ist ineinandergeflossen.*

Wir alle haben ja tief im Innern das Gefühl, dass die ganze Vielgestaltigkeit des Seins in der Einheit des Einen, in dieser nichtdualen Beziehung enthalten ist- weder eins noch zwei.

Die Dreifaltigkeit erscheint mir inzwischen als der Schlüssel zum Verständnis des Lebens. Aus dem Vater- der Quelle, dem Ursprung, aus Sunyata, dem Urgrund des Seins, der Leere, kommt das Wort, die Weisheit, das Licht, die Sonne. Es ist eine nichtduale Beziehung. Der Sohn ist nicht der Vater, der Vater ist nicht der Sohn. Doch sie sind auch nicht getrennt. Dies ist ein Schlüssel für das Leben, da wir heute das ganze Universum im Sinne dieser wechselseitigen Beziehung betrachten.

(Bede Griffiths, Die Hochzeit von Ost und West)

Er verweist auf den berühmten Physiker David Bohm, der von einer impliziten (eingerollten) Ordnung spricht, die sich durch alle Dinge zieht sowie die Parallelen in der Wahrnehmung der großen Religionen des Ostens, die alle vom universalen MENSCHEN sprechen,- vom Adam Kadmos in der jüdischen Tradition, vom Purusha in der hinduistischen und vom Logos in der christlichen Überlieferung.

Die Bedeutung der christlichen Trinitätslehre, so sieht es Griffiths, ist eine Kommunion der Liebe. Die höchste Realität zeigt sich als differenzierte Einheit, eine interpersonale Beziehung und dynamische Evolutionsspirale, wie sie Teilhard de Chardin aus westlicher und Sri Aurobindo aus östlicher Sicht beschrieben haben. ‚Sünde' ist hierbei allein die Verweigerung der Rückkehr zum Ursprung, das Festhalten am Ich; Gnade die Hinwendung zur Liebe, zur Agape Gottes, die sich in jedem Moment der Schöpfung neu offenbart.

Seine letzten Lebensjahre sind geprägt von vielen Reisen, öffentlichen Vorträgen und Ehrungen. Bede Griffiths ist zu einer überragenden Gestalt der interreligiösen Tiefenökumene geworden. Seine Bücher sind inzwischen weltweit bekannt. Mit dem Dalai Lama verbindet ihn eine herzliche Freundschaft. In einem letzten Gespräch mit dem Oberhaupt der tibetischen Buddhisten legt er diesem den Unterschied des christlichen Glaubens zur Reinkarnationslehre dar. Griffiths spricht von dem tiefen persönlichen Band zwischen dem individuellen Geschöpf und Gott im christlichen Verständnis, von der persönlichen Nähe, wie Jesus sie ganz unmittelbar empfunden hat. Ein Glaube an die Wiedergeburt würde diese besondere Beziehung zum Schöpfer untergraben, so sein Fazit. Der Dalai Lama, so der Benediktinerpater, fand diese Erklärung zutiefst überzeugend.

Immer wieder, intensiviert durch seinen Schlaganfall, beschäftigt ihn das Thema von Chaos und Ordnung. Die Schöpfung ist für ihn Chaos in Gott, fruchtbares Dunkel, das Licht gebiert. Dabei bezieht er sich auf die Ergebnisse der modernen Naturwissenschaft mit ihrer holistischen Interpretation des Universums. Capra, Rupert Sheldrake, Ken Wilber sind ihm wichtige Zeugen, gerade auch für den transpersonalen Evolutionsprozeß. Erleuchtung sieht er als die Vereinigung göttlicher Realität mit dem Chaos des Lebens. Christi Leben und Sterben ist ihm dieser totale, vorbildliche Durchgang durch das Chaos zur höchsten Realität Gottes. Daher erscheint ihm nun die Zeit nach dem Schlaganfall als die wichtigste seines ganzen langen Lebens. Er empfindet sich in einem Prozeß kontinuierlicher Transformation, ohne eigentlich genau zu wissen, was geschieht.

Ein zweiter Schlaganfall und eine dazukommende Lungenentzündung setzen dieser letzten Evolution seines Lebensweges im April 1993 ein plötzliches Ende. Er stirbt in den Armen seines treuesten Weggefährten Pater Christudas, der später die Leitung des Ahramas von Shantivanam übernehmen wird. Für Griffiths lag die Zukunft darin, dass der Osten und der Westen zusammenkommen. Gleichzeitig stellt er fest:

Privat widerstrebt es mir immer, zu sagen, dass ich in Indien vollkommen inkulturiert sei- ich bin es, was meine Lebensweise betrifft, doch will ich beileibe kein Inder sein. Ich möchte sehr wertvolle Dinge von meiner eigenen europäischen Kultur weitergeben. Ich glaube, dass der Geist der Demokratie, an dem es hier auf weiten Strecken fehlt, etwas außerordentlich Wichtiges ist. Es gibt so viele Maßstäbe, die wir von Kindesbeinen angelernt haben, und Indien hat sie noch nicht gelernt. Ich glaube, es ist an der Zeit, dass ein allseitiger Austausch stattfindet.

(John Swindell, A human search, Bede Griffiths)

Raimund Panikkar: Grenzgänger zwischen Europa und Indien. Ein Gespräch

Gibt es in Ihrer frühen Jugend oder Kindheit schon Anzeichen für dieses enorme Spektrum interreligiöser Begegnung, das Sie im Laufe Ihres Lebens entwickelt haben? Ist die Tatsache, dass Sie eine katholisch-spanische Mutter und einen indischen Vater hatten, eine Wegführung gewesen in diesem Zusammenhang?

Panikkar:

Ich kann das nicht bestätigen, aber ich kann das auch nicht leugnen. Ich fühle mich frei; das Bild einer mehr oder weniger biologischen, kulturellen geschichtlichen ‚notwendigen' Entwicklung überzeugt mich nicht ganz. Ich habe mich nie gezwungen gefühlt, aber a posteriori gesehen, von außen her, kann ich nicht leugnen, dass das vielleicht eine gewisse Erklärung dafür ist, dass ich mich von vornherein nicht in einer einzigen Kultur, in einem einzigen Lebensstil eingeschlossen habe. Schon als kleines Kind war ich sehr wahrscheinlich voll bewusst- da ich in Spanien die erste Jugend verbracht habe- dass ich irgendwie verschieden von den anderen Kindern war.

Die englischen Jugendlichen der britischen Schulen in den 20er Jahren, das weiß ich noch, die haben mich verfolgt und die in Spanien mit Steinen beworfen: sie Europäer- ich Inder! War natürlich Spaß, es waren ja kleine Buben; mir ist es gelungen, nicht zu wegzulaufen, sondern stehenzubleiben und da haben sie aufgehört damit. Das war ganz spontan. Das mag so gewesen sein, damit ich einsehe, dass ich irgendwie nicht ganz reinpasste ins System. Ich versuchte mich anzupassen als Kind einer katholischen Erziehung gemäß derer, jetzt habe ich fast Scheu das zu sagen, aber nach der gewöhnlichen vulgären Interpretation der engen katholischen Lehre, mein Vater in die Hölle gehen sollte. Mein Vater war eine großartige Figur, nicht nur weil ich ihn liebte, obwohl er ja nicht vollkommen war nach Ansicht der Kirche. Er war ja Hindu.

Gab es in Ihrer Familie deshalb Diskussionen?

Panikkar:

Nein. Also hier muss ich sagen, mein Vater war Hindu, aber er war westlicher als vielleicht meine Mutter. Und meine Mutter war eine großartige, großzügige Dame, die diese geistige Großzügigkeit- schon zu Anfang des vorigen Jahrhunderts- als eine Selbstverständlichkeit ansah; und gleichzeitig war sie eine, im besten Sinne des Wortes, fromme Katholikin. Aber mit einer großen Toleranz und Aufgeschlossenheit.

Sie gingen sicher in eine katholische Schule und in die katholische Kirche. Gab es auch hinduistische Rituale, die zu Hause vollzogen wurden?

Panikkar:

Nein, gar keine. Also, ich weiß nicht, ob ich das jetzt richtig formuliere; ich meine nach so vielen Jahren ist es nurmehr eine Erinnerung, diese Anziehungskraft des Mysteriums, das ich in Christus verkörpert sah. Christus war damals für mich das Hauptsymbol, obwohl, von meiner Mutter her, Christus nie so verehrt wurde, dass er als ein Monopol der Christen oder Katholiken, angesehen war. Ich habe in Christus das Hauptsymbol des Mysteriums gesehen, des göttlichen und menschlichen Mysteriums, denn die Welt ist ja auch ein Geheimnis; sie mischt sich ein, sie ist mehr als ein naturwissenschaftliches Geheimnis, mehr als nur ein menschliches Enigma, sie ist ein göttliches Geheimnis. Und Christus, dieses Symbol des menschlichen und des göttlichen Geheimnisses, ist, was mich zum Priestertum angezogen hat.

War nun die Erfahrung mit der damaligen Theologie, mit der damaligen Kirche, nach dem Durchgang des Studiums der Naturwissenschaften und der Philosophie, befriedigend genug, um sagen zu können, jetzt endlich bin ich da, wo ich sein will?

Panikkar:

Zuerst muss ich sagen, dass ich diese drei so verschiedenen Fächer studiert habe, nicht weil ich beispielsweise enttäuscht von der Naturwissenschaft war, aber ich sagte mir, es fehlt noch etwas, und dann bin ich zur Philosophie gegangen. Und mit der Philosophie war es genau dasselbe, so bin ich zur Theologie gekommen. Und da ich immer den religiösen Virus hatte und nachdem ich sah, dass auch viele meiner Freunde in Spanien im Krieg gefallen waren, und andere gelitten hatten,. sah ich für mich die religiöse Berufung als Priester, das hat für mich die größte Anziehungskraft gehabt hat.

Wann wurden sie geweiht?

Panikkar:
1946 bin ich als Priester geweiht worden, in Spanien von dem Patriarchen des westlichen Indiens. Anschließend bin ich sehr lange in Rom gewesen.

Also im Zentrum der abendländischen Theologie. Was für ein Eindruck machte die Stadt damals auf Sie dieses Rom, das religiöse Zentrum der Christenheit im geistigen wie im materiellen Sinne?

Panikkar:
Da ich anscheinend immer diese philosophische Neigung gehabt habe, verstand ich die anderen Studenten wohl in ihrer Bewunderung der offiziellen römischen Theologie; aber ich war von ihr nicht überzeugt, doch auch nicht enttäuscht. Irgendwann dann habe ich die Tiefe der christlichen Tradition gefunden- nicht die der Lehrbücher, oder der Katechismen; nicht, was die Professoren uns vortrugen. In dem Moment habe ich nicht nur die mystische, sondern auch die metaphysische Seite der ganzen Scholastik studiert und mich von ihr genährt. Und da fand ich diese großen Genies, die erstens alles andere als dumm waren und zweitens nicht einseitig.

Kam die Inspiration durch das Studium oder gab es noch andere Quellen?

Panikkar:
Die Quelle war mein Leben und war vielleicht meine Frömmigkeit, wenn Sie wollen und meine Liebe zu Christus oder mein Verhältnis zur Eucharistie. Aber wenn man entdeckt, dass die Kirche

von sich selbst sagt, dass sie vor der Entstehung des Mondes und der Sonne gegründet worden ist, dass sie am Anfang des Kosmos war als ein reines Mysterium,- dann kann man aufatmen, und wenn man dann den Kleingeist der Leute sieht, ihre Zankereien und diese Unvollkommenheit der Menschen,- das hat mich dann nicht mehr skandalisiert. Ich wusste ganz genau, dass die Kirche selbst sich als „casta meretrix" versteht.

Das heißt?

Panikkar:
die „keusche Prostituierte"

Wann kam zum ersten Mal die Öffnung des Horizontes in den interkulturellen Raum hinein?

Panikkar:
Von Anfang an: Als ich aus vielen Gründen, die jetzt hier nicht zur Debatte stehen, fast resigniert hatte, in Spanien bleiben zu müssen und nie nach Indien zu kommen, da ergab sich plötzlich doch die Gelegenheit, aber auf eine ganz zufällige, mysteriöse Weise. Und das war natürlich meine Wiedergeburt. In Indien habe ich mich in die vedische Spiritualität vertieft; ich gehe also in diesem jetzigen existentiellen Inkarnationsversuch in den Spuren der Religionen meiner Vorväter.

Können Sie kurz schildern, wie dieser erste Geschmack von Indien war, auch der sinnliche? Indien ist ja ein Kontinent, in dem die Sinne in einem außerordentlichen Maße beeindruckt werden.

Panikkar:
Nahezu sechs Jahre habe ich nichts anderes getan als mich

dort zu vertiefen. Ich habe Pilgerschaften gemacht, ich bin überall als ein unbedeutender Reisender gewesen, der überhaupt nichts wusste– in Indien war ich einer unter Tausenden von Leuten. Ich habe alles mitgemacht und langsam entdeckte ich, dass ich dahin gehöre, ohne aufzuhören, was ich vorher war.

Ohne aufzuhören Christ zu sein?

Panikkar:
Das ist dieser Satz, der sehr oft zitiert wird: ‚Ich ging nach Indien als ein Christ, ich entdeckte mich als ein Hindu, ich bin als Buddhist geweiht worden und ich kehrte zurück, ohne aufgehört zu haben, Christ zu sein.' Und ich meine, ein besserer Christ als vorher.

Das Niederschrift ihres Buches: ‚Die vedische Erfahrung' hat zehn Jahre gedauert. Was hat das mit Ihnen gemacht?

Panikkar:
Ich träumte mit den Veden, ich hab mich von diesen Veden genährt. Ich habe die Veden genossen. Ich habe die Veden gelitten, und man hat daher gesagt, dass meine Übersetzung in einem gewissen Sinne vielleicht die beste ist, weil sie gleichzeitig den Geist widerspiegelt, denn sie ist keine wortwörtliche sklavische Übersetzung sondern in modernem Englisch.

Sie sind einer der großen Zeitzeugen des letzten Jahrhunderts und schauen noch in dieses neue Jahrtausend hinein. Sie hielten Professuren an diversen Universitäten – Benares, Harvard, Santa Barbara – und sie sind vor allem ein Grenzgänger in verschiedenen Kulturen: Europa, Indien, Amerika. Sie haben ja neben den vielen, vielen Büchern, die Sie veröffentlicht haben, unter anderem auch dieses große Buch über den Buddhismus geschrieben:

Das Schweigen Gottes, ein nicht so einfaches Werk. Wie würden Sie, in der heutigen globalisierten Welt lebend, nun Interkulturalität beschreiben als Christ, als Hindu und Buddhist?

Panikkar:
Zuallererst: ich nehme die sogenannte Globalisierung nicht an. Die Globalisierung ist die Globalisation einer kleinen, winzigen Elite, die sich dünkt, die Welt zu beherrschen und die wirtschaftlich wirklich die Welt beherrscht. Aber die Wirtschaft ist nur eine Dimension des Menschen, und der Mensch ist mehr als ein geschichtliches Wesen. Deshalb: mir ist die Globalisierung wohl eine Tatsache. Ich nehme sie dennoch nicht an. Schon Plinius, wenn ich mich nicht irre, sagte, dass die Sklaven gezwungen sind, die Sprache der Herren zu reden. Und ich fühle mich frei und fühle mich nicht gezwungen, die Sprache der Herren zu reden. Und die Sprache der Herren heißt: unterentwickelte Völker, heißt Globalisierung, Kapitalmarkt, Ökonomie – und das ist nicht meine Sprache. Ich weigere mich, ich mache à la Gandhi eine passive Resistenz. Wenn Sie so wollen, hat das auch eine politische Dimension.

Was heißt also heutzutage dann, eine interkulturelle Existenz zu führen?

Panikkar:
Zuerst, die Kulturen ernst zu nehmen. Die Kulturen sind keine Folklore. So etwa, wie man hier ein bisschen indische Küche, siamesische Tänze und so weiter hat und sich vergnügen kann. Nein, die Kulturen sind die Umwelt einer gewissen Menschheit, die Denkweisen, die Art und Weise, die Welt zu schmecken, zu sehen, zu interpretieren. Und deshalb, wenn man nur von einer einzigen Welt und einer einzigen Ethik redet – das ist völliger Kolonialismus. Das Wesen des Kolonialismus ist der Monokulturalismus,

der glaubt, dass man diese enorme Verschiedenheit der Menschheit so irgendwie verstehen könnte. Nicht mal verstehen; denn wenn ich sage, dass ich Sie nicht verstehe, bin ich näher an ihr dran, als wenn ich sage, ach ist das ein lieber Mensch, aber der ist leider ganz falsch.

Wir wissen, dass der Buddhismus eine große Attraktion hat zum Beispiel gerade im Westen. Wie stehen Sie aus Ihrer eigenen Erfahrung als Christ zu diesen anderen Religionen, die nun auch in Europa und den USA unwiderruflich aufgetaucht sind? Das betrifft auch die Frage, in welcher Weise die vedische Erfahrung, die buddhistische etc. ihr Christsein vertieft, erweitert, verändert hat?

Panikkar:
Indem ich die Idolatrie der Etiketten überwunden habe. Wenn Sie mich als Christ bezeichnen, fühle ich mich nicht ganz wohl. Wenn Sie mich als Hindu bezeichnen, fühle ich mich nicht ganz wohl. Bezeichnen Sie mich als Mensch – ein Mensch, der aus verschiedenen Quellen sich genährt und getrunken hat und seine eigene Persönlichkeit entwickelt hat. Wir sind Opfer des Nominalismus, indem wir überall Etiketten hinkleben und meinen, die Etiketten sind die Sachen. Ein Christ zu sein, heißt nicht notwendigerweise ein Fanatiker oder ein Mitglied eines Clubs oder einer Gesellschaft zu sein; wie ich vorher sagte, die Kirche ist nicht ein Club, sie ist etwas ganz Anderes. Und genauso ist es mit anderen Traditionen. Warum soll ich mehr nach meiner Mutter oder meinem Vater gehen, sozusagen fifty-fifty;- nein – ich bin ich. Ob ich die Synthese erreicht habe, das weiß ich nicht. Ich habe die Ehre gehabt, eine von den drei Personen zu sein, die 1959 den jungen Dalai Lama in Indien empfangen hat- ein buddhistisch-indischer Mönch, ein Bürgermeister und ich. Für den Dalai Lama sind Religionen Parallelen, die sich nur im Unendlichen treffen.

Dennoch bezeichnet er sich als Buddhist, tibetischer Buddhist und auch Sie sind noch in der katholischen Kirche. Sie sind weiterhin Priester. Also Sie haben sich sozusagen auch im äußeren Rahmen weiterhin zum Christentum und zur katholischen Kirche bekannt. Es ist Ihnen anscheinend nicht ganz egal, ob Sie auch Hindu oder buddhistischer Mönch sind; es gibt doch eine Entscheidung zu sagen, ich bleibe in der Kirche.

Panikkar:
Es gibt eine Akzeptanz meines Karma, wenn Sie so wollen. Ich bin, was ich bin, und was ich geworden bin. Und es ist nicht meine Entscheidung. Auch als ich zum Priester geweiht worden bin, -meine Kameraden damals nannten mich Priester nach Melchisedek. Nach dem Priester vom Melchisedek bin ich ja geweiht worden, nicht nach dem Christus des Moses. Melchisedek war weder Jude, noch glaubte er an Jahwe. Nach diesem Ritus bin ich geweiht worden. Das ist interessant. Und die Initiation muss konkret stattfinden. Sonst bleibt man an der Schwelle der Tür der Initiation stehen. Ich bin nicht Priester nur für Katholiken, ich bin Priester für jeden! Das ist etwas ganz Anderes. Hier sollte man die indische Spiritualität vertiefen, um diese Dinge zu verstehen. Denn es ist eine gewisse Verzerrung im Bild des Christentums und im Bild sämtlicher monotheistischen Religionen, die nur das verstehen, so es etwas Anderes von Anderem ist, akademisch ausgedrückt. Das Prinzip der Identität ist aber das Prinzip der Differenziertheit. Was bin ich, was du nicht bist?

Wenn Sie heute den interkulturellen Dialog sehen, also die Tatsache, wie viele Menschen zum Beispiel zu den Auftritten des Dalai Lama kommen oder eines berühmten vietnamesischen Mönches wie Thich Nhât Than; was würden Sie- aus Ihrer weiten Perspektive- diesen Menschen sagen, die möglicherweise schon gar nicht mehr Christen sind, aber doch hier in der abendländisch-europäischen Tradition aufgewachsen und in einer globalisierten Welt leben und diese Attraktion für einen neuen spirituellen Raum spüren? Was würden Sie Ihnen vermitteln?

Panikkar:
Die wichtigste Sache ist, in einer gewissen Weise, dass wir jetzt Zeuge dieser gegenseitigen Befruchtung sind. Das Christentum allein erstickt, es braucht die Anregungen, braucht den Sauerteig der Buddhisten und all dieser Konvertiten, die Christen bleiben und trotzdem Buddhisten sind und als Sauerteig für eine Erneuerung der religiösen Tradition Europas wirken. Also, diese Konversionen, wie oberflächlich sie manchmal scheinen, sind doch oftmals aufrichtiger als gewöhnlich, und werden so die Katalysatoren einer gegenseitigen Befruchtung. Wenn die Religionen sich abschließen, ersticken sie.

Nun sehen wir ja, dass im Westen sehr viele Menschen sich auf der einen Seite als Atheisten bezeichnen würden, durchaus aber über viele religiöse oder spirituelle Erfahrungen verfügen aber sie nicht mehr mit der Tradition eines klassischen Christentums verbinden können bzw. wollen. Sie versuchen, sich neu zu orientieren. Können wir sagen, dass diese Menschen auf ihrem religiösen Weg jenseits der Kirchen oder religiösen Traditionen den religiösen Weg ohne die Tradition gehen sollten?

Panikkar:
In Spanien pflegt man zu sagen: Gott sei Dank bin ich Atheist. Und ich sage, Gott sei Dank bist du Atheist – natürlich. Gewöhnliche Atheisten sind Antitheisten. Sie sind nicht Atheisten, sondern Antitheisten; sie sind wirklich enttäuscht von den institutionalisierten Religionen. Und hier kann ich ihnen nur beipflichten, ich kann ihnen nur gratulieren: ‚Genau! Es ist höchste Zeit, dass du dich befreist. Und dass du die mystische Seite, die

tiefste Seite deiner Religion, was immer das sei, findest'. Der Untertitel der neuen Auflage vom Schweigen Gottes, das auf Spanisch viel besser übersetzt ist, führt den Satz 'Einführung in den religiösen Atheismus'. Und es ist wirklich eine Einführung in den religiösen Atheismus. Und deshalb bin ich sehr optimistisch – denn es ist eine von den wenigen Zukunftszeichen unserer Zeit, – dass man mit der alten Tradition unzufrieden ist und etwas anderes sucht. Ob das oberflächlich ist oder tiefer oder aufrichtig oder nicht, das spielt, soziologisch, keine Rolle.

In diesem Zusammenhang wollen wir noch ein wichtiges Thema ansprechen. Wenn wir über die Weiterentwicklung des Christentums insgesamt nachdenken, sind Sie einer der Vordenker einer neuen trinitarischen Wahrnehmung.

Panikkar:

Ich glaube, dass das die älteste christliche Auffassung ist. Es ist bezeichnend, dass in den ersten drei Jahrhunderten der Verfolgungen die Trinität das Hauptdogma war. Im besten Sinne des Wortes. Nach der konstantinischen Wende, war die Trinität vorbei, und meine Vermutung ist – das ist natürlich ein böser Gedanke,- aber ich kann es dennoch beichten,- dass man mit der Trinität die Monarchie nicht rechtfertigen kann. Mit dem Monotheismus kann man eine Monarchie rechtfertigen und ein Gottesreich und ein Papsttum und alles Mögliche. Und eine pyramidale Struktur der Wirklichkeit. Und deshalb glaube ich, dass die Trinität die Uranschauung des Christentums ist. Und Christus ist zu recht verurteilt worden, weil sein Gottesbild unverträglich mit dem Gesetzes glauben der Zeit war. Und daher scheint mir, ist die Zeit jetzt reif dafür- und hier bin ich wahrscheinlich nicht der Einzige- die Trinität ernst zu nehmen. Trinität ist kein Tritheismus und Trinität ist kein Monotheismus; die Trinität hat etwas viel Revolutionäreres an sich, nämlich, dass

Gott oder das Göttliche keine Substanz sind. Wenn das Göttliche eine Substanz wäre, dann wäre die Trinität ein Tritheismus, ein Dreigöttertum. Was von der Tradition selbst immer geleugnet worden ist.

Was heißt das also?

Panikkar:
Dass Trinität göttliche Beziehung ist, reine Beziehung, in die wir auch eingeschlossen sind. Die radikale Trinität ist, was ich die kosmotheandrische Anschauung nenne, wo das Göttliche ein Bestandteil dieser Beziehung ist, in der der Mensch auch und die Materie auch, also der Kosmos, eingeschlossen sind.

In der heutigen Zeit, mit dem Gefühl der großen Krise und dem Gefühl einer Zäsur, die im 21. Jahrhundert für uns- Stichwort 11. September- eingetreten ist, was kann der interreligiöse Dialog, was kann eine trinitarische Existenz in dieser Zeit einbringen?

Panikkar:
Vieles! Zuerst – den 11. September nicht zu ernst nehmen. Ein Slogan für das Imperium; wenn man das so schluckt, ist man schon ein Opfer der Globalisierung, an die ich nicht glaube. Zweitens- den Mythos der Geschichte überwinden. Also die Geschichte geht zu Ende in einer Katastrophe. Wenn der Mensch nur ein geschichtliches Wesen wäre, dann ist keine Hoffnung da. Aber in jedem Menschen liegt etwas, was über die Geschichte hinausgeht, außerhalb der Geschichte da ist. Und wenn du siehst, dass ein einfacher Mensch glücklich sein kann oder dass ein Mensch sogar im Sterben glücklich sein kann, dann erkennst du diese Dankbarkeit gelebt zu haben. Zum großen Fest des Lebens eingeladen zu sein und teilgenommen zu haben, das ist das große Geschenk!

Dass jeder sterblich ist, das weiß ich. Das ist für mich nicht ein Grund zur Traurigkeit; dass die Kulturen auch sterblich sind, die Erde, der Planet, alles- wussten wir das nicht? Sind wir so unentwickelt, dass wir das nicht verdaut haben? Aber wenn die Religion nicht diese mystische Dimension nährt, dann ist sie nur Ideologie. Und deshalb- die größte Epidemie der Neuzeit ist die Oberflächlichkeit. Oberflächlichkeit, weil wir keine Zeit mehr haben, uns ein bisschen hinzusetzen, zu denken, zu meditieren, uns selbst zu finden und Zeit sogar für die Liebe zu haben, ja, ja, gerade dafür! Wir sind alle beschleunigt, hineingeschleudert in eine immer beschleunigtere Welt.

Sie glauben also weiterhin an die frohe Botschaft der Auferstehung?

Panikkar:
Aber selbstverständlich. Und Auferstehung heißt nicht später. Das heißt: Wenn ich mein Ego, und jetzt nehme ich das wortwörtlich, nicht sterben lasse, werde ich nie aufstehen. Auferstehung heißt nicht, dass ich vollkommen bin, Auferstehung heißt nicht, dass ich an das platonische Dogma der Unsterblichkeit der Seele glauben muss – sondern, dass ich ein neues göttliches Leben in mir erlebe. Aber wenn die Zeit nur eine Autostraße ist, die bis zum Nichts, zum Himmel, zur Hölle oder zum Paradies oder zur klassenlosen Gesellschaft führt, dann bin ich nur – um Goethe zu zitieren – ein dunkler Gast auf dieser dunklen Erde. Wenn die Religion mich nicht dazu bringt, mich selbst zu finden, um die Wirklichkeit zu entdecken, dann ist sie sinnlos.

Zum Abschluss: gibt es für Sie- bei diesem großen Hintergrund, mit dieser großen weiten Erfahrung, die Sie gelebt haben – ein Fazit?

Panikkar:
Ja und nein. Ja, indem jeder Moment, jeder Augenblick mein Fazit ist. Im Evangelium steht: Hab keine Angst vor der Zukunft, sorge dich nicht um morgen, jeder Tag hat eine Botschaft, eine Freude und ein Leid. Also, kein Fazit für später; mein letzter Schritt ist einfach der Schritt nach dem vorletzten. Meine Hoffnung ist nicht auf die Zukunft gerichtet. Die Hoffnung gilt nicht ihr, die Hoffnung gilt dem Unsichtbaren, das Jetzt ist. Wenn ich mein ganzes Leben Jetzt nicht erleben kann, dann macht die Zukunft keinen Sinn.

Also ist auch der Tod nur ein weiterer Schritt?

Panikkar:
Der Tod ist mein letzter Schritt in dieser Gestalt, aber das wussten wir auch schon. Dazu braucht man gar keinen Glauben und keine Religion, um zu erkennen, dass wir sterblich sind. Doch das Johannes-Evangelium sagt: ‚Ich kam, damit sie (die Menschen) Leben haben, Leben in der Fülle.'

Das Tao der Bergpredigt. Eine dialogische Übung

Der Sinn, der sich aussprechen lässt, ist nicht der ewige Sinn.
Der Name, der sich nennen lässt, ist nicht der ewige Name.
Nichtsein nenne ich den Anfang von Himmel und Erde.
Sein nenne ich die Mutter der Einzelwesen.
Darum führt die Richtung auf das Nichtsein zum Schauen
des wunderbaren Wesens, die Richtung auf das Sein
zum Schauen der räumlichen Begrenztheiten.
Beides ist eins dem Ursprung nach und nur verschieden
durch den Namen.

In seiner Einheit heißt es das Geheimnis.
Des Geheimnisses noch tieferes Geheimnis ist das Tor,
durch das alle Wunder hervortreten.

So steht es in dem berühmten Büchlein *Tao Te King* des chinesischen Weisen *Laotse* geschrieben. Wer allerdings im Alltagsleben von mystischer Erfahrung hört oder liest, setzt diese oft genug zu hoch oder zu tief an; sie scheint dem gewöhnlichen Bewusstsein so fern, dass die Maßstäbe zu versagen drohen. An diesem Vorurteil scheitert häufig der Kontakt zu religiösen Schriften oder den Biographien von Propheten und Erleuchteten, deren Leben von solchen Erlebnissen gezeichnet war. Was in der Bibel oder im Tao Te King als hehr und heilig gilt, mutet uns, aus Freundes Mund gesprochen, schon eher blasphemisch oder bloß überspannt an. Warum eigentlich? Leonard Cohen, berühmter Liedermacher der 60iger Jahre, gibt in einem seiner Songs eine Antwort darauf:

‚If you are not feeling holy you are lonely and lost'. ‚Wenn du dich nicht heil/ganz fühlst, bist du einsam und verloren.' Mit diesen Worten legt er den Finger auf die Wunde eines aufgeklärten aber transzendenzlosen Westens.

Es sieht so aus, dass es den meisten Menschen nicht nur schwerfällt sondern unmöglich erscheint, die Alltäglichkeit ihrer Erfahrungen mit dem zu verbinden, was man das Göttliche nennt. Das Eigene ist zu banal. Meister Eckehart: Ja! der heilige Franziskus: natürlich! Laotse: offenkundig! Aber wir? Mit unserem anstrengenden Durchschnittsleben. Wie kommen wir dazu? Die Antwort müsste wohl lauten: genau wie jene Heiligen auchdenn sie atmeten die gleiche Luft, lebten in der gleichen irdischen Sphäre wie wir, die ihnen wie uns ständig unvermutete Botschaften zuträgt. Doch wie es ausschaut, lieben wir Überraschungen nur begrenzt. Sie könnten irritieren, Glaubenssätze durcheinanderbringen. Sich für Neues, Unbekanntes zu öffnen, setzt Vorurteilslosigkeit voraus, einen offenen Raum der Wahrnehmung, wie in dieser Beschreibung des großen indischen Poeten *Tagore* in seinem *Tagebuch:*

Während ich den Sonnenaufgang beobachtete, schien sich plötzlich ein Schleier von meinen Augen zu heben: Ich stand auf der Veranda und schaute den Kulis zu, die die Straße entlang eilten. Ihre Bewegungen, ihre Gestalt, ihre Mienen erschienen mir seltsam wunderbar, als ob sie sich wie Wellen im großen Ozean der Welt bewegten. Als einer der jungen Männer seine Hand auf die Schulter eines anderen legte, war dies ein bemerkenswertes Ereignis für mich. Ich schien in der Ganzheit meiner Vision Zeuge der Bewegungen des Körpers der ganzen Menschheit zu werden, und fand die Welt in unbeschreibliche Herrlichkeit gehüllt, mit ihren Wellen der Freude und Schönheit, die sich überall brachen.

Soll man davon ausgehen, dass solch ein offener Raum, in dem Bäume wachsen, die jeder sehen kann, in dem andere Menschen gehen, die eigenen Gedanken wandern, Gefühle schwingen, Freuden und Schmerzen zum Ausdruck kommen, derselbe ist für jene Heiligen wie für uns Heutige? Unbedingt! Er hört nicht an meiner Hautgrenze und auch nicht an meiner Zeitgrenze auf, dort findet nur jeweils der Übergang in ein dichteres Medium statt: der Atem geht weiter, die Geräusche pflanzen sich in mich hinein fort, die Gedanken, die Wünsche, die Bilder, die ganze Welt eben! Indem wir diese Sphäre nicht weiter über unseren Verstand bestimmen sondern eher als ein hochfrequentes Schwingungsfeld durch unsere Sinne und unser Herz erfühlen, folgen wir einem anderen Orientierungsmuster, das uns tiefer, umfassender in dies unsichtbare Universum hineinführt als die dem logischen Denken so benachbarten Augen. Der Benediktinermönch *David Steindl-Rast* schreibt hierzu in seinem Büchlein *Fülle und Nichts:*

Unsere inneren Augen öffnen sich dem Überraschungscharakter unserer Welt im gleichen Moment, da wir aufwachen und aufhören, alles als selbstverständlich zu erachten. Überraschung ist nicht mehr als der Anfang jener Fülle, die wir Dankbarkeit nennen. Wenn wir erst einmal in dieser Weise aufwachten, dann können wir uns bemühen, wach zu bleiben.

Das klingt ebenso einleuchtend wie schwierig, fast schon etwas mystisch. In der aramäischen Fassung der Seligpreisungen nach Douglas-Klotz heißt es: ‚Selig die, deren Atem eine leuchtende Sphäre schafft- ihnen gehört das Himmelreich.'

Hier zeigt sich eine Spur, die über das logische Denken nur schwer eingängig ist, die eine an Empfindung orientierte Wahrnehmung jedoch unmittelbar nahelegt: Die geistige wie materielle Einheit des Universums, das mit mir entstanden ist, mich und alles andere umschließt und durchflutet. Etwas, das uns die Ergebnisse moderner Physik und die systemische Weltsicht seit mehr als einem dreiviertel Jahrhundert zeigen: das alles mit allem verwoben ist, sich im Anderen spiegelt; mehr noch: immer Eines und Anderes gleichzeitig ist. Jeder, der in diesen Dingen komplizierte und abstrakte Theologien und Philosophien gewöhnt ist, vergisst allzu leicht, dass gerade Einfachheit und Unverstelltheit die Ausgangspunkte für höchste mystische Einsichten sind, die im Nachhinein auf Grund ihrer Selbstverständlichkeit logisch kaum nachvollzogen werden können; es sei denn in einem japanischen Haiku wie diesem: ‚Das Rauschen des Wassers spricht, was ich denke', oder: ‚Während ich sitze und nichts tue, wird es Frühling, und das Gras sprießt.'

Können wir die Seligpreisungen der Bergpredigt so sehen, können wir Jesu Gleichnisse so verstehen wie die Gedichte des Chinesen Chuang Tse? Wem Solches im Ansatz gelingt, der hat vielleicht eine geistige Revolution vollzogen und sein Christentum mit den großen Geistern des Ostens zu versöhnen begonnen, indem er die einfache, organische Grundstrukur eines spirituellen Lebens wiederentdeckt hat. *Alan Watts,* der große englische Religionsphilosoph, schreibt in seinem wunderbaren Buch *Der Lauf des Wassers:*

Die Bilder, die für das Tao gebraucht werden sind mütterlich, nicht väterlich; es hat die passive Kraft, die man an Frauen immer gerühmt hat; man könnte sagen, dass seine Schwere seine Energie ist: Also ist das Tao der Rhythmus, der Fluß, das Treiben oder der Prozeß der Natur, und ich nenne es den Lauf des Wassers.

In einer anderen Sprache kommt der Amerikaner Douglas-Klotz in seiner Neuübersetzung des Vater Unsers aus dem Aramäischen zu erstaunlich ähnlichen Schlussfolgerungen:

Das Gebet versichert uns, dass unser ursprünglicher Zustand klar und unbelastet ist und dass unsere einfachen Verbindungen zur Schöpfung darauf beruhen, dass wir uns mit jedem Atemzug, den wir tun, gegenseitig freilassen.

Man könnte sagen, dass der Taoismus im Bild vom fließenden Wasser dies ursprüngliche Geschenk des Lebens, das Jesus in das unerhört radikale Gleichnis von den Lilien auf dem Felde setzte, einer schöpferischen Anschauungsweise gerade auch seines eigenen Lebens viel näherkommt als die meisten kirchlichen Theologien. Heiligkeit meint hier wie dort die natürliche Weise organischer Entwicklung. Nur weil wir den Planeten in ein derart raffiniertes Netzwerk von Ausbeutungsregeln eingespannt haben befremdet uns Postmoderne die Tatsache, dass schon die Naturvölker die Erde in erster Linie als ein vorab geistiges System betrachtet haben, das man nicht ungestraft ausbeutet.

Wo also früher Opfer gebracht wurden – und noch heute spricht die Theologie beider großen christlichen Konfessionen vom Opfertod Jesu- weist dieser selbst in eine ganz andere Richtung: ‚Barmherzigkeit will ich, keine Opfer' heißt es im Matthäus-Evangelium. Ist nicht mit diesem Satz, gesprochen vor 2ooo Jahren, ein Sprung getan, nicht nur aus aller Machtvergötzung heraus sondern ebenso aus jeder sadomasochistischen religiösen Opferideologie, die Karfreitag und das Kreuz in einer falschen Engführung zum Zentrum christlicher Lehre gemacht haben?

Jesu Liebe opfert nicht, sie ist vielmehr unmittelbares Gewahrwerden des gesamten Spektrums der Wirklichkeit, hier und jetzt, in Licht wie Dunkelheit. Darin besteht seine einzigartige Freiheit. Kein Geruch des Perversen, des Gebrochenen ist dabei. Wie schwer also muß es uns fallen, einen Menschen zu verstehen, ja anzuerkennen, der durch keine Akte der Entfremdung bestimmt ist, dessen geistiger Ort sich durch keine Ausgrenzungen mehr definiert, der sich wesentlich im Einklang mit der momentanen Situation befindet, so sehr, dass Jesu Jünger selbst immer wieder von einem Schrecken und Staunen in den Nächsten fallen, Das Tao Te King sagt vom Berufenen:

Er will nicht selber scheinen, darum wird er erleuchtet, er will nichts selber sein, darum wird er herrlich. Höchste Güte ist wie das Wasser: seine Güte ist es, allen Wesen zu nützen, ohne Streit-es weilt an Orten, die alle Menschen verachten.

Barmherzigkeit, in solchem Verständnis, kommt von unten, sie legt sich nicht über den Wehrlosen, sie schöpft im Gegenteil aus der gleichen Tiefe wie dessen Ohnmacht, dessen Preisgegebenheit. Aus diesem Grunde heraus wird sie tragend. Jesu Mitgefühl ist mitnichten eines aus der Vogelperspektive; er wirkt aus dem direkten Impuls, der zielsicher die Grundlosigkeit von Schuld, Angst und Scham offenlegt- nicht durch Logik, vielmehr auf Grund der Anerkennung des Leidens durch Ihn und damit schließlich durch mich selbst, wie im Falle des Gleichnisses von der blutflüssigen Frau: Seit Jahren krank, wagt sie sich in die Menge, die Ihn umringt, berührt zaghaft sein Kleid, aber von hinten, versteckt. Jesus holt sie im wahrsten Sinne des Wortes nach vorne, in die Mitte. Er fordert das große JA heraus, und nennt es Glaube, einfacher noch: Vertrauen. Vom Tao heißt es entsprechend:

Es ist strömend, und läuft in seinem Wirken doch nie über, es hält sich unten. Wer das Unglück des Reiches auf sich nimmt, der ist der König der Welt.

Ebenso beruht Jesu Botschaft der Vergebung in der Bergpredigt auf dieser Wahrnehmung des Weichen, Fließenden: ‚Selig sind die Barmherzigen, die Friedfertigen, die Trauernden, selig die Sanften, die die erstarrte Moral in sich aufgelöst haben', übersetzt Douglas-Klotz.

Deutet sich hier nicht wieder das organische Gesetz eines Laotse an? Mitfühlendes Handeln hat ja nichts mit einer Übermoral zu tun, wie uns sooft weisgemacht wird; es kommt - ganz im Gegenteil - aus der Erkenntnis der Einheit von Ich und Du, vom Quell aller Dinge und des Raumes, wie die würzige Luft, die im beginnenden Frühling dem Erdboden entströmt. Daher kann Jesus sagen: ‚Mein Joch ist milde'! Denken wir daran, dass das Wort Joch etymologisch mit dem indischen Begriff Yoga nahe verwandt ist. Aber nicht als Härtetest für Körper und Seele sondern als Strom eines pulsierenden, offenen Lebensgeistes.

Das erinnert an die Geburtslegende vom unschuldigen Kinde- in der Krippe geboren, im Elendsstall. Versteckt muß es werden vor den großen Mächten. Die Eltern fliehen. Es gibt eine erstaunliche Gegenparallele zu dieser Armutsstory. Das ist die historische bezeugte Geschichte vom großen Weisen Apollonius, der etwa zur gleichen Zeit wie Jesus lebte. Dieser war berühmt für sein esoterisches Wissen, ein Eingeweihter in alle damals bekannten Mysterien; Berater mehrerer Kaiser, deren Cäsarenwahn er umsonst zu zügeln trachtete. Jesu Leben verlief dagegen fast vollständig im Schatten der Öffentlichkeit, – mit Ausnahme der letzten zwei, drei Jahre. Doch in der Sage beugen die östlichen Weisen, von weit hergekommen, ihr Haupt vor dem Kind, das von Herodes zwecks Tötung gesucht wird. Welcher Kontrast!

Da schimmert in der Legende das Motiv des Unten sofort durch, eines Unten, das aus einer völlig anderen Mächtigkeit geboren wird als alle andere, auch weise Macht! Uns Heutige, Nachmoderne, mit allen Katastrophen Gewaschene mutet dies Motiv natürlich naiv und sentimental an; vielleicht nur deswegen, weil wir den wunderbaren Grund nicht mehr auszuloten vermögen, kraft unseres alltäglichen bangen und umso sarkastischeren Realismus.

Die christliche Legende handelt von der ewigen Wiederkehr der Unschuld, die noch jenseits allen Wissens steht, der Einsicht des Narren oftmals näher als der des Weisen. Einzig die so elementare Weisheit eines Laotse rührt daran; er konnte sagen:

Die Dinge werden durch Verringerung vermehrt, Schwachheit ist die Wirkung des Tao. Die, welche die Welt regieren wollen, können es nicht fassen, denn die Welt ist ein geistiges Gefäß; sie kann nicht gezwungen werden.

Letzterer Satz ist für unsere Zeit allseitigen Unheils sicherlich von größter Bedeutung. Alan Watts kommentiert:

Das Tao gilt nicht als Boß oder Schöpfer unseres organischen Universums. Es ist die Grundstruktur der Dinge, aber nicht das erzwungene Gesetz. Die Taoisten sagen also, das Universum als Ganzes ist eine Harmonie von Strukturen, die ohne einander nicht existieren können. Man erhält sich am Besten, wenn man sich reibungslos gleiten lässt, und das ist nichts anderes als die Lehre Christi, sich um den nächsten Tag nicht zu sorgen.

(Der Lauf des Wassers)

Dass die Liebe, die Agape der Rhythmus des Universums sei, so organisch wie unauffällig, eben wie Wasser, welches alles umschließt und durchfließt und dauernd zum untersten Niveau drängt- kann das eine vorwiegend intellektuelle Kultur verstehen, der der organische Geist von jeher suspekt ist?

Wann immer Jesus beispielsweise in seinen Reden an diesen Punkt rührt, wie in der Geschichte der Ehebrecherin: ‚Wer ohne Sünde ist, der werfe den ersten Stein' hört man die Gelehrten schon seiner Zeit stöhnen vor Wut; das ist ihnen zu billig, sie können solche Einfachheit nicht begreifen, so wie sie ihn längere Zeit buchstäblich nicht zu greifen vermochten- er gleitet ihnen schlichtweg wie Wasser durch die Hände. Ihr hartes, dialektisch geschultes Denken läuft ins Leere. Wenn Jesus vom Glauben oder der Liebe spricht, so können wir ahnen, dass er einen Vorgang meint, der so selbstverständlich sein muß wie atmen, gehen oder essen, so natürlich wie der Flug der Vögel. Laotse sagt: *Das Tao ist das, von dem man nicht abweichen kann; es tut nichts und doch bleibt nichts ungetan.*

Wer erinnert sich angesichts solcher Sätze nicht sofort an das Gleichnis vom Senfkorn in den Evangelien: Im Unsichtbaren beginnt es sich zu entfalten, von selbst, ohne bewusstes Zutun irgendeiner sogenannt hilfreichen Hand..

Wenn Jesus vom Reich Gottes, also der Schöpfung, als Samen spricht, etwas so Schlichtem, ohne das aber die Welt nicht vorstellbar wäre, dann ist da keine Religion, kein theologisches System in Sicht. Es gleicht seinem Leben selbst, dass vielen Zeitgenossen, u.a. auch manchen Jüngern, gemessen an ihren Vorstellungen vom Messias, skandalös unspektakulär erschien bezüglich revolutionärer politischer Veränderungen zum Beispiel. Er aß und trank, feierte mit den einfachen Leuten, wanderte umher: kein donnernder Johannes der Täufer, kein weltgewandter weiser Berater wie Apollonius, kein Tafelzerschmetterer wie Moses.

Aber seinem ganzen Wesen muß der Duft einer Güte entströmt sein, die sich wie das fließende Wasser des Laotse seinen Weg bahnte zu allen Menschen, insbesondere den von der Gesellschaft Ausgeschlossenen. Das Wunder des Menschen Jesu liegt vielleicht in dieser Güte beschlossen, dieser alles aufschmelzenden Lichtheit, die aus der Dunkelheit in die Dunkelheit leuchtet, gänzlich unerwartet, und sich doch so selbstverständlich ausbreitet wie das Lächeln des Wiedererkennens der Mutter im Angesicht ihres Kindes. Das Wort Glaube ist hierfür schon zuviel. Dass Jesus auch über andere Weisen verfügte, wissen wir, dank der Schriften, nur zu genau; aber keine klang, zumindest in den Ohren der meisten Christen letztlich so alldurchdringend.

Er spricht kontinuierlich vom Reich Gottes, er versucht, wie alle Erleuchteten, das Unmögliche: etwas zu beschreiben was immer ist, aber nicht von dieser Welt. Im Tao Te King heißt es dazu: *Es gibt ein Ding, dass ist unterschiedslos vollendet; bevor der Himmel und die Erde waren, ist es schon da.*

Es ist leer von allen Eigenschaften, die wir kennen, doch mitten unter uns; es ist den Schwachen, den Kindern leichter zugänglich als jedem Anderen- den Starken, den Klugen, den Mächtigen. Und wodurch zeichnen erstere sich aus? Durch weniger Besitz! Die Kinder verfügen noch nicht das zynische Wissen der Erwachsenen, sie leben spontaner; die Friedfertigen fügen der Welt weniger hinzu, was sie noch mehr belasten würde: Ruhm, Geschichte, Eroberungen. Entsprechend fragt Laotse:

Kannst du deine Kraft einheitlich machen und die Weichheit erreichen, dass du wie ein Kindlein wirst?

Wir wissen andererseits um das kontinuierliche Wechselspiel von Licht und Schatten, und damit auch der Unperfektheit des Menschen. In Reaktion darauf haben viele Gläubige, speziell der monotheistischen Religionen, sich angewöhnt zu denken, dass das Reich Gottes eben irgendwo in der Ferne liegt, eigentlich unerreichbar. Und doch kennen so manche den Geschmack der Selbst-Verständlichkeit des Seins und waren überrascht von der Schlichtheit dieser Wirklichkeit, von der a-religiösen Atmosphäre: nichts Heiliges, eben weil kein Gran Unheiliges darin ist. Vielleicht wie dieses Gedicht des chilenischen Poeten *Pablo Neruda* es beschreibt:

Es ist neun Uhr in der Früh
eines vollkommen makellosen Tages,
blau und weißgestreift, frisch gewaschen und geglättet,
passend wie ein Hemd.
Alle vergessenen Fasern des Holzes, winziger Algen,
Füße von Insekten,
blasse umhertreibende Federn,
Nadeln, die aus der Pinie fallen.
alles strahlt, was es nur kann:
die Zeit hat Sternenduft.
(Viele sind wir, Luchterhand 1980)

Jesus lehrt in seinem Gebet, dass das Reich Gottes, die allumfassende Liebe, plötzlich kommt, ‚wenn unsere Arme sich ausbreiten, um die ganze Schöpfung zu umarmen', wie es im *Aramäischen Vater Unser* heißt. Hier taucht das Bild einer Energie auf, die unvermutet aus dem Offenen erscheint- frisch und unbezwingbar, von einer Leichtigkeit geboren, die jenseits unserer dogmatischen Vorstellungen und religiösen Ideologien liegt. Alan Watts spricht von der angeborenen ursprünglichen Intelligenz des Lebens, das, wie die Lachse und Aale, immer zum Ursprung zurückfindet.

Das macht die Seligpreisungen so revolutionär, dass sie, gleich dem Wasser, von einer spontanen, alles durchdringenden Qualität des Untersten ausgehen- die Welt ist ganz in mir und ich in ihr. Oder, in einem anderen Bild: die Welt als Geliebte, wie die Sufis sagen. Das klassische Beispiel hierzu ist der Satz Jesu: ‚Liebet eure Feinde'. Dass uns diese Liebe so fremd, ja unsinnig, erscheint, hat wohl mit unserem Erschrecken über solche absurden ‚Sprüche' zu tun- sie zerreißen unwiderruflich unsere eindimensionale Logik. Wir spüren ihre Wahrheit, wir sind entsetzt und flüchten in den sogenannten Realismus, der nichts anderes als das Angstkorsett unseres Verstandes ist.

Das Unerträgliche daran ist die Ahnung, das wir ohne die meisten Spielregeln der Moral und Ethik auskommen könnten, nur:

Geht der große Sinn zugrunde, so gibt es Sittlichkeit und Pflicht, kommen Klugheit und Wissen auf, so gibt es die großen Lügen.

So heißt es bei Laotse. Es scheint, dass kaum eine andere religiöse Tradition den Einbruch des Lebendigen Menschen in das Gehäuse des Normalen, ‚der Toten im Leben' so krass schildert wie das Neue Testament. Jesu pure Existenz ist offenkundig eine derartige Provokation, dass sich die meisten in ihrem Dasein, ihrer festen Moral zutiefst erschüttert sehen: Theologen, Priester, politische Machthaber, ja sogar die Dämonen. Kein Eroberer, der so daherkommt, man könnte ihn noch verehren, kein Wissender, man könnte ihm applaudieren, kein Magier, der einen das Zaubern lehrte- stattdessen EIN MENSCH, aus dem die große Liebe, die Agape, so gefährlich aufblitzt, dass doch im Herzen eines jeden klar wird: Dieser ist ein Namenloser, der kommt von einem anderen Stern, dessen Puls ich fatalerweise dennoch zutiefst in meinem eigenen Innern verspüre- die unerträgliche Schönheit und Wahrhaftigkeit des Seins.

Das Ich ist in der Falle, und der Ausweg bedeutet, wie sich so oft in der Geschichte der Menschheit gezeigt hat, eine gefährliche Herausforderung: entweder Ihn aus dem Weg schaffen oder mich selbst von meinem kleinen Ich befreien. Fürchten nicht die meisten den Tod, täglich, stündlich, minütlich; die vielen kleinen

Aufhebungen, Verwerfungen, Durchkreuzungen ihrer Wünsche, Hoffnungen und Pläne? Unterschwelliger Haß auf das Leben, das all das jederzeit mit sich bringt und doch kleben wir wie Honig an ihm fest. Man haßt gerade jene Lebendigen, weil sie unverhüllt ausdrücken, dass mit der Taktik der Anpassung, der Ignoranz nichts gewonnen ist: ‚Wenn Jesus zufällig vorbeikommt, tue so, als seist du beschäftigt', lautete ein genialer Spruch aus vergangenen Hippiezeiten. Wie wahr! Wie wahr auch der Haß auf den eigenen Kleinmut; solch mörderische Wut wird sie immer wieder kreuzigen, die Vision vom Gottesreich auf Erden. Der Psychoanalytiker Wilhelm Reich sprach vom täglichen Christusmord des kleinen Mannes – also von Jedermann/frau! – ‚Vergib uns unsre Schuld, denn wir wissen nicht, was wir tun'.

Daher braucht es dringlicher denn je eine organische Sprache und Anschauung der religiösen Erfahrung, die, wie die Mystik lehrt, oftmals eine ebenso paradoxe wie einfache ist, nahe an den Prozessen der Natur. Erst eine solche vermag Wege aufzuzeigen, Diesseits und Jenseits gerade in der Alltagswahrnehmung schöpferisch zu verbinden. Nicht umsonst heißt es im Buddhismus, dass *Zen-Geist Anfängergeist* sei- also frisch und unverstellt. Alan Watts beschreibt dieses im Taoismus Wu Wei genannte kreative Prinzip folgendermaßen:

Wu Wei ist Nicht- zwingen, mit dem Strich gehen, mit dem Stoß rollen. Das beste Beispiel dafür sind die asiatischen Kampfkünste wie Judo und Tai Chi oder Aikido. Wu Wei ist in erster Linie als eine Form von Intelligenz zu verstehen. Es ist nicht das Vermeiden von Anstrengung. Schwerkraft ist gleich Energie: im Fallen der Schwerkraft konstituiert sich die ungeheure Energie der Erde in ihrem Lauf um die Sonne. (Alan Watts, Der Lauf des Wassers)

Man denke noch einmal an das Bild der Gotteskindschaft. Jesus verweist ja nie auf sich, sondern auf das Unbekannte:

G.O.T.T. Diese Kindschaft, diese Urverbindung hält ihn unten, bei den Ausgesetzten, den Frauen, dem einfachen Volk. Er selbst verlangt nirgends einen abstrakten, theologischen Glauben. Allerdings fordert er auf zu springen, loszulassen von Sicherheiten, vom Taktieren, um in das Meer der Gnade fühlbar eintauchen zu können. In dieser einen Hinsicht ist er rasiermesserscharf. Laotse sagt von einem solchen Menschen:

Der Berufene macht sich nicht groß. Darum vollbringt er das große Werk.

TEIL DREI

GESELLSCHAFT UND MYSTIK

Das Göttliche im Putzlumpen entdecken: Ein Interview mit der Filmemacherin Doris Dörrie

Ihr Film *Hanami, Kirschblüten* hat damals viel Anerkennung auf der Berlinale gefunden. Er handelt von Sterben, Trauer, Verlassen-werden und Wandlung, um ein altmodisches Wort zu gebrauchen. Ein persönliches und auch gesellschaftliches Thema. Wo sehen Sie unsere Gesellschaft bezüglich dieser Stichpunkte?

Dörrie:
Erst mal finde ich Wandlung gar kein so altmodisches Wort. Ich glaube, dass es sehr zeitgemäß ist, weil wir uns alle verwandeln wollen, und weil eine Transformation zu jeder guten Geschichte gehört und zwar auf mehreren Ebenen. Einmal der Transformation der Hauptfigur zuzuschauen ist wichtig, also dass diese auch eine tiefgehende Veränderung durchmacht; zum anderen ist es ideal, weil es auch ein Prozess ist, den der Zuschauer vollzieht. Sehr beglückend war eben, dass es auch wirklich so gewesen ist, dass die Zuschauer so mitgegangen sind, weil sie nach dem Film so bewegt reagiert haben.

Dass Thema Wandlung betrifft ja jeden in irgendeiner Weise, spätestens am Ende des eigenen Lebens; es ist aber auch eine gesellschaftliche Fragestellung involviert: wie geht Gesellschaft mit Tod, Sterben, mit Wandlung um? Normalerweise hat man da die Religion gehabt, auch die Psychotherapie. Wie sehen Sie das heutzutage?

Dörrie:
Das hängt natürlich damit zusammen, dass wir doch im Leben oft sehr lange von Tod und Krankheit verschont bleiben können- viele von uns leben heute sehr lange, ohne damit in Berührung zu kommen, was ich immer wieder erstaunlich finde. Ich treffe manchmal Leute, die schon fünfzig sind, und noch nie jemand aus ihrem Familien- oder Freundeskreis in den Tod haben begleiten müssen oder keinen Toten gesehen haben. Das gibt es wohl immer öfter. Gleichzeitig ist es natürlich auch so, je weniger ich damit in Berührung komme, um so mehr Angst habe ich davor, und da wir Menschen ja sowie so immer panische Angst vor Veränderung haben – das ist teilweise auch ein natürlicher Reflex- verstärkt sich das immer mehr. Und die Angst vor allem, was vergeht, ist überdimensional inzwischen. Wir versuchen doch, alles immer unveränderbarer zu machen, unser Haltbarkeitsdatum immer weiter rauszuziehen, und alles solide und verläßlich zu gestalten, planbar, kalkulierbar. Damit werden wir zu ungeheuren Controllfreaks, und das ist sehr gefährlich. Wenn wir Angst haben, Kontrolle zu verlieren, macht uns das zumeist in einer ganz seltsamen Weise panisch und auch lebensunlustig. Das ist etwas, was ich bei uns schon sehr stark bemerke, dass es so eine generelle Angst vor dem Leben gibt.

Ihre Annäherung an Japan ist ja, so wie sie schildern, eine Liebesgeschichte gewesen: sie sind rübergefahren damals, haben Land und Leute gesehen, und haben einen Geschmack bekommen- vom Anderen, vom Fremden. Das hat sie angezogen. Achtsamkeit ist hier ein Stichwort, das bei ihnen immer wieder auftaucht, Achtsamkeit für die kleinen Dinge des Lebens. Könnte man sagen dass dieses Wort ein Kernbegriff nicht nur für eine Alltagshaltung sondern für eine spirituelle Haltung prinzipiell ist?

Dörrie:

Ich denke schon; und das bezieht sich dann nicht nur auf den asiatischen Raum- dass ist nicht der einzige Ort in der Welt, wo Achtsamkeit geschieht. So was sehe ich schon auch bei uns – aber eher bei Leuten auf dem Land- Bauern z.B, oder Menschen, die noch stark im Kontakt mit Natur leben, jedenfalls sehr viel mehr als bei Leuten aus städtischen Gebieten. Achtsamkeit hat man früher vielleicht Ehrfurcht genannt; beides hat sehr viel miteinander zu tun. Insgesamt ist es ein Prozeß, den die industrialisierten Staaten wohl alle durchlaufen, dass die Möglichkeiten, mit unseren Händen etwas zu tun, immer mehr abnimmt. Und damit geht der direkte Zugriff, also dies Greifen, das Taktile, immer mehr verloren; wir existieren immer abgetrennter von der Natur. Wir leben in einer großen Gefahr, unseren Kontakt zu verlieren.

Nun ist ja das Wort Spiritualität ein solches, dass ein Großteil der Mainstreammedien ungern in den Mund nimmt; es hat sofort etwas Esoterisches, etwas von New Age; ein nicht so geringer Teil der Bevölkerung dagegen, so weit ich sehe, liest Bücher wie *Ich bin dann mal eben weg* von Hape Kerkeling oder man ist mit dem Dalai Lama und mit Thich Nath Than, also vornehmlich Buddhisten, beschäftig. Offenkundig gibt es ein großes Verlangen nach, ja was, Spiritualität, ein abstraktes Wort? Ihre Filme gehen direkt darauf ein: ‚Erleuchtung garantiert' oder ‚How to cook your life' sind unmittelbare Hinweise auf Fragen eines spirituellen Prozesses.

Dörrie:

Ja, das habe ich in sehr vielen Filmen versucht zu beschreiben, auch in meinen Romanen, z.B. in ‚Was machen wir jetzt?', wo ein

Vater mit seiner Tochter in ein buddhistisches Camp fährt -wider Willen- weil die Tochter sich in einen tibetischen Lama verliebt hat. Was mich immer interessierte und auch weiterhin interessiert, ist die Sehnsucht nach etwas – eigentlich etwas, dass gar nicht so weit entfernt ist von uns, weshalb auch der Begriff Esoterik zumeist gar nicht am Platz ist. Man kann sehr viel einfacher sagen, dass wir alle diese Sehnsucht teilen, uns getragen zu fühlen von der Welt. Das tun wir natürlich nicht, wenn wir uns nur, in Anführungszeichen, auf unseren Alltag beschränken. Das ist uns wohl ein bißchen zu wenig. Hier trifft diese große Sehnsucht mit einer Kapitalismuskritik zusammen. Der Konsum bringt uns eben dies Stück mehr, was er uns verspricht, nicht. Das merken wir zunehmend. Da nützt es dann doch nichts, am Ende einen neuen Lippenstift zu kaufen, noch einen und noch einen oder Schuhe- wenn nicht noch ein bißchen was anderes hinzukommt. Wobei ich die Erste wäre, die Lippenstift und Schuhe versteht, nicht nur als Sehnsucht sondern auch als Erfüllung. Aber deshalb ist es bei mir auch gar nicht so groß gefaßt, sondern immer die Frage, was soll denn das sein, dies bißchen mehr? Und wo holen wir uns das her, wo vermuten wir es, wo kann es denn wirklich sein? Ich frage da eher, als das ich Antworten hätte.

Ihre Antworten kamen über Ihre zenbuddhistischen Erfahrungen; das ist offenkundig eine große Entdeckung gewesen. Der Buddhismus ist ja in Europa und Amerika als Religion stark im Kommen. Was kann der Zen in einem so hochtechnisierten Land wie Deutschland – sie verwiesen ja auf den Verlust von Naturkontakt, was kann er beitragen für diese Sehnsucht nach dem Mehr?

Dörrie:

Ich glaube, im Prinzip nichts anderes als die christlichen Religionen auch, wenn wir sie denn ernst nehmen würden. Die erste

Arbeitsanleitung im Zen heißt, wenn man denn so will: stillsitzen und Klappe halten. Und es ist nicht so schwer, das erst mal zu versuchen. Da brauchen wir nichts zu glauben. Es ist ja sowieso die Frage, ob Zen im klassischen Sinne eine Religion ist; es gibt hier keinen Gottesbegriff – man muß nichts glauben – oder ob es nicht eher eine Arbeitsanleitung ist, eine Gebrauchsanweisung. Das kann man auch alles in der christlichen Religion finden, da gibt jede Menge Anleitungen zur Meditation.

Letztere war nur für mich eine Sprache, die mich nicht wirklich erreicht hat, anders als die buddhistische. Es ist sicherlich auch eine Zeiterscheinung, dass ich überhaupt Zugang hatte zu solch einer anderen Sprache. Wenn man sich Mühe gibt, kann man das auch alles in jeder anderen Religion entdecken. Im Islam gibt es eine große Meditationstradition, den Sufismus, im Hinduismus gibt es das ebenfalls. Es existiert in allen Weltreligionen.

'Das Göttliche im Putzlumpen zu entdecken,' wie sie sagen, ist natürlich ein wunderbarer Satz und bezieht sich- das ist vielleicht das Spezifische- auf das Kleine, auf das Unmittelbare und plötzlich Erscheinende, wenn ich denn wach bin. Was für Filme fallen Ihnen ein, wenn Sie an Ihr Wort vom Putzlumpen denken?

Dörrie:

Da fallen mir sofort Leute ein, die vielleicht nicht jedem so bekannt sind: zum Beispiel Jonny Smeakers; der ist ein großer Held für mich, der hat als Experimentalfilmer angefangen in New York in den 40iger Jahren schon, und hat Augenblicke gesammelt mit seiner Kamera; den Kontext dazu hat er oft erst später hergestellt aus seinen Sammlungen. Oder jemand wie Chris Maker, auch ein berühmter Dokumentarfilmer. Im Spielfilm sind es natürlich Japaner wie Osu, wobei vieles an seinen Filmen auch rein japanisch ist, das muß man ein bißchen auseinanderhalten. Dann Leute wie Rosselini, ganz stark, dieser italienische Realis-

mus, ebenso Truffaut: 'Sie küßten und sie schlugen sich'. Die Amerikaner, Bob Raffelsen mit 'Five easy pieces' fällt mir ein, auch jemand wie Billy Wilder, der nicht direkt das Göttliche im Putzlumpen beschrieben hat, aber doch was Ähnliches. Dass er in jeder potentiell tragischen Situation das Komische entdeckt und rausgearbeitet hat, das ist für mich auch eine Form von Achtsamkeit: so lange hinzuschauen, bis selbst die tragischste Situation ihr Potential an Komik rausrückt.

Es gibt einen schönen Spruch, der heißt: 'Zen-Geist ist Anfängergeist'. Ein wunderbarer Satz. Können wir uns in diesem Sinne eine Spiritualität vorstellen, die nicht mehr nur theistisch geprägt ist, sondern mit einem solchen Satz vom Anfängergeist gehen könnte, speziell in einer postmodernen Gesellschaft, die so viel Angst vor Religion hat?

Dörrie:
Ich glaube, wir haben nicht genug Angst vor Religion. Das, was zur Zeit passiert, ist ja eine unglaublich große Hinwendung zum Monotheismus; ob das jetzt der amerikanische Fundamentalismus ist, der christliche, man muß auch sagen der protestantische Fundamentalismus oder der islamische oder der Hindufundamentalismus- da gibt es eine ganz starke Hinwendung zu dem 'Einzigen', und nur wenn ich an den glaube, dann komme ich in den Himmel oder habe Recht und darf alle anderen totschlagen, die nicht an ihn glauben. Ich finde, es würde uns allen viel mehr helfen, wenn wir sehr viel weniger religiös wären. Ich habe immer das Gefühl, wir sollten weniger über den Einzigen Gott reden als schauen, was es an alltäglichen Wundern in dieser Welt gibt. Wobei mir relativ egal ist, wer jetzt hinter diesen Wundern steckt. Für mich ist wichtig, das Wunder überhaupt zu entdecken.

Immerhin, das Wort Wunder kommt bei Ihnen vor, also die Wahrnehmung einer Ebene, die in Allem hier, in unseren gegenständlichen Welten vorhanden ist, und sie doch in einer Weise auch transzendiert.

Dörrie:
Das mit dem Transzendieren, ich weiß nicht; mir reicht schon der Reflex hier mit dem Wasserglas in der Sonne. Es ist doch unglaublich, was er für Muster auf dem Tisch macht, dabei sind es nur, in Anführungszeichen, Licht und Wasser. So etwas ist für mich ein Wunder; ich sehe das doch sehr, sehr klein oder versuche, das Große im Kleinen zu entdecken. Ich habe den Zen-Satz immer so verstanden, dass der Anfänger derjenige ist, der frisch gucken kann, der Dinge entdecken kann, die andere nicht mehr sehen, weil sie Fachleute sind. Und das immer der Narr, der Depp, der Anfänger eben, der Dilettant, derjenige ist, der vielleicht auch was Neues sieht, und einen anderen Zugang hat als derjenige, der sagt: ah ja, kenn ich schon, hab ich schon alles gelesen, weiß ich schon. So einer verstellt seinen Blick mehr, als dass er ihn öffnet. Und die Frage nach der Transzendenz- mir persönlich geht es nur darum, meine eigenen Grenzen zu transzendieren, über meinen Tellerrand hinauszuschauen, und nicht alles auf meine Ichperspektive zu beziehen, nicht alles immer nur aus meiner Sicht heraus zu entwickeln, sondern den Dingen zu erlauben, zu mir zu kommen und nicht meine Sicht der Dinge der ganzen Welt aufs Auge zu drücken.

Sie thematisieren im Film den Butoh. Und sie sagen sehr schön, der Butoh sei eine 'visuelle Vergegenwärtigung der Toten im lebenden Körper'. Wenn man das so hört, klingt es ja unglaublich, direkt, und ziemlich esoterisch zugleich. Dabei ist dies aber offenkundig ein Kerngut fast aller Religionen. Was heißt es für eine Zivilisation wie die unsrige, die so auf Schnelligkeit und Haben und Erleben wollen aus ist. Was ist Butoh hier?

Dörrie:

Butoh-Tanz muß man dazu sagen. Ich finde, es ist eine sehr ambivalente Geschichte. Die Anwesenheit der Toten in uns, unserer Vorfahren, das ist eine Idee, die uns sehr fern ist und gleichzeitig auch eine, die man ein bisschen wiederbeleben sollte, damit man sich nicht komplett abschneidet von Ahnen und von Tradition und von Wurzeln, sondern das im Blick hat und sich auch bewußt ist, dass man das in seiner Handfläche trägt, wie Thich Nath Than es ausdrückt: also unsere Handlinien sind natürlich ganz eng verbunden mit unsren Vorfahren. Auf der anderen Seite, ist da Jesus, der damals revolutionär gesagt hat: 'laßt die Toten ruhen'; wer tot ist, ist tot, wendet euch dem Leben zu! Das hatte auch was, denn natürlich ist es so, dass in den eher ahnenorientierten Gesellschaften und Religionen die Toten einen auch furchtbar erpressen und einem das Leben zur Hölle machen können. Und man sehr lange und ständig damit beschäftigt ist, sie zu beruhigen und zu besänftigen und ihnen Opfer zu bringen, was den Alltag auch nicht unbedingt erleichtert.

Aber entscheidend ist doch, dass dieses Anrecht auf das eigenen Leben, ohne es von den Toten überschattet zu wissen, etwas sehr Besonderes ist, und zugleich eine Kulturtat, dass wir das dürfen, in Ruhe gelassen zu werden von den Toten. Und jetzt gehts natürlich wieder in das andere Extrem: dass wir so irrsinnig individualistisch geworden sind, dass wir alles abschneiden und hinter uns lassen wollen- nach mir die Sintflut. D.h. ich will nicht mehr wissen und mit dem zu tun haben, woher ich eigentlich komme. Das tut uns auch nicht gut. Hier in Verbindung zu bleiben und gleichzeitig sich nicht überschatten zu lassen, das ist ein Tanz. Und deswegen hat mich Butoh interessiert; weil es da eben darum geht, den Tanz auch in sich zu spüren, also dieses natür-

liche Verbundensein mit den Toten und gleichzeitig aber auch ein Lebender zu sein, der wegstrebt und woanders hinwill. Licht und Schatten wirklich parallel zu sehen, erscheint mir wichtig.

Sie erzählen Geschichten, wie die meisten Filme; das ist eine uralte Tradition der Menschheit; man hat früher am Feuer gesessen und hat sich Geschichten erzählt; jetzt geht man ins Kino oder legt eine DVD ein. Filme sind aufgeladen mit großen Emotionen; Geschichten erzählen hat daher auch eine heilerische Funktion. Gilt das für ihre Bücher ebenso?

Dörrie:

Ja klar, ich erzähle Geschichten, wie schon alle Menschen es immer getan haben, als Pfeifen im Dunkeln. So habe ich mir immer vorgestellt, sind Geschichten entstanden; wenn es Nacht wird, kriegen wir alle Angst, automatisch; so sind wir gestrickt als Menschen, weil wir das Licht noch nicht anmachen konnten, da es das damals noch nicht gab. Vielleicht konnten wir noch nicht einmal Feuer machen, weil es das auch noch nicht gab. So haben wir versucht, uns gegenseitig was vorzusingen oder zu erzählen, um nicht so furchtbare Angst vor diesem Unfaßbaren zu haben. Das Unfaßbare ist das Dunkle, ist das Sterben, und das, was wir sowieso nie verstehen können: dass in einem Augenblick ein Mensch da ist und im nächsten ist er nicht mehr da. Ich glaube, dass diese Transformation uns einfach nicht in den Kopf geht- wir können es nicht begreifen, nicht fassen, und dafür erfinden wir Geschichten, die uns so was erklären sollen oder die uns trösten sollen, dass die Dinge so sind, wie sie sind.

Wir können es allerdings als Menschen nicht so gut haben, dass die Dinge so sind, wie sie sind. Und vor allem können wir es nicht leiden, dass alles zu Ende geht, das alles vorbeigeht, das alles sich verändert und nichts so bleiben kann, wie es ist. Und um uns das sozusagen als Fahrplan schon vorzubuchstabieren:

da sind auch andere gewesen, die diese Reise unternommen haben und dabei auch Federn lassen mußten und in schreckliche Situationen geraten sind und mit Drachen kämpfen mußten; und wenn sie Glück hatten, so etwas sogar überlebt haben und als Andere aus diesen Kämpfen hervorgegangen sind. Das erzählen wir im Prinzip, seit es uns gibt. Immer wieder, immer wieder.

***'Du mußt dein Leben ändern.'* Nachdenken über Peter Sloterdijks Buch**

Eine Rückwendung zur Religion ist ebenso wenig möglich, wie eine Rückkehr der Religion – aus dem einfachen Grunde, weil es keine Religion oder Religionen gibt, sondern nur missverstandene spirituelle Übungssysteme – ob diese nun in Kollektiven – herkömmlich: Kirche, Ordo, Umma, sangha genannt – praktiziert werden oder in personalisierten Ausführungen, im Wechselspiel mit dem ,eigenen Gott', bei dem sich die Bürger der Moderne privat versichern. Auch der falsche Gegensatz zwischen Gläubigen und Ungläubigen entfällt und wird durch die Unterscheidung zwischen Praktizierenden und Ungeübten, bzw. anders Übenden ersetzt.

So schreibt der Philosoph *Peter Sloterdijk* in seinem neuesten Werk *Du musst dein Leben ändern.* Die Grundthese des Buches ist ebenso radikal wie in ihrer Zuspitzung problematisch. Aufgefordert wird zu einem postreligiösen, psychospirituellen Training, das auf die kontinuierliche Verbesserung des geist-seelischen Immunsystems des jeweiligen Probanden und mit ihm der Gesellschaft zielt. Der freigläubige Mensch des 21. Jahrhunderts ist eingeladen, sich zum Exerzitienmeister seiner selbst zu entwickeln. Ein Single nun, außerhalb der religiösen Festungen, coacht er sich, virtuell wohl gut vernetzt, im Angesicht einer immer stürmerischen Weltlage. Der bekannte Philosoph sieht im alten Gottesglauben vorab den archaischen Wunsch des Menschen, sich zumindest geistig gegen die Übel der Welt zu versichern, zu schützen. Er brauche immer wieder alle Kräfte, um gegenüber den Gefährdungen der Angst durch die Unvorhersehbarkeiten des Lebens gewappnet zu sein.

Sieht man näher zu, wollen die Menschen vor allem eins von Gott: Sie wollen sich auf der sicheren Seite des Seins befinden. Sie wollen mit anderen Worten ihre Immunisation so verbessern, dass sie nicht in dieser elenden Verwundbarkeit durch die erstbesten Zwischenfälle existieren müssen. (ebd.)

Homo erectus, der aufgerichtete, der Welt durch seine Sinne und seinen Verstand frontal zugewandte Tiermensch, ist ein Zweifüßler aus der afrikanischen Savanne, ein ebenso neugieriges wie leicht verschreckbares Wesen. Bei allem Entdeckergeist, das diesem im Laufe seiner Evolution das Zuwort sapiens, weise, einbrachte, bleibt es, nach Sloterdijk, gerade auf Grund seines Bewusstseins, ein Skeptiker, ein Sicherheitsfanatiker. Dieser muß seine Paniken angesichts unkontrollierbarer Situationen durch immer neue Upgrades geistiger wie materieller Immunsysteme abfedern. Das neueste kollektive Mantra in dieser Sache kam vor einer Weile vom jetzigen amerikanischen Präsidenten Barack Obama: Yes, we can. Die Umkehr davon heißt NSA.

Der Mensch, auch der von Sloterdijk postulierte, bleibt mithin ein Gläubiger- ob als Kirchenangehöriger oder Atheist- und zwar in des Wortes doppelter Bedeutung: Gläubiger sind-ökonomisch betrachtet- Kreditgeber, die hoffen, dass sie ihre verliehenen Gelder zurückbekommen, am bestem mit Mehrwert. So gesehen bleiben Gott oder, rein weltlich betrachtet, das bloße Dasein für den Gläubigen ein eigentlich auf ewig unwägbares Ansinnen. Denn das Unsichtbare (Gott) bleibt unsichtbar, das Geheimnis geheim, und noch das banale kapitalistsche Dasein mit seinen unvorhersehbaren wirtschaftlichen Auf- und Abschwüngen bleibt ein Vabanquespiel. Das bezeugen viele philosophische Abhandlungen, von den Schriften der Religionen ganz zu schweigen. Dennoch oder gerade deswegen steht jede Art von zumindest materieller Rückversicherung hoch im Kurs. Besonders heute!

Die modernen Menschen sichern sich anders – sie brauchen nicht mehr die Flucht zu Gott oder in ein Paradies. Es genügt weitgehend, sich an den Sicherungssystemen zu beteiligen, die die moderne Menschheit ihren Mitgliedern anbietet, sofern sie in der komfortableren Sphäre derselben und nicht auf der Schattenseite der Armut leben. Doch es genügt ihnen nicht. Sie langweilen sich. Sie wollen den Kosmos und das Himmelreich zusätzlich als Erlebnispark dazu haben. (ebd.)

Während Obamas Parolen seit längerem im Sinkflug begriffen sind, weist der postmoderne Philosoph einen, wenn auch sperrigen Weg aus der Sackgasse selbstversichernder Massenchöre mit ‚Yes, we can' Versicherungen: Übung, lautet das Zauberwort, Übung, die, wie ein bekanntes deutsches Sprichwort sagt, den Meister macht. Die metaphysische Grundlage zu solchem Tun holt sich Sloterdijk aus einem berühmten Gedicht von *Rainer Maria Rilke,* mit der Überschrift: *Archaischer Torso Apollos:*

Wir kannten nicht sein unerhörtes Haupt / darin die Augäpfel reiften. Aber / sein Torso glüht noch wie ein Kandelaber / in dem sein Schauen, nur zurückgeschraubt / sich hält und glänzt. / (...) Sonst stünde dieser Stein entstellt und kurz / unter der Schultern durchsichtigem Sturz / und flimmerte nicht so wie Raubtierfelle; / und bräche nicht aus allen seinen Rändern / aus wie ein Stern: Denn da ist keine Stelle / die dich nicht sieht. Du musst dein Leben ändern.

Für Sloterdijk spricht aus Rilkes Gedicht der Glanz und die Ahnung einer Vollkommenheit, die gerade dem Torso, also dem Unabgeschlossenen, dem Bruchstück oftmals mehr zu eigen ist als einer geläufigen künstlerischen Gestaltganzheit. Die moderne Erfahrung des 20. Jahrhunderts hatte mit einer konventionellen Ästhetik weitgehend Schluß gemacht; ohne den irrisierenden Schein des Erhabenen, wie es das Rudiment der Apolloplastik von Rodin zeigt, zum Verlöschen zu bringen: das Aufschimmern eines transzendenten Glanzes, der im Stein an allen Ecken und Enden lichthaft, genauer, augenlichthaft, hervor strahlt, ja geradezu herausbricht. Eine ästhetische Erleuchtung für den philosophischen Betrachter.

Der Torso des Gottes spricht! Aus diesem überirdischen Flimmern zielt ein einziger Satz ebenso unvermittelt wie imperativ auf den Schauenden: ‚Du musst dein Leben ändern!' Keine Bitte, sondern absolute Forderung, widerspruchslos- eine quasi religiöse Anmutung, besser Zumutung: Sprenge das Korsett deiner gewohnheitsmäßigen Unvolkommenheit, ändere dich- jetzt, ruft der Dichter dem Leser zu. Das Schlüsselwort hiefür heißt, gemäß Sloterdijk, nach uralter spiritueller Tradition eben Übung, lateinisch Exerzitium. So wandelt sich Religion in des Philosophen Anschauung schlichtweg zur notwendigen postmodernen Anthropotechnik, um in die gewünschte, wie er es nennt, Vertikalspannung zu kommen. Übung als Überlebens-und Immunisierungskunst in den Wirrnissen des globalen Zeitalters. Rundumfitness auf höherer Ebene.

Vom Üben können die Religionen der Welt viel erzählen; schließlich stand die ‚Vita contemplativa' jahrtausendelang hoch im Kurs. Heute sind in vielen Kreisen Yoga und Meditation wieder in; der Glaube dagegen, ganz im Sinne Sloterdijks, weniger. Der Meister aus Karlsruhe verweist stattdessen auf das große kollektive Übungsphänomen der Neuzeit: den Sport als

Massenereignis wie als Elitetraining. Und waren die Götter Griechenlands, so fragt der eher den Freuden des Weines und der guten Küche zugeneigte Philosoph, nicht auch Athleten mit Körpern, die denen der Heroen der altehrwürdigen Urstätte des Sports, Olympia, durchaus ähnelten? Noch als rein nachempfundene, künstlerische Skulptur zeugt der Torso des Gottes Apoll unter den Händen eines genialen Künstlers von einer ungebrochenen Strahlkraft- 2000 und mehr Jahre nach Christi Geburt.

Als Übung definiere ich jede Operation, durch welche die Qualifikation des Handelnden zur nächsten Ausführung der gleichen Operation erhalten oder verbessert wird, sei sie als Übung deklariert oder nicht. (ebd.)

Übung als Verbesserung, vielleicht sogar Vervollkommnung des eigenen Lebens. Bedarf solche des Glaubens oder der Gnade oder doch nur der Willensanstrengung des spirituellen Athleten, bzw. Asketen? Ist religiös oder ethisch orientiertes Vertikalitätsstreben ein Schritt zur Durchkreuzung der allgemeinen, platt konsumistischen Gier nach Mehr oder gerade ein solches auf höchstem Niveau? Spirituell gefärbte Ethik in ästhetisch ansprechendem Gewande zur Maximierung der Lebensenergie? Solche Fragen kommen auf.

‚Ora et labora' lautete die erste Ordensregel des heiligen Benedikt- die Übungsformel schlechthin, die dem christlichen Klosterwesen den Weg gewiesen hat. Eines der schönsten und ältesten Bilder dafür ist das der Gartenpflege übers Jahr: Den Boden harken, Samen säen, düngen, Unkraut jäten, ernten, und, wieder von Neuem beginnen. Der Garten als Gleichnis für das eigene Innenleben, die Seele, ist eine uralte Anschauung der Religion. Ora et labora, Gebet und Arbeit sind dabei die zwei sich spiegelbildlich ergänzenden Seiten solcher Seelen-landschaftshege. Den Boden bereiten, hieß einstmals, den eigenen Willen, die eigenen Wünsche, Triebe, Ansprüche mit dem Anderen, letztlich Gott, in Einklang zu bringen. Ein stetes Ringen um Harmonie, um Ausgleich. Ein Wachsen und Reifen, ein Transzendieren und Loslassen, aber ebenso häufig ein Scheitern auf oftmals hohem Niveau.

Übungen, die Meister machen, gibt es auch in der östlichen geistlichen Tradition so manche. Im Bogenschießritual des Zen beispielsweise kann Meisterschaft heißen, mit verbundenen Augen die Mitte der 20 Meter entfernten Zielscheibe zu treffen. Solche Schüsse ins Schwarze sind vielfach belegt. Um was aber geht es dabei? Spirituellen Hochleistungseinsatz etwa? Wohl kaum. Im Zen gibt es keine Sieger. Die Kontemplation, so muß man sagen, sucht genau das Gegenteil. Das ist allerdings nicht der Verlierer, vielmehr der in allen Lebenslagen gleichmütige, unversehrbare, der voll zentrierte Mensch.

Die Urintuition solch fernöstlicher Exerzitien ist die Ahnung, mehr noch Erfahrung um die unzerstörbare Einheit von Wille und Gegenstand, Subjekt und Objekt; ihre Absicht zielt auf eine ganz andere Art der Übung als im Sportraum der Olympionken: der des immer erneuten Loslassens, um der Gnade des reinen Momentes gewärtig und damit empfängnisfähig zu werden. Gnade, die sich im Alltag, in der Schöpfung jeden Moment neu zeigt: im Rascheln der Blätter im Wind, im blauen Himmel, im Gesang eines Vogels, im Lächeln eines Menschen- bei eine Tasse Tee. Himmlisch-irdisches Manna, welches ununterbrochen gereicht wird.

Auch wenn die Wissenschaft von Zufall/Subjektivität etc. spricht, erklären die Worte wenig; vor allem entkräften sie nicht den Geschmack des Wunderbaren, des Geschenkhaften. Ein anderer Ausdruck dafür, aus der religiösen Sphäre, ist eben Gnade- etwas Unverdienbares, etwas das mir zu-fällt, weil ich offen dafür bin, d.h. es nicht als einem Kalkül Entsprungenes wahrnehme. Das Leben in all seiner Gefährdetheit scheint voll dieser geheimnisvollen Kraft, die nicht unserem Tun noch unserem Bewußtsein entspringt. Ihr Mechanismus bleibt wesentlich im Dunklen. Gnade als dem menschlichen Immunsystem, seinem Überlebensdrang von außen zugeführtes, in homöopathischer Dosierung vermitteltes himmlisches Schutzmittel?

‚Nicht wir kommen zur Gnade, sondern die Gnade kommt zu uns. Wir können uns noch so um sie bemühen, sie kann uns doch entgehen. Oder wir suchen sie gar nicht, und doch findet sie uns. Auf einer Ebene treffen wir tatsächlich eine Wahl, ob wir den Ruf der Gnade beachten oder nicht, auf einer anderen scheint es klar, dass Gott derjenige ist, der die Wahl trifft. Eine geläufige Erfahrung jener, die einen Zustand der Gnade erreicht haben, ist das Staunen über ihren Zustand. Sie haben nicht das Gefühl, ihn verdient zu haben.'

Scott Peck, amerikanischer Psychotherapeut, verweist in diesen Zeilen aus seinem Buch *Der wunderbare Weg* darauf, dass das eigentliche Wunder des Lebens Bewusstheit ist, eine der Evolution innewohnende Kraft zu höherer Komplexität und gleichzeitig Spontaneität- zu einem immer umfänglicheren Wachstum, besser gesagt einer Ausreifung- allerdings auch mit allen möglichen Gefährdungen.

Spirituelle Existenz verlangt daher Wachheit, eine stete Zentrierung des Geistes gegen die Fliehkräfte der Zerstreuung, des Abfalls ins Unbewusste. Nur solche kontinuierliche Übung befähigt, in der Gnade mehr als eine bloße Zufälligkeit zu sehen, eine Nettigkeit des Schicksals. Wo Sloterdijk jedoch in erster Linie Arbeit, sprich Leistungseinsatz am Objekt einer höheren Moral fordert, ist der religiöse Ausgangspunkt-nicht nur im Christlichen- Ora, das Gebet, die freiwillige Hinwendung zu einem Größeren als ich selbst. Diese Wendung kann nur aus Liebe und Glaube geschehen, bloße Pflichterfüllung oder Gewinnerwartung, Immunisierung beispielsweise, führen ins Leere.

Der protestantische Religionswissenschafter, Zen- und Yogalehrer Michael von Brück stellt daher fest:

Glaube ist zuallererst eine innere geistige Kraft, eine Energie, die ich mir nicht selbst geben und machen kann, sondern- sagen wir- die göttliche Präsenz in mir, die mich die Welt im Lichte von Vertrauen sehen lässt. Glaube heißt nicht so sehr, an irgendwelche Theorien zu glauben, sondern ist das Vertrauen, die Welt letztlich als gut und geordneten Kosmos erkennen zu dürfen.

Religion wurzelt ja in zwei anthropologischen Gegebenheiten. Das Eine ist die Versicherung, dass letztlich alles gut wird – als eine Kompensation für das Leid, dass wir erfahren. Die andere Wurzel ist die Ekstase. Alle Religionen, die wir kennen, gründen auch in der ekstatischen Erfahrung. D.h. in einer inneren Erlebnisdimension, dass die Welt, die wir im Alltäglichen erfahren, nicht alles ist. Wir haben solche Ekstasen in künstlerischen Erlebnissen, in erotischen, in sportlichen. Wir spüren, dass eine Kraft in uns tätig ist, die mehr ist als das Alltägliche. Diese Kraft also kann durch Übung, durch Wiederholung, durch gezielte Praxis aktiviert werden. Glaube bzw. Vertrauen wächst durch Übung.
(Interview)

Was also hat postmoderne, exerzitienhafte Anthropotechnik wirklich mit der vom Philosophen vielgeschmähten Religion zu tun? Ist die grundmenschliche Ahnung, deutlicher Erfahrung eines Eingebundenseins in ein Umfassenderes nicht rein spontaner Natur, die *Walt Whitman,* der große amerikanische Sänger des Lebens in seinem Dichtwerk *Grashalme* so umschrieb:

Ich weiß, dass der Geist Gottes der Bruder des Meinen ist und das der Anker der Schöpfung Liebe ist; denn klar und rein ist meine Seele und klar und rein ist alles, was nicht meine Seele ist.

Im letzten Jahrhundert beschrieb der große indische Heilige und Guru des Integralen Yoga, Sri Aurobindo, den Glauben als eine ‚Intuition, die nicht nur darauf wirkt, von der Erfahrung bestätigt zu werden sondern zu der Erfahrung führt.' Ähnliches meinte wohl auch der jüdische Meister Yeshua oder Jesus, als er davon sprach, dass der Glaube Berge versetzen könne. Doch von welchem Glauben ist dabei die Rede? Es scheint nicht so, dass der Nazarener einem naiven Wunderglauben huldigte; stattdessen verwies er auf den jederzeit möglichen, spontanen Sprung in eine andere Dimension der Wahrnehmung, des Vertrauens. Auch Aurobindo spricht von einem wesenhaften Wissen, das den Menschen befähigt, der Liebe, dem Wachstum, dem Leben mehr zu trauen als dem jederzeit ersichtlichen Zerfall von Körper und materiellem Besitz. Noch einmal Michael von Brück:

Gnade ist die Übersetzung des griechischen Wortes Charis, daher Charisma, also Anmut, Schönheit. Gnade ist eine ästhetische Kategorie. Anmut gewinnen wir durch Übung, durch ständige Verfeinerung. Durch die Praxis der Achtsamkeit gelangen wir zu dem, was Charis ist. Ich kann aber nur üben, wenn ich von der Gnade berührt bin; diese befähigt mich zur Übung. Wenn ich allerdings krampfhaft übe, von einer ich- haften Perspektive, erreiche ich gerade nichts. Ich muß also bereits berührt sein, und dieses Berührtsein darf und soll ich durch Übung der Achtsamkeit weiter entwickeln. Das ist ein wechselseitiges Verhältnis.

(Interview)

Die Zeiten der Versuchung zu obsessiver spiritueller Vertikalstrebung sind im Westen seit mehr als 200 Jahren vorüber. Aufklärung und Demokratie haben vielen geistlichen Übungsprogrammen ihr zumeist falsches Pathos genommen. Die Flachlandideologie vom allmächtigen, global operierenden Markt, die seit Längerem an die Stelle religiöser Himmelsstürmerei getreten ist, scheint ebenfalls im Endstadium der Entzauberung. Ewiges Wachstum, so besagt uns die moderne Wissenschaft der Ökologie, ist ein seltsames Hirngespinst von homo oeconomicus, das nicht nur den Himmel, sondern schlimmer, die Erde, auf der er herumläuft, an der Börse zu verzocken bereit ist. Evolution hingegen ist ein anderes Wort für die Intelligenz des Lebens, zwischen Anpassung und Wachstum erfolgreich zu balancieren. Eine Spezies, die nicht auf der Höhe solch uralter Weisheitslehre ist, scheint zum Scheitern verurteilt. Sie hat sich an der Basis des Existenz selbst vergangen: der Kooperations- und Wandlungsfähigkeit alles Lebendigen. Diese ist die immer notwendige Übung, deren Lohn zwischen Himmel und Erde ausgeschüttet ist, wie die Lyrikerin *Nelly Sachs* erkannte.

Eingehüllt in der Winde Tuch / Füße im Gebet des Sandes / der niemals Amen sagen kann / denn er muß / von der Flosse in den Flügel / und weiter – (...) Anstelle von Heimat / halte ich die Verwandlungen der Welt.
(Gedichte, Suhrkamp, 1999)

Übung ist ohne Glaube nicht möglich – sie zielt, religiös gesehen, weniger auf Verbesserung sondern im Kern auf Verwandlung, – aus innerster Notdurft. Beim Philosophen Sloterdijk meint der Imperativ: ‚Du musst dein Leben' ändern dagegen die Überwindung früherer archaisch-magischer oder ritueller ‚Immunisierungen' gegen das bloße Schicksal zugunsten einer aufgeklärten Anthropotechnik. Solche sieht er schon zu Zeiten Platons, des europäischen Urphilosophen, am Werk:

Indem der Mensch bemerkte, wie die Leidenschaften in ihm arbeiten, begreift er, dass es darauf ankommt, auf die andere Seite der Passion zu gelangen, um die Leidenschaften nicht nur zu erleiden sondern zu einem Könner des Leidens zu werden. Indem er bemerkt, in welchem Ausmaß ihn Gewohnheiten be-

herrschen, sieht er unmittelbar ein, dass es ausschlaggebend wäre, auf die andere Seite der Gewohnheiten zu kommen, um nicht nur von ihnen besessen zu sein sondern sie zu besitzen.(...) Der Lehrauftrag schließt den Einsatz sämtlicher zur Überwindung der Trägheit geeigneten Mittel ein. Bis wohin das geht, zeigt die lange Reihe der spirituellen und athletischen Extremisten, die in den vergangenen Jahrtausenden das Bild der Menschheit bestimmte.

(Peter Sloterdijk, Du mußt dein Leben ändern)

Statt Glaube also ‚labora', die harte Arbeit an sich selbst, mittels Yoga, kritischer Reflexion oder einer aufklärerischen Pädagogik, bzw. Psychologie- und therapie. Ob allein auf solchen Erziehungsgrundlagen und Programmen zur Überwindung des inneren Schweinehunds das spirituelle Paradoxon der ‚unerträglichen Leichtigkeit des Seins', der Glückseligkeit oder gar der Erleuchtung, wie es die Formulierungen der Mystiker auszudrücken suchen, erreichbar ist, scheint eher ungewiß.

Auch auf diese Frage haben die Esoteriker der Religionen ihre Antworten gegeben, allerdings, und das ist entscheidend, ohne die Geschäftsleitungen der Kirchen je von ihrer Intuition, ja mehr, ihrer empirisch fundierten Praxis langfristig überzeugen zu können- die Meditation als Lebensweise in allen Lebenslagen des Alltags; Urform einer nichts wollenden, nichts feststellenden Haltung, bei der nicht nur die Welt sondern auch Gott als Begriff oder Objekt spiritueller Suche gelassen ist. Eine Daseinsweise, die nicht mehr an Bestandsicherung geistiger wie materieller Art interessiert ist. Wie das? Weil man ‚die Himmel offen sieht', wie Jesus mit Bezug auf den Jünger Nathaniel sagte; weil man ‚die Lilien auf dem Felde' sieht, die blühen und vergehen, und, weil man darin ‚die vollkommene Schicklichkeit und Gelassenheit der Dinge erkennt', wie der Dichter der Neuen Welt, Walt Whitman, hinzufügt.

Wie entspannt, ja erlösend mutet eine solche alltägliche Verifizierung des Glaubens noch gegenüber der Meisterschaft des perfekten Schusses im Bogenschießritual des Zen an! Dass die offiziellen Hüter der Religion- und man möchte hinzufügen, auch der meisten Philosophien, solcher Einfachheit prinzipiell misstrauen und lieber auf Doktrin und formelhafte Glaubensbekenntnisse zur Herrschaftssicherung setzen, ist sattsam bekannt. Der Religionswissenschaftler Michael von Brück kommentiert:

Im Spirituellen ist derjenige ein Athlet, der sich fallen lässt, der sich völlig öffnet, sich leermacht von Gedanken, Wünschen etc., um empfangen zu können. Genau das ist die Übung. Übung ist also nicht ein auf sich selbst bezogenes Vervollkommnen, sondern Übung sollte gerade die Empathie für den Anderen sein. Bei Jesus sehen wir das. Er tritt in jeder Situation dem Anderen vorurteilsfrei gegenüber, mit Achtsamkeit. Das ist spirituelle Praxis. (Interview)

‚Denn da ist keine Stelle, die dich nicht sieht.' Der abrupte Ebenenwechsel in Rilkes Gedicht hatte auch den kynischen, nachmodernen Philosophen Sloterdijk gerissen, wie er gesteht; denn auch er, der den Torso des Künstlers Betrachtende, wurde urplötzlich selber zum Angeschauten: die Materie erscheint, durch die Kunst des Künstlers, wieder als das, was sie schon immer war: ein Lebendiges, das zum lebendigen Menschen unmittelbar in Beziehung tritt. Wem solche Gnade, solche Offenbarung, jetzt mittels der Kunst, einmal zuteil ward, der kann nicht anders, er muß sein Leben ändern- radikal, das meint von der Wurzel her.

Übung heißt nun: solche Erfahrung nicht mehr vergessen machen, und Glaube meint dann den Mut zum Erkennbarwerden im Angesicht des Netzwerkes des Lebens; die handlungsoffene Treue zu einem Ganzen, das sich u.a. in den knappen Sprüchen Jesu aus dem von der Kirche verschmähten

Thomasevangelium wiederfindet: ‚spalte das Holz, da bin ich, hebe den Stein, dort findest du mich.' Verwiesen wird also auf die Gnade des aufscheinenden, des erleuchtenden Augenblicks, jederzeit und allerorten; Geschenk in und an diese Welt- ohne Vorgabe, außer der einen, unverzichtbaren: sich zu trauen, die Gabe überall zu sehen und sich davon berühren, mehr noch, verwandeln zu lassen! In Sloterdijks Sprache, angesichts der globalen Zivilisationkrise, heißt das:

‚das Eigene mit dem Fremden endlich koevolvieren zu lassen; in täglichen Übungen die guten Gewohnheiten gemeinsamen Überlebens anzunehmen.' (ebd.)

Religio als grundlegende Intuition der unverbrüchlichen Einheit von Mensch, Gott und Kosmos steht in ihren besten Momenten noch jenseits solch philantropischer Aufforderungen: sie muß nicht kämpfen, sie ist zweckfrei; ihre Wurzel gründet tiefer als die Philosophie. Das macht sie im Wesen leicht und heiter, hat sie doch nichts zu verlieren noch zu gewinnen. Und bleibt damit, was sie im Kern immer war- ein offenes Geheimnis. Nicht mehr, vor allem aber nicht weniger.

(alle Zitate: © Suhrkamp, Ffm. 2010)

Erfolg ist kein Name Gottes
Mystik und Widerstand bei Dorothea Sölle
und Francisco Whitaker

In einem Gespräch, das die evangelische Theologin Dorothee Sölle mit ihrem Mann, dem Religionspädagogen Fulbert Steffinsky führte, stellte dieser fest, dass die Mystik eigentlich nichts für einfache Leute sei; von dem, was sie schriebe, würde seine alte Mutter wahrscheinlich kaum etwas verstehen. Mystik habe mehr mit spiritueller Artistik zu tun, denn den wirklichen Problemen der meisten Menschen. Die Antwort seiner Frau ist richtungsweisend für ihr Denken und ihren Einsatz für die Unterdrückten dieser Welt: ‚Ich sah deine Mutter öfter abends in ihrem Stuhl, mit gefalteten Händen; Friede war um sie herum. Den möchte ich mit meiner Arbeit weitergeben. Mein Hauptanliegen ist, die Mystik zu demokratisieren.' Ihr meisterliches Werk *Mystik und Widerstand* gibt Rechenschaft von solch unbedingtem Ansinnen in Zeiten spätkapitalistischer Vorherrschaft.

Sölle, im Jahre 2002 verstorben, war Friedensaktivistin, Befreiungstheologin, Frauenbewegte. Trotz glänzender Leistungen brachte sie es ihren Lebtag lang nicht zu einem Lehrstuhl in der Bundesrepublik; das Ausland, die USA in diesem Falle, hatte weniger Probleme mit ihrem radikalen Denken. Man bot ihr 1975 eine Professur am Union Theological Seminary an, wo sie 12 Jahre, bis 1987, lehrte. Ihr späteres Fazit:

Was ich von vielen amerikanischen Frauen gelernt habe, u.a. von den Quäkern, ist die Tatsache, dass sie ein anderes Leben führen; so habe ich erstmals das große Thema ‚anders leben = anders glauben' erkannt. Eine Beschreibung der Qualitäten dieses Lebens ist: ‚grenzenlos glücklich, absolut furchtlos, immer in Schwierigkeiten'. Bei allem spirituellem Überschwang: fast alle Mystiker hatten ja Konflikte mit den großen Institutionen, mit Staat und Kirche, auch mit der Familie; Konflikte, die unausweichlich waren auf Grund ihrer Nähe zu Gott.

Mit ihrem 1997 veröffentlichten Buch sprengte sie den Rahmen einer offiziellen protestantischen Theologie und mischte sich unter die Vorreiter einer modernen Anschauung der Mystik, deren Herzraum sie mitten im Treiben der Welt lokalisiert, in der Alltäglichkeit des Lebens. Die Sehnsucht nach Gott, die alle Religionen eint und in deren Mitte die Unterschiede bedeutungslos werden, sah sie radikal weltbezogen.

Nicht pietistische Verinnerlichung noch veräußertes Dogma galten in ihren Augen als Richtschnur, sondern jener hochgemute Satz der französischen Anarchistin und tiefreligiösen Schriftstellerin Simone Weil, die in den 30iger Jahren des 20. Jahrhunderts schrieb:

‚Warum sollte ich mir Sorgen machen? Es ist nicht meine Angelegenheit, an mich zu denken. Meine Angelegenheit ist es, an Gott zu denken. Es ist Gottes Sache, an mich zu denken.

(Rowohlt)

Solch grundlegende Absage an ein privatistisches Ich sagt vielleicht mehr aus über den Zusammenhang von Mystik und Widerstand als so manche gelehrte Abhandlung. Einswerden, diese un-erhörte Erfahrung vieler Menschen in allen Kulturen und Religionen, führt nicht aus sondern zutiefst in die Welt, ins Dasein. Das heißt, nach Sölle, in den Widerstand gegen alle Formen der Gottvergessenheit. Sie schreibt:

Ich denke, wir leben in einem wunderbar eingerichteten Gefängnis in der reichen Welt. Es gibt da Winners and Loosers, wie man so sagt. In diesem Gefängnis leben wir, sollen möglichst eingeschlossen sein, sollen nicht sehen, was wirklich vor sich geht. Die Form, wie wir hier unser Leben aufbauen, ist die Ichhaftigkeit, die Egozentrizität. Das Thema Ich und Ichlosigkeit ist schwierig und hat die Mystik immer wieder beschäftigt.

(Dorothee Sölle, Mystik und Widerstand)

Diesen Gegensatz sah sie als den einen, doch entscheidenden Part einer explosiven Dreifaltigkeit, zusammen mit den Widerspruchspaaren Besitz und Besitzlosigkeit, Gewalt und Gewaltlosigkeit. Erst die Wiedererinnerung an Gott löst für sie die Ich-Abhängigkeit auf, gilt doch das Ich als eine Kristallisation der ‚Gottesvergessenheit' und das menschliche Gehirn als das Organ dieser Vergesslichkeit.

Die moderne konsumistische Begierde, die sie als einen Kernraum solchen Vergessens identifiziert, vergleicht sie mit einem Schwamm, der vollgesogen ist mit Bildern, Vorstellungen, Gedanken, die Seele und Leib überfluten wie einst die Sintflut die Erde überspülte; Nach-denken als Grundtätigkeit des Ich, dessen Urformel der französische Philosoph Renee Descartes im 18. Jahrhundert auf das einprägsame Motto brachte: ‚Ich denke, also bin ich.' Das Ergebnis: Abstraktion und Distanz zur Um- und Mitwelt. Der Intellekt, die Ratio als höchste Richtschnur über menschliche und planetarische Belange:

Das sich Distanzieren von der Natur führt zu einer Verdinglichung der Natur. Der Mensch wird zum ‚Possesseur', zum Herrn, zum Besitzer der Schöpfung. Die Rhythmen von Tag und Nacht, Sommer und Winter, jung und alt werden reduziert, eingeebnet; sie spielen keine Rolle mehr. ‚Wir vermögen alles', sagte ein alter General einmal während der Aufrüstungsdebatte. Und das ist heute noch viel schlimmer, viel gnadenloser. (ebd.)

Die klassische Mystik wandte sich entsprechend ab von der Welt, nicht von ungefähr heißt das griechische Wort *myo* die Augen schließen. Doch Sölle sah, wie manche westliche und östliche Mystiker, z.B. der vietnamesische Mönch und Friedensaktivist Thich Nhat Than, eine ganz andere Herausforderung für die Mystik unserer Zeit:

Den Weg vom Ich zur Ich-Befreiung einzuschlagen, ist ein Beginn von Widerstehen. In der konsumistischen Plünderungskultur fungiert das süchtig gemachte Ego als der beste Wächter in unserem Gefängnis: es kontrolliert und verhindert effektiv unsere Ausbruchsversuche. Wir brauchen ein anderes Verständnis vom Ich, das die Ichlosigkeit als Befreiung von lebenszerstörenden Zwängen einbezieht und das Ich in der Teilhabe denkt.
(ebd.)

Der amerikanische Philosoph und Psychologe *Williams James,* der Anfang des 2o. Jahrhunderts den Klassiker *‚Varieties of religious experience'* schrieb, ist ihr ein wichtiger Wegweiser in der Frage: gilt religiöse Tiefenerfahrung nur für spirituelle Genies oder auch für die normalen Leute; anders gesprochen: ist Gott für jeden da? Was Sölle an James Buch faszinierte, war seine Offenheit gegenüber unterschiedlichsten religiösen Erfahrungen- etwa von Bergarbeitern, Prostituierten, Wanderpredigern, also Menschen aus dem sogenannten einfachen Volk. Der amerikanische Religionspsychologe, der sich selbst in dieser Sphäre als eher ‚unmusikalisch' einstufte, ist ihr in seinem skeptischen Umgang mit dem eigenen Skeptizismus dennoch viel lieber als jene selbstgefällige Anti-Religiösität, die Sölle schon zu ihrer Zeit in vielen intellektuellen Kreisen mit dem descartschen Credo als Lebensmotto vorfand. Sie schreibt:

Die Erfahrung der mystischen Empfindlichkeit ist die, dass die Abgeschlossenheit des Selbst durchbrochen wird: wir sind nicht nur die, die wir kennen, die wir zu sein glauben; wir sind alle zur Transzendenz fähig. (ebd.)

Ihr Blickfeld öffnet sich auch nach Fernost- Richtung Indien und China. Sie verweist auf den chinesischen Weisen Laotse, der das Ich als Leihgabe des Alls verstand; ein solches Ich, schlussfolgert die protestantische Christin, ist im Kosmos anders beheimatet als das besessene. Es kann von sich loslassen und sich verbinden. Sie zitiert zur Illustration einen Satz des französischen Impressionisten Claude Monet, der von einem Fotografen abgelichtet werden sollte und darauf antwortete: ‚Kommen Sie im nächsten Frühjahr und fotografieren sie meine Blumen. Die sehen mir ähnlicher als ich.'

Ein Zeitgenosse der deutschen Theologin ist der brasilianische Katholik und Sozialaktivist Francisco Whitaker, Mitbegründer des

Weltsozialforum (WSF). Das Forum, 1980 gegründet, ist ein Sammelbecken zivilgesellschaftlicher Gruppierungen aus aller Welt. Mit Blick auf den Weltwirtschaftsgipfel der Reichen im schweizerischen Davos hat es sich als ein mächtiges Dialogfeld etabliert, um die Stimmen der im globalen Wettkampf Entrechteten hörbar werden zu lassen.

Es begann damals mit der Catholic Action in Belgien. Sie hatten diesen Dreischritt entwickelt: Schaue, wäge, handle. Es gab also schöpferische Intuitionen, wie man Neues lernt. Der wichtigste Inspirator war der brasilianische Pädagoge Paulo Freire- es ging um das horizontale Lernen, das Austauschen im Zusammenhang mit den Basisgemeinden der katholischen Kirche: die Armen-gleichberechtigt! (Interview)

Um dieser Aufgabe gerecht zu werden, dreht Sölle, Anhängerin der Befreiungstheologie eines Leonardo Boff und anderer südamerikanischer katholischer Geistlicher, das Verhältnis von Gott und Mensch um: was anstand und mehr denn je ansteht, ist, von einer ökonomischen Ratio der Gier loszulassen und stattdessen die Sinne Gottes aktiv zu gebrauchen und zu ‚Händen Gottes' zu werden. Was sie darunter verstand ist nichts weniger als ein Perspektivwechsel auf allen Ebenen: zum einen die Wahrnehmung des Geringen, der Ruf der Verlorenen, zum anderen die Annahme des ‚Stillen Geschreis Gottes'; eine Gottesumschreibung, die sie in Anlehnung eines anonymen Brieftextes aus dem späten Mittelalter im Untertitel ihres Buches zitiert. Wo beide Stimmen Gehör finden, wo also jemand mit anderen Ohren zu hören fähig ist und willens, kann er mit dem Mund Gottes sprechen. Whitaker hat diesen Ruf beispielhaft in der Gründung des Weltsozialforums aufgegriffen:

Wir verstanden, wir mussten uns austauschen mit den Armen, eintauchen in ihre Kultur. Kein linkes Parteibonzentum, das heißt keine Top-down Geschichte, oder politische, religiöse Konversion sondern Verbindung, also Liebe. Gott ist in diesem Bild das Blut, das uns verbindet- in Liebe und Respekt. (Interview)

Mystische Einung bedeutet demnach weniger eine besondere Beziehung zu Gott als eine andere Beziehung zur Welt, durch die ‚das stille Geschrei' unmittelbar hörbar wird. Dorothea Sölle weiß um das spezielle Problem aller Mystik: wie kann das Unsagbare, in der Erfahrung Geschmeckte mitgeteilt werden? Wie kann Alltagssprache heute, wo Zweckrationalität als das Maß aller Dinge gilt, überhaupt noch eine Erfahrung ganz anderer Art, wie sie die mystische auszeichnet, spiegeln? Die Wahrscheinlichkeit, naiv und lächerlich zu wirken, ist riesig. Mit-Sein ist ihr in dieser entscheidenden Frage Grundwort und Brücke zwischen den Welten:

Ein Gott, den man verantwortlich machen kann für das, was hier passiert, wobei man sich selbst gleichzeitig von dem, was geschieht, distanziert, ein solcher Gott ist tot; nur ein Gott, den man vielleicht als Solidarität bezeichnen kann, lebt.

(Dorothee Sölle, Mystik und Widerstand)

Sölle betont dabei, dass auch die mystischste Erfahrung dem Prinzip der offenen Augen unterworfen ist- sie muß Rechenschaft ablegen, sie muß sich ethisch begründet zeigen, auch wenn ihr letzter Grund die ‚unio mystica', die Verschmelzung der Gegensätze, darüber hinausweist. In ihrem Vortrag: *Wozu heute noch Christ-Sein?* erklärt sie 1971:

Ich will versuchen, eine einfache Antwort auf diese Frage zu geben: Weil wir Befreiung immer noch brauchen! Das Evangelium versteht sich von der Sache der Freiheit aller her. Die Bibel mutet uns zu, dieses Interesse an der Freiheit aller zu teilen!

Das Mysterium, in der religiösen Sprache Gott genannt, bleibt dabei, mit und gegen alle Theo-logik unverfügbar, unentfremdbar, gemäß den Worten des spätmittelalterlichen Mystikers und Dichters Angelus Silesius ‚Gott ist ein lauter Nichts. Je mehr du nach ihm greifst, je mehr entwird er dir.'

Die streitbare postmoderne Schwester im Geiste beharrt mit diesem Zitat auf der ‚Unerkennbarkeit Gottes'. Sie verweist noch auf einen anderen Autor des späten Mittelalters, der von der *Wolke des Nicht Wissens* spricht:

Gleich, wie geistig unser Thema auch sein mag, wir können nur solche Wörter gebrauchen wie hinab/ hinauf, innen/ außen, links/ rechts, oben/ unten. Um uns verständlich zu machen, müssen wir uns der Wörter der gewöhnlichen Sprache bedienen.

(Anonymus)

Der Rest ist Schweigen, bzw. das Eintauchen in diese Wolke des Nicht-Wissens, wie die Schrift aus dem 14. Jahrhundert den Gang zu Gott umschreibt. Eine Redeweise, auf die der Buddha vermittels der Übung der Meditation immer wieder hinwies, um der Spekulation des Denkens über Begriffe wie Ich, Gottheit Erleuchtung den Boden zu entziehen. Modern ausgedrückt, im Sinne Sölles: ein authentisches Sprechen tut not, das das Mysterium nicht zum Objekt degradiert. Denn nur jenseits des Nützlichkeitswahns bleibt es Vision und alltägliche Herausforderung zugleich. Andererseits- eine Mystik unter Absehung von Politik, Ökonomie, Recht und Umwelt ist heute nicht mehr zu denken. Eine Einheitserfahrung, die solche Themen menschlicher Gesellschaft ausgrenzt, ist fragwürdig. Das Fazit der Theologin lautet: Das Freiwerden vom Diktat ich konsumiere, also bin ich ist der entscheidende Schritt, frei zu werden vom Netz der Verzweckung, in das eine marktfundamentalistische Ideologie die Welt radikal einzuspinnen versucht. Dazu der Katholik Whitaker vom Weltsozialforum:

Wichtig schien, den Marktliberalismus zu überkommen und einen Trend zu kreieren, der auf Solidarität basiert. Viele denken natürlich im WSF,' wir nehmen die Macht und verändern dann'. Sehr naiv! Doch sind sich heute die meisten im Klaren, dass die Veränderung der Gesellschaft an den Wandel der Person gebunden ist. Ein Prozeß, der von innen nach außen geht und nicht von oben kommt. (Interview)

Whitaker, viele Jahre lang Koordinator der ‚Kommission für Gerechtigkeit und Frieden' der brasilianischen Bischofskonferenz hat sich seit längerem aus der Arbeiterpartei des ehemaligen Staatspräsidenten Lula verabschiedet und damit beträchtliches Aufsehen erregt. Er sprach öffentlich vom Verrat des Staatsoberhauptes, das vom Westen heftig umworben wurde; Brasilien gilt nicht von ungefähr als Schwellenland, das es in den G8 Club der Reichen schaffen könnte. Der Verrat, dessen ihn der Befreiungstheologe beschuldigt, zielt nicht nur auf seine Versprechen gegenüber den Ärmsten des Landes. Weit darüber hinaus erkennt er ihn als einen Bruch der geistlichen Solidarität mit dem Kostbarsten, was Armut erträglich macht: Hoffnung!, gerade auch in Südamerika:

Wenn man Armut vermindern kann, wenn das möglich scheint, dann ist Hoffnung; man kann arbeiten. Sonst wäre nur Verzweiflung, dann kann man nicht überleben. (Interview)

Die Protestantin Sölle fügt dem zwei Sätze hinzu, die die Mystik des Loslassens, mehr, des Ledigwerdens der Dinge, in ihrer ganzen Radikalität zeigt mit Blick auf Veränderung, genauer: Verwandlung:

Die Mystik der Armut lässt sich nur verstehen, wenn man sie im Zusammenhang mit der Freiheit denkt. Das Lassen von Ich, Besitz und Gewalt ist die Voraussetzung jeder Kreativität des verändernden Handelns.

(Dorothee Sölle, Mystik und Widerstand)

Das Weltsozialforum als ein Ort des Dialogs, auch des Streites, nicht aber einer neuen Avantgarde der ‚Besserwissenden', folgte dieser Einsicht und wurde so zu einer gewaltigen Demonstration einer anderen Mächtigkeit in der Welt. Ein weiterer, ebenso zentraler Aspekt dieser kollektiven Potenz drückt sich in den folgenden Worten der deutschen Theologin aus, die die ungeheure Wirkungskraft des WSF nicht mehr erleben sollte. Sie schreibt im Geiste des jüdischen Denkers Erich Fromm: ‚Der Vorrang des Jetzt vor aller planbaren und voraussagbaren Geschichte ist eine Folge der Orientierung am Sein, nicht am Haben'.

Genau das ist es, was das Forum auszeichnet. Damit ist sogleich der Widerstand gegen all jene Strukturen und Institutionen vorprogrammiert, die einer Entfremdung vom Kern des menschlichen Wesens- seiner Transzendenzbezogenheit- Vorschub leisten. Ein schönes Beispiel für die explosive Mischung von Politik, Ökonomie und Religion zeigt sich in der Biographie des frühmodernen Mystikers Franz von Assisi , dessen Armutsorden der römischen Kirche mehr als suspekt war. Diese empfand sein Wirken im Geiste Christi als höchst subversiv und versuchte Zeit seines Lebens, die Minderbrüder ins Joch kirchlicher Doktrin einzuspannen.

Aus einem ähnlich gesinnten Geiste formulierte Dorothea Sölle ihre Erkenntnis der heutigen globalen Wirtschafts- und Klimakrisen als Ausdruck einer spirituellen Verödung des Westens:

Sieht man von einem sentimentalen Erschauern ab, so ist das Mitleiden nicht selbstverständlich. Der Instinkt der Hühner, sich auf das Verwundete zu stürzen, ist unter uns Menschen nur wenig gemildert. Es gibt aber kein Leid, dass fremdes Leid ist; dieser Satz ist nichtableitbar. Das ist auch kein konstatierender Satz. Er wird vielmehr einem denkenden und fühlenden Wesen zugemutet! Es ist ein Wunsch, eine Hoffnung, die von der vorausgesetzten Brüderlichkeit aller Menschen zehrt. (ebd.)

Im Beispiel Whitakers ist Gott eine Metapher für das Blut als strömend-pulsierender Verbindung zwischen den Menschen. Kirchen müssen dementsprechend als Institutionen spirituelle Dienstleister sein, um das Blut zirkulieren zu lassen, d.h. Wachstum und Liebe.

Die Vernutzung von Erde und Mensch durch die Anbetung der Produktwelt kann, nach Sölle und Whitaker, nur durch Selbstbegrenzung, durch Maßhalten überwunden werden. Etwas, dass man früher Opfer hieß, heute hingegen als Balanceakt zwischen menschlichen Bedürfnissen, Wünschen und den Notwendigkeiten des Erdhaushaltes umschreiben würde. Das Ziel ist für beide Aktivisten ebenso ein spirituelles wie ästhetisches: ‚den Gesang und die Schönheit der Dinge selbst wieder vor die gereinigten Sinne treten zu lassen'. Eine poetische Umschreibung für eine sehr irdisch-geistliche Ökologie. Nichtsdestotrotz ist die deutsche Befreiungstheologin hellhörig und allergisch gegen jede Vereinnahmung der Mystik durch die verschiedenen Spielarten der Askese. Die Entmachtung des Ich, die erstere braucht, setzt, so betont sie fast kategorisch, das selbständige, entscheidungsfähige Ich voraus. Die Frauenrechtlerin in ihr geht dabei noch einen Schritt weiter:

‚Es gibt eine vormoderne Verweigerung von Autonomie und Selbstbestimmung, die sich in der Negierung eines zentralen Wunsches von Frauen quer über den Planeten äußert,- dem Wunsch, mehr noch der Forderung nach Bildung für alle, insbesondere der Kinder.' (ebd.)

Im gleichen Atemzug geißelt sie eine Werbung, die einer natürlichen Selbstbeschränkung die extreme Fixierung auf die endlosen Habensbedürfnisse der Menschen, heute Verbraucher genannt, nahelegt. Die Umkehrung von Seinswerten wie Schönheit oder Gesundheit sieht sie auf einem Markt der willkürlichen

Produkte mit dem Slogan der Habgier: ‚Geld ist geil' ins Groteske gesteigert. Denn: nicht nur Armut frisst an Leib und Seele sondern ebenso sehr ein Überfluß an Dingen, an Waren, die das spirituelle Herz des Menschen in ihrem schieren Übermaß veröden lassen. Eine religiöse Einsicht aller Zeiten.

Sölles Widerstand zielt, anders und doch ähnlich wie bei ihrem brasilianischen Geistesverwandten auf die Wiederherstellung einer Integrität der Sinne und damit des Einen großen Sinnes: religio als Rückbindung an den immerwährenden Gottesruf in der Seele jedes Menschen. Dazu die Stimme ihres Mitstreiters vom anderen Ufer der Welt Francisco Whitakers:

Wichtig war hier das 2. Vatikanische Konzil. Das stärkte meinen Glauben und den Willen, die Gesellschaft zu verändern. Das Ganze hatte eine holistische Vision: Autorität, hatten wir verstanden, bedeutete, andere autonom zu machen. (Interview)

Solcherart Autonomie ist auf einen noch größeren Bogen gespannt,- den der Absichtslosigkeit. Der geniale, frühverstorbene amerikanische Trappistenmönch *Thomas Merton* formulierte seine Einsicht zur Zeit des Vietnamkrieges in einem Brief an einen Freund. Darin berührt er den Kern der Mystik, ihre eigentliche Stoßrichtung:

Mache dich nicht abhängig von der Hoffnung auf Erfolge. Du musst damit rechnen, dass deine Bemühungen womöglich fruchtlos bleiben. Wenn du dich daran gewöhnst, wirst du dich allmählich immer mehr auf die Wahrheit deiner jeweiligen Arbeit konzentrieren und immer weniger auf ihre Ergebnisse.

In Zeiten dramatischer weltpolitischer Erschütterungen rund um den Globus zeigt der Marktfundamentalismus sein hässliches Gesicht: die behauptete Alternativlosigkeit eines Systems, das gerade wegen dieser Hoffahrt zu bröckeln beginnt. Der südamerikanische Katholik Francisco Whitaker wie die europäische

Protestantin Dorothea Sölle blicken in der Frage einer widerständischen, freiheitsliebenden Mystik der geöffneten Augen auf ein großes Vorbild: den Brasilianer Helder Camara, Bischof von Recife, Dichter und kontemplativer Mensch in einem. Die Präsenz Gottes im geschlagenen Leben immer wieder zu artikulieren war ihm ein Hauptanliegen- gegen das Verstummen, gegen jede Art von Resignation: , Herr, Du hättest verbieten können, dass deine entscheidenden Wörter: sein und lieben, konjugierbar seien. Ich bin nicht überrascht über deine zeitlose Güte, mit der du die Infinitive deines Wesens zerstückeln läßt', lautete sein Gebet.

Der schon grammatikalisch durchdeklinierte, verstümmelte Gott kommt nicht als Sieger zu den Mitternachtskindern. Doch auch die Nacht der versprengten und verhungernden Menschen ist ihm, Camara, dem hoffnungslos der Hoffnung Ergebenen Gottesnacht. ‚Er sieht, was Gott sieht, er hört, was Gott hört, er weint und lacht, wo Gott lacht und weint', schrieb die deutsche Theologin über den Kirchenmann und Mystiker.

Beten hat sich hier aus der Zwangsjacke der Bittgebete, der frommen wie fundamentalistischen endgültig befreit. Es ist synonym mit jenem anderen so oft zerstückelten Verb, besser Tuwort: lieben. Beide Wörter bedürfen in diesem neuen Zusammenhang keiner weiteren Rückversicherungen, nicht der Theologie und auch nicht der Religion. Sie sind, was sie tun. Und dennoch, das Bekenntnis, das Dorothea Sölle, die radikale, weltoffene Feministin zum Evangelium ablegt, ist ein eindringlicher Zeugnis für die Größe und Schönheit einer persönlichen Konfession:

Das Evangelium ist schön; es spricht vom Leben so, wie ich will, dass von meinem Leben gesprochen werden soll- ohne Verachtung. Es spricht in einem Ernst, der es nicht zulässt, auch nur einen einzigen Tag gering zu achten, in einer Hoffnung, die es nicht zulässt, auch nur einen einzigen Menschen auszulassen. Es spricht im Schmerz, der sich nicht blind machen lässt und in der

Freude, die ansteckt. Das Evangelium spricht ohne Verachtung vom Leben aller: jede Stunde zählt; jeder Hunger gibt ein Recht zu essen, alle Tränen werden gesammelt, niemandem wird Angst ausgeredet, niemand wird ausgezählt. Das Evangelium drückt eine unendliche Bejahung aus.

(Dorothee Sölle, Mystik und Widerstand)

(Zitate D. Sölle: © Hoffman und Campe, Hamburg 1992)

Fundamentalismus. Stimmen, Stimmungen

(Zitate: Lettre International Nr.65 (Sommer 2004). Artikel von: Roger Friedland, Religiöser Terror, Daniel Accursi, Der neue Krieg der Götter, Eliot Weinberger: Muhammed, Heinz Dieter Jünger: Kreuz der Erlösung)

Während für viele Menschen im gesättigten Westen, in der sogenannten Ersten Welt, schon die Glocken des Zeitgeistes die Sterbestunde der Religionen (zumindest der christlichen) einzuläuten schienen, tauchte, spätestens mit Nine/Eleven, urplötzlich das Gespenst des Fundamentalismus wieder auf – beklemmend nah, erschreckend global, in radikaler Gestalt und Vitalität. Wiedererstanden zum Einen in den drei monotheistischen Religionen des Nahen Ostens, und, zum Anderen in Form einer spätkapitalistisch fundierten, sicherheitsfanatischen, technologischen Marktplutokratie, wie der Schriftsteller *Tariq Ali* in seinem vielbeachteten Buch *Fundamentalismus im Kampf um die Weltordnung* feststellt:

Die neuen Anhänger des Imperiums eint der Glaube, die militärische und wirtschaftliche Macht der Vereinigten Staaten stelle, trotz gewisser Makel, das einzig emanzipatorische Projekt dar, das gegen alle, die diese Macht in Frage stellen, verteidigt werden muß. Aber sie vergessen, dass Imperien immer im eigenen Interesse handeln. Das amerikanische Imperium hat den 11. September unverhohlen dazu mißbraucht, die Welt neu einzuteilen.

In diesem Zusammenhang zitiert *Roger Friedland* in seinem Essay über religiösen Terror den Satz eines ehemaligen hochrangigen amerikanischen Geheimdienstlers über die Absichten der Regierung Bush:

Wir befinden uns im Krieg gegen den Terrorismus, und der Irak ist dabei nur eine Schlacht. Die Regierung Bush sieht das Ganze als ein einziges riesiges Kriegsgebiet an. Als Nächstes ist der Feldzug gegen den Iran dran. Wir haben vier Jahre Zeit, und wenn die zuende gehen, wollen wir sagen können: Wir haben den Krieg gegen den Terrorismus gewonnen.

‚Am Anfang war das Wort', sagt die Bibel; nein der Klang, berichten die Upanishaden des Hinduismus: OM – die Ursilbe. Nein, am Anfang, so die matriarchalen Religionen, steht die Göttin, das Prinzip Venus/Eros, die große Verführung, das Weibliche, das die Männer hinanzieht, wie Goethe schrieb; also der Körper, – Muschel und Phallus – Fruchtbarkeit bringend, Leben, Ekstase und – ja, den Tod.

Wir wollen die Ursprünge des Fundamentalismus noch woanders suchen: am Zweiten Anfang war das Patriarchat – seine Macht in Besitzständen von Land und Frauenkörpern rechnend, seine Religion des einzig Einzigen im Rivalismus gegen andere Einzige entwickelnd. Gott gegen die Götter. Gewaltig spricht Jahwe:

Der HERR der Heerscharen wird diese Stadt heimsuchen mit Donner und Erdbeben und lautem Krachen, mit Wirbel und Sturm und verzehrenden Feuerflammen. (Lettre)

Roger Friedland setzt den Bezug zur heutigen Situation: *Einst gab es Rache-, Graben-, Präventiv- Kolonial- und totale Kriege, heute gibt es den Liebeskrieg: ‚Der Irakkrieg ist der barmherzigste von allen Kriegen' lehrt uns General Jay Garner. Die nächsten Tage bringen euch, wenn Gott will, Neuigkeiten, die euch das Herz erwärmen, flüstert Al Qaida.* (ebd.)

Der Krieg als orgiastisches Symptom der göttlichen Güte.

Die Doktrin des neualten Fundamentalismus also der Grund-Satz heißt: ‚In God we trust', oder: ‚Kein Gott ist außer Allah'; die Aufgabe: Verbreitung der frohen Botschaft- Jesus ist der Erlöser, der Einzige, nein Mohammed ist der letzte Prophet, nein, die Bewahrung des Heiligen Landes, Ehrez Israel, steht Allem voran. Das Ziel: die Bekehrung der Ungläubigen; die Mittel: jedwede, im Kampf gegen das Böse, für den endgültigen Sieg des Guten – Apokalypse now; die Zeit: der Beginn des 21. Jahrhunderts.

Zitieren wir noch einmal Tariq Ali:

Der Kapitalismus hat einen einzigen Markt geschaffen, ohne aber die Kluft zwischen den beiden Welten (der ersten und der zweiten) zu schließen. Sein Triumph hat dazu geführt, dass die erste der beiden Welten Reichtum hortet und über unbegrenzte Militärmacht verfügt. Die zweite wird von Eliten regiert, die der ersten dienen oder sie zu imitieren suchen. Diese Erstarrung von Politik und Wirtschaft hat fatale Konsequenzen. Ein entmachtetes Volk wird unaufhörlich an seine Schwäche erinnert. Wut, Frustration und Hoffnungslosigkeit greifen um sich. Um ihrem Dasein einen Sinn zu geben, leben die Verzweifelten nach ihren eigenen Gesetzen.

(Fundamentalismus)

Es war der Politiker wie der Prophet (Muhammed), der die Notwendigkeit erkannte, nur dann endgültig mit dem Polytheismus zu brechen, wenn er und sein Gefolge die Oberhand hatten. Ein Prophet konnte im 7. Jahrhundert nicht der wahre spirituelle

Führer einer Stammesgemeinschaft sein, wenn er nicht auch politische Macht ausübte und die Kunst des Reitens, des Fechtens und der militärischen Strategie beherrschte:

Es ist das Jahr 8 des neuen islamischen Kalenders. Zwanzig bewaffnete Reiter sind unterwegs zum Heiligtum der weithin verehrten mekkanischen Göttin Manat. Die Männer und ihr Anführer, Sa'ad bin Zayd, waren vom Propheten beauftragt, die Statue der Göttin des Schicksals zu zerstören. Der Tempelwächter sah die Reiter nahen, blieb aber stumm, als sie abstiegen. Der islamischen Mythologie zufolge tauchte in dem Augenblick, als Sa'ad auf die vollendet gemeißelte Statue der Göttin zutrat, eine nackte, schwarze Frau auf. Manat raufte sich in ihrer Verzweiflung die Haare und schlug sich auf die Brust. Dabei verfluchte sie ihre Peiniger. Sa'ad schlug sie tot. Dann – und erst dann – traten seine Begleiter zu ihm. Gemeinsam hieben sie auf die Statue ein, bis sie völlig zerstört war. (ebd.)

Ob Allah weinte? Ob er protestierte? Die Legende berichtet jedenfalls von keiner Meinungsverschiedenheit.

Die Globalisierung des Glaubensmarktes produziert Krieger am laufenden Band. Von allen Arten. Krieger als GI's, Marines, Volksfedajin, Mudschaheddin; Krieger als Prediger, Äbte, Imame, Mullahs. Den Mund voll des Alten Testamentes, des Neuen Testamentes. Überall Gemetzel. Menschliche Bombenteppiche. Viva La muerte! Haß auf das Leben, Anbetung des Todes. Der Kamikaze nimmt sich das Leben, um seinen Gott wiederzufinden. Damit er sich mit ihm vereinen kann, muß er die Ungläubigen opfern. Keine Trennung mehr zwischen dem Liebenden und dem Geliebten. Wenn er die Ungläubigen tötet und sich zugleich selbst, reinigt er die Welt. Doppelgleiches Opfer! Terror im Zeichen des großen Verlöbnisses mit Gott. Der Gottesnarr kehrt der Menschheit den Rücken zu. Er hat nur Augen für seinen Gott. Diese Gewalt ist nicht auf die Menschen ausgerichtet. Sie ist ein

Monolog in Gott. Geheime Schändlichkeit des Glaubens: ‚Sprechet nicht von denen, die erschlagen wurden in Gottes Pfad: sie sind tot; nein, sie sind lebendig, doch ihr versteht es nicht,' heißt es im Koran.

(Weinberger, Lettre)

Das Fundament: ICH BIN DER ICH BIN, spricht Jahwe, der alttestamentarische Gott. Zu wem sprach er: zu sich, zu den Menschen, seinem Ebenbild? Wer hörte? wo fand das göttliche Wort seinen Widerhall, das Form schuf, Natur und Mensch, Adam, gebrannte Erde, Ton, zerfallend zu Staub, zu Asche? Denn- nur Allah ist groß und Mohammed sein Prophet, menschliches Sprachrohr, ansonsten ein Nichts, und doch fast alles durch den Glauben:

Der Koran ist das einzige Dokument, das alle Muslime als autoritativ anerkennen, doch ist auch er ‚nur eine Schrift zwischen zwei Buchdeckeln, die nicht spricht', wie der vierte Kalif und Urvater der Schiiten, der 661 ermordete Imam Ali, wusste. ‚Es sind die Menschen, die mit ihm sprechen'. Und diese Menschen- die Muslime- sprechen seit der Frühzeit verhältnismäßig wild durcheinander, zumal der Islam keine der Kirche vergleichbare Institution kennt. Ein Korankommentator des 10. oder 11. Jahrhunderts führte zu jedem Vers mindestens zwei, in der Regel aber sehr viel mehr Deutungen an, von denen er zwar eine als sinnvoll nahe legte, diese aber nicht für absolut wahr beanspruchte; und:' Gott weiß es besser', steht am Ende einer jeden Auslegung. Für sich betrachtet ist der Koran weder ein Manifest für noch ein Pamphlet gegen Moderne und Demokratie.

(Hartmann/Krannich, Muslime im säkularen Rechtsstaat. Das arabische Buch)

Die Legende besagt, dass in der Nacht, als Mohammed geboren wurde, alle Götzen zerbarsten. Der Palast Kerys, des Kaisers von Persien, erzitterte und seine Kuppeln zerbrachen. Der See Sawa, der als ein Gott verehrt wurde, trocknete aus und wurde eine Salzebene. Siebzig Säulen aus Licht seien zwischen Himmel und Erde erschienen, jede in einer anderen Farbe, und die Kaaba stieg auf und schwebte über Mekka. Der dramatische wie eindeutige Schlußakt der Verwüstung besagt, dass am anderen Morgen alle Könige der Welt ihre Throne nach hinten gedreht fanden.

Religiöse Gewalt bedeutet Töten im Namen Gottes, extreme Eingriffe in die Geschichte, die Gottes eigene, oft gewaltsame Heimsuchungen nachahmen. Verblüffend ist dabei, dass die politisierte Religion und der religiöse Nationalismus von einem sexuellen Imaginären angetrieben werden, das nicht ohne Bezug zur außergewöhnlichen Macht Gottes ist. Religionskrieger im Besonderen sind besessen von Sex, von der Darstellung weiblichen Fleisches, von der Regulierung der Sexualorgane, von Schleiern und sexueller Treue. Weibliches Fleisch erregt ihren besonderen Eifer. Ich schreibe dies, während Verteidigungsminister Rumsfeld sich für die sexuellen Erniedrigungen entschuldigt, die irakische Gefangene bei Verhören durch amerikanische Soldaten erleiden mussten. Manche Männer wurden nackt ausgezogen und gezwungen, homosexuelle Akte zu simulieren. Sexuelle Erniedrigung, die den Mann in weibliche Stellungen zwingt, weist auf eine verdeckte Logik hin, worum es in diesem Kampf geht – um Männlichkeit. (D. Accursie, Lettre)

Das Bild, das um die Welt ging, sah folgendermaßen aus: da erschien der Feldherr, George W. Bush, aus den Höhen herabfliegend auf sein Schiff, einem Flugzeugträger, Festung auf den Wassern, diesem unsteten Element, welches die Tsunamis aus seinen Tiefen entlässt. Da trat er hervor, zu Freund und Feind, in voller Kampfmontur- der Präsident vor seinen Soldaten, Triumph im Gesicht. ‚In God we trust', lautete wieder und wieder seine und aller Parole, bevor die schlanken Raketen aus großer Höhe ins Fleisch des Feindes explodierten, ins Weichbild der Städte, direkt oder als Streubomben mit unvergleichlichem Effekt: ‚only a dead enemy is no enemy anymore'! Wer zählte die toten Frauen, die Kinder und Alten?

Die irakischen Männer, Frauen und Kinder, die die amerikanischen Sicherheits-Vertragsarbeiter angriffen, taten dies auf islamischen Boden. Ihnen reichte es nicht, die Amerikaner zu töten. Während sie:'Wir erlösen den Islam mit unserem Blut' sangen, verstümmelten sie die verkohlten Leichen. Der Tod war nicht genug. Vom Tod abgesehen, ist Sex im Spiel in diesem Kampf der politischen Theologien. Sex, der unsere private Seite berührt, ein Verhältnis zwischen Potenz und Macht, eine Dimension, über die nur schwer gesprochen werden kann, die man jedoch erforschen und verstehen muß, wenn wir in dieser in immer größeren Schrecken versetzten Welt bestehen wollen. (R. Friedland, Lettre)

Sein Erweckungserlebnis, seine Auferstehung vom Alkoholismus zu Christus erlebte der der amerikanische Präsident im kleinen Kreis im Süden seines Landes- unter Männern, unter Sündern: Gleicher unter Gleichen. Also gereinigt trat er vor die Nation und verkündete den großen, gnadenlosen Krieg gegen den Terrorismus, vielleicht im Gedenken an des Kirchenvaters Augustinus Satz: ‚Die Bosheit des Feindes zwingt den Weisen zu gerechten Kriegen'. Und ihm ward sofort Antwort von drüben, von seinen einstigen Waffenbrüdern, seinen arabischen Businesskollegen im Kampf gegen ein früheres Übel, Kommunismus geheißen; sie riefen ihm und dem amerikanischen Volk im Namen Allahs zu: ‚Djihad'euch Ungläubigen', die ihr euch allmächtig dünkt, wir haben eure Achillesferse getroffen, die Towers, wir werden siegen, vinceremos, denn wir lieben das Leben, aber mehr noch den Tod, der uns die ewige Seligkeit einbringt- die süße, unendliche Lust.

Im Islam gibt die heterosexuelle Erotik einen Vorgeschmack auf das Paradies, in das die Gläubigen letztlich eingehen müssen.'Die irdische Freude, schrieb Imam Ghazali, ist eine starke Motivation für die Menschen, die ewige Freude zu suchen, und deshalb zwingt sie den Menschen, Gott anzubeten, um in den Himmel zu kommen.'

Aus der Sicht des Mörders des israelischen Premierministers Rabin, der das Land Israel an Fremde, an Palästinenser weggeben wollte, ist man dazu verpflichtet, einen solchen Juden auf dieselbe Weise zu töten, wie Pinkas einen Juden tötete, der nach Hause ging und vorhatte, in den Körper einer fremden Frau einzudringen, – also einen anderen Gott anzubeten.

Im Islam lässt sich die männliche Verteidigung der Ehre eines weiblichen Körpers leicht auf die Geopolitik übertragen. Wie Fatima Mernissi zeigte, stammen die arabischen Worte, die sich um weibliche erotische Körper drehen, aus der Militärsprache.

(R. Friedland, Lettre)

Fünfundvierzig Millionen Amerikaner, so heißt es, glauben an das Armageddon, die Endschlacht zwischen Gott und dem Satan, prophezeit in der Offenbarung des Johannesevangeliums. Diese ist nahe, verkünden christlich-protestantische Hohepriester, und sie wird mit der endgültigen Höllenfahrt Satans, und aller, die ihm dienten, enden. Dann endlich wird der Messias ein zweites Mal zur Erde zurückkehren und das himmlische Jerusalem wiedererrichten, alle Juden, nun missioniert!, in Ewigkeit aufnehmend. ‚Dein Reich komme, O Herr!'

In Amerika, wo mehr als ein Drittel der Bevölkerung aus gläubigen Kirchgängern besteht, hat Bush Eines schon erreicht: die völlige Spaltung der Gesellschaft in die Ja-Sager und den Rest. Ein Ausnahmezustand, den er mit seiner neoreligiösen Propagandafront in glühender Inbrunst herbeigebetet hat, und der die kühnsten Vorstellungen der christlichen Fundamentalisten der zwanziger und dreißiger Jahre in den Schatten stellt. Eines lässt sich festhalten: Entgegen aller ‚United we stand' Beschwörung nach dem 11. September ist es ihm gelungen, Amerika zu zerreißen, wie es nach dem Bürgerkrieg niemand geschafft hat.

Die Zerstörung des naiven Glaubens an die Verkörperung der Stars and Stripes fürchten dabei manche eingefleischte Republikaner am meisten, denn das wäre das Ende der amerikanischen Auserwähltheit. (ebd., Lettre)

Das Fundament: der Logos, das offenbarte Buch, das geschriebene Wort- Buchstaben, hermetisches Rätselwerk, über das gebeugte Köpfe sinnen, ein Lebtag lang. Die Schrift: Ausgangsort für Propheten, deren verbaler Feuersturm, einst wie heute, Menschen und Geschichte in Unruhe versetzt, entsetzt oder zu euphorischen Jubelstürmen hinreißt- Hosianna! Da, erscheint er, der lebendige, der Gottmensch, Jesus Christus; Palmwedel und Tage später das Kreuz- fast nackt, der geschändete Leib. So beispielsweise geht es zwei Stunden lang in Mel Gibson's Passionsfilm. 120 Minuten Wühlen in offenem Fleisch; Blutströme und Agonie von Körper und Seele verspritzend. Opfer, Sühnerituale auf großer Leinwand vor Millionenpublikum. Das Fazit:

Allein der Ruf Gottes ist unwiderstehlich. Sie, die Menschen, müssen in den Krieg ziehen, sie brauchen Blut und Tränen. Ohne den monotheistischen Krieg, ohne all diese Metzeleien wäre das Leben abgrundtief langweilig, und so banal, dass einem die Augen tränen. Der Krieg soll die Wirklichkeit der Welt sein, die Grundstimmung, der Mutterboden. (D. Accursie, Lettre)

Wie also müßte das Fundament beschaffen sein, das die unheimlichen Begierden stillt, den Trieb nach endgültiger Sicherheit im Glauben oder das Verlangen, alle zu einem, nämlich dem eigenen religiösen Weg zu bekehren? Die Antwort des Westens lautet: ‚Time is money', das Mantra der Moderne; ihr Fundament: die Freie Marktwirtschaft: Doch Geld, einst sichtbarsichere Basis allen Handels, wird allmählich unsichtbar, verliert sich in Chipkarten, zieht in unkontrollierbaren globalen Rhythmen und Konvulsionen über die Kontinente, verheerend wie Heuschreckenschwärme, während die Natur zunehmend in Gendateibanken gehortet wird:

Die Wahrheit unserer Welt liegt im Offshore, das Zentrum ist nicht die Wallstreet oder die Londoner City sondern der Off-Shore Archipel. Das Offshore wird von Finanzströmen aerodynamisch gestaltet. Ein geheimer, mysteriöser Archipel; er eröffnet den Übergang von der Hölle zum Paradies. Ohne das Off-shore vertrocknet, erlahmt der Weltfinanzmarkt. Durch das Weißwaschen erlaubt es die Auferstehung. Was gehortet und erpresst wurde, wird rechtmäßiges Eigentum. Schmutz verwandelt sich in reines Gold. Die Mafias sind keine Außenseiter. Sie befinden sich nicht außerhalb des Systems sondern in seiner Mitte. Sie untergraben es nicht, sie begründen es. Sie sind die Weltordnung. Mit Ihnen verdorrt alles. Sie verseuchen Quellen und Meere. Alles ist für sie Schacher und Vermarktung. Der Mafiakrieg äfft den Krieg der Götter nach. (E. Weinberger, Lettre)

In der Zwickmühle zwischen historisch-kritischer Aufklärung und einem gelangweilten Alltagskonsumismus, der die Kirchen in Europa inzwischen hart an die Wand gedrückt hat, steht der religiöse Mensch des 21. Jahrhunderts, nackter denn je den Fundamentalismen verschiedenster Ausprägungen ausgesetzt – den in Hass umgeschlagenen enttäuschten Hoffnungen nicht nur der ‚Verdammten dieser Erde' sondern ebenso den vom Fortschritt an die Seite geschobenen Menschen der sogenannten Ersten Welt. Doch die Sehnsucht nach Wahrheit, Liebe und Gerechtigkeit bleibt:

„Wie schön ist deine Liebe, meine Schwester, Honig und Milch sind unter deiner Zunge. Wie schön bist du, wie wunderschön."

Das Hohelied des Alten Testamentes ist voll mit Anreden in der zweiten, nicht in der dritten Person, mit anderen Worten, voll mit Rufen nach ‚Dir.' Dieser Ruf kann ebenso wenig erschöpfend erklärt werden, wie die Tatsache, dass wir geboren sind. Er hat uns in ein Leben der Beziehung und unendlichen Zufälle gerufen und verschafft sich selbst Gehör als die radikale Offenheit und Verwundbarkeit, welche die unsere ist und die ins Leben gerufen wird – eine unendliche Endlichkeit, die das Hohe Lied in seiner unermüdlichen Anrufung des Geliebten feiert.' Ohne den unerdenklichen Ruf des Anderen gibt es das Recht, das mosaische eingeschlossen, nicht.

Man darf annehmen, dass die nachchristliche Ernüchterung später gar nichts mehr vorfinden konnte als eine entleerte Welt, einen gleichsam zum Punkt zusammengeschrumpften Kosmos, und so – aus reiner Not – in jenes simple Symbol des beständigen Fortschritts aus eigener Kraft, der einsinnig gerichteten Linie, eine letzte Zuflucht nehmen musste. (H.D. Jünger, Lettre)

Und Tariq Ali schreibt, einige Jahre vor Beginn des arabischen Frühlings:

Und was haben die Islamisten anzubieten? Einen Weg in eine Vergangenheit, die – zum Glück für die Menschen des 7. Jahrhunderts – so nie existiert hat. Die arabische Welt hat Veränderungen bitter nötig. Wir ersticken. Warum können wir nicht atmen? Alles scheint stillzustehen: unsere Wirtschaft, unsere Politik, unsere Intellektuellen und vor allem – unsere Religion.

(Fundamentalismus)

Das Zölibat oder die reine Lehre

Das Religiöse und das Geschlechtliche sind die beiden stärksten Lebensmächte. Wer sie für ursprüngliche Widersacher hält, lehrt die ewige Zwiespältigkeit der Seele. Wer sie zu ursprünglichen Feinden macht, zerreißt das menschliche Herz.

(Walter Schubart, Eros und Religion)

Wer die Debatten um den Kinder- und Jugendlichenmissbrauch in vorwiegend katholischen Anstalten in den letzten Jahren verfolgt hat, kommt um eine Tatsache nicht herum: die zentrale Thematik Sexualität erscheint zwar als Begriff aber im Wesentlichen nur als solcher. Einer der wenigen, die sich in die öffentliche Debatte als Opfer eingeschaltet haben, und nicht in der keuschen Abstraktion verblieben sind, ist der Schriftsteller Bodo Kirchhoff. Bei *Spiegel-Online* sprach er unverblümt, ja schamlos aus, in welchen Bann er durch die ‚sexuellen Übergriffe' gebracht worden war, welche Geister in ihm als kleinen Jungen geweckt wurden, die diesen ein Lebtag lang nicht mehr loslassen sollten:

Ich bin missbraucht worden. Ein Wort, das nicht weiterhilft, dass nur die ganze Misere der Sprachlosigkeit zeigt. Der sogenannte Missbrauch hinterlässt ein ungeheures Sprachloch, das weder die Zeit heilen kann noch Prozesse. Die öffentliche Reue oder die christliche Entschuldigung sind sprachlich ein Gestammel, das an Tiger Woods und Bill Clinton erinnert.

Spiegel (15.3.2010)

Die Büchse der Pandora, dieses glutheiße Gemisch aus sexuellen Phantasien, Wünschen, Schreckensbildern und Begierden, hat sich durch den Mißbrauch – welch klinischer Begriff – frühzeitig über zahllose Kinder und junge Menschen ergossen und in ihnen jene hochexplosive Mischung aus Scham, Schuld und Lust erzeugt, die den Raum des erwachenden Sexus von

Grund auf vergiften. Nicht das Zölibat steht zur Debatte sondern jene Kernkraft, die das Verhältnis zwischen Mann und Frau, Individuum und Gesellschaft zu jeder Zeit entscheidend bestimmt.

Interessanterweise bleibt gerade in sogenannt postmodernen Zeiten, die sich einer ebenso massiv plakativen wie unterschwelligen Zeichen- und Bildersprache des Sexuellen, zumeist latent Pornographischen bedienen, ein nicht zu unterschätzender Raum des TABU; dieses bezieht sich zentral auf die delikate Beziehung von Religion und Sexualität. Der Zusammenhang zwischen den beiden existentiellen Lebensfeldern ist durch die Zeiten hinweg als extrem innig empfunden worden- eine branntheiße Mischung, die, in Hinsicht auf Moral und Ethos, die Geister immer neu scheidet. Auf der einen Seite die nicht nur klerikalen Puristen, die Sitte und Anstand, ja die Gesellschaft als solche durch dieses ‚Gebräu' gefährdet sehen- hier lautet das entscheidende Stichwort Reinheit bzw. Keuschheit- auf der anderen die Hedonisten und Anarchisten (gern wird der Fingerzeig dabei auf die 68iger Generation gerichtet), die in der freien Liebe das Nonplusultra individuellen Ausdrucks suchen. Beiden Fraktionen, die einen nicht unerheblichen Teil der Bevölkerung ausmachen, ist, auch bei großer Unbewußtheit gegenüber den tieferen Zusammenhängen, doch ‚irgendwie' klar, dass es in dieser Frage ums Ganze geht. Aus den Veröffentlichungen der Stimmen der Opfer wie der Kommentatoren der katholischen Hierarchie aber auch der Presse, bzw. der Politiker, ist zu erkennen, dass sich an dieser Vagheit der Wahrnehmung nicht viel geändert hat. Der Ausspruch eines Opfers: ‚man hat meine Seele gemordet' sagt dagegen unverblümt, um was es geht: Um die Zerstörung eines Lebensganzen zwischen Glaube, Vertrauen und Verführung !

Werfen wir für einen Moment den Blick zurück zu den historischen Ausgangssituationen im Themenkreis Religon/Sexualität. Im Alten Testament, in der Genesis, der Schöpfungsgeschichte mithin, heißt es, mit Bezug auf das erste Menschenpaar, das den Urakt der Liebe vollzog: und er erkannte sie, die Heva=Eva, übersetzt, das LEBEN! Welch einfacher und großer Satz zugleich für den sexuellen Akt!: Mit der Zeit aber, so stellt die Genesis fest, ‚schielten die Kinder Israels, die Kinder Gottes, nach den Töchtern der Menschen, der Nachbarn also, wie schön sie sind und nahmen sie zu Weibern'. Auf deutsch: Man(n) geht fremd! Nicht nur, dass Gott dieses Begehren nicht gefällt, es reut! Ihn, die Menschen überhaupt geschaffen zu haben; er gedenkt, sie durch eine Sintflut zu vernichten. An Hand dieser kurzen mythologischen Szene aus der Bibel lässt sich anschaulich die Sprengkraft erahnen, die durch den Schöpfungsakt der Sexualität in Gang gesetzt worden ist.

‚Le petit mort' (den kleinen Tod) nannten die Franzosen jenen Schauder der Wollust, der dem Orgiasmus und Orgasmus der sexuellen Liebe innewohnt und Mann wie Frau die höchsten Wonnen zu bereiten vermag. Nicht nur dem Christentum, auch anderen Religionen war diese Ekstase des ‚Fleisches' höchst suspekt; denn einerseits hat sie einen unverkennbar religiösen Beigeschmack, zum anderen vollzieht sie sich, physiologisch gesehen, erst einmal da ‚unten' bei den Geschlechtsorganen, die so unfaßbar nahe den anderen Ausscheidungsorganen liegen-mit Berührungen der unsagbarsten Art. Geist und grobe Materie so dicht beieinander, so unverschämt sinnlich, wie konnte das sein? Das roch buchstäblich nach tierischer Lust, nach Sünde pur! Ein Gottesgeschenk?

Keuschheit erweist sich unter der Lupe des nicht nur philosophischen Blickes als fatale pseudoreligiöse Wahnidee einer vornehmlich männlich- patriarchalen Ideologie, die vermeint, die Schöpfung kastrieren zu müssen, um der reinen Lehre Genüge zu tun. Anders gesagt, die Absage an die Sexualität (die Ehe ist im Katholizismus offiziell weiterhin dem Kindergebären vorbehalten) ist der fundamentalste Ausdruck eines Zweifels am monotheistischen Gott, ein Abbild des unterschwelligen Hasses auf eine Schöpfung, die sich solcherart vollzieht, wie sie menschliche Sexualität eben ermöglicht. In den Augen vieler Gläubiger entweiht sie das Transzendente und trivialisiert das Individuum, denn: ‚alle Lust will Ewigkeit'. (Nietzsche)

Freuds Anliegen, wo ES (das Unbewusste) ist, Raum für das Ich zu schaffen, also per Analyse Deiche gegen das Irreale, Anarchische, Triebhafte aufzubauen, aber ebenso auch gegen infantile Gottesbilder, war ein großer Wurf, mehr Licht ins Dunkle und Chaotische der erotischen Gefühle und Wünsche zu bringen. Dem stand, leider, seine vehemente Ablehnung einer transpersonalen Wirklichkeit im Wege; solches Unvermögen setzte dem Willen zur Aufklärung scharfe Grenzen. Sein Zeitgenosse und Kritiker C.G. Jung ging hier, im Verständnis der Verschränkung von Psyche und Geist, entscheidende Schritte weiter. Noch viel weiter aber drangen, schon vor tausenden von Jahren die östlichen Religionen vor, die um das spirituelle Potential der Sexualität aus eigenster Meditationserfahrung wussten. Statt nur ums Erwachsen-werden, wie beim Wiener Psychoanalytiker, drehte es sich bei ihnen um das Erwachen schlechthin – eine völlig andere Dimension menschlicher Existenz. Ihre Fährte war das energetisch-orgasmische Potential des Körpers im Verbund mit spirituellen Bewußtsseinsprozessen. Doch auch viele religiös weniger forsche Menschen ahnten schon immer –, sofern ihnen der Sexus nicht nur zur Entspannung verhalf, dass diesem noch andere Wahrheiten innewohnen, zum Beispiel Dankbarkeit, Freude, Jubel, Ergriffenheit und erstaunliche Transzendenzerfahrungen,- kurzum Erkenntnisse der ganz anderen Art.

Dass die Sexualität immer als eine quasi göttliche Macht empfunden wurde, deren Spannweite Himmel und Hölle umfasste, davon zeugen die Mythologien der unterschiedlichsten Kulturen.

Schon die griechischen Götter fürchteten den Pfeil des Eros, der sie ihrer Eigenmächtigkeit beraubte; und auch Brahma, höchste Gottheit im hinduistischen religiösen Pantheon, kannte das Brennen der Begierde im Angesicht der vom ihm selbst erschaffenen weiblichen Kreatur. Und noch die Romanliteratur Europas kreist seit dem Mittelalter wieder und wieder um die Urkräfte von Eros, Sexus und Liebe.

Zurück zum Dogma des Zölibats. Ein Blick auf die in den Evangelien überlieferten Aussagen Jesu bezeugen fraglos Eines: es gibt keine Sätze von ihm, die auf eine Befürwortung des Zölibats hinausliefen. Jesus war Jude, die Ehe war in seiner Religion eine gottgewollte, allgemein anerkannte Institution. Er selber hatte in seiner Jüngerschaft offenkundig viele weibliche Anhänger; sein Verhältnis zu diesen und anderen Frauen, wie es im Neuen Testament dargelegt wird, ist von großer Offenheit, Zuwendung, sicher auch Liebe geprägt- und zugleich von einem großen Realismus: ‚Darum wird ein Mann seinen Vater und seine Mutter verlassen, und wird an seiner Frau hängen, und die zwei werden ein Fleisch sein.' Der Satz aus Markus 10,7 zeigt, dass er die Liebe und also auch die Sexualität durchaus bejaht. Außer Frage steht ebenso, dass er um den begehrlichen Blick, insbesondere des Mannes weiß und um seine psychologischen Konsequenzen: ‚Wer eine Frau ansieht, sie zu begehren, der hat schon die Ehe mit ihr gebrochen.'(Matth. 5,28). Dem steht jedoch sofort der andere Satz gegenüber: ‚Wer ohne Sünde ist, der werfe den ersten Stein.' (Joh. 8, 7) Der Libidoforscher und Kartograph des Unbewussten, der euröpäische Jude Sigmund Freud hätte ähnlich sprechen können. Bleibt ein einziger Ausspruch Jesu: ‚Einige sind von Geburt an zur Ehe unfähig, andere sind von Menschen zur Ehe unfähig gemacht, und wieder andere haben sich selbst zur Ehe unfähig gemacht um des Himmelsreiches willen'. (Matth. 19,12).

Wie wahr, immer hat es in der Entwicklung religiöser Ideen und Offenbarungen Menschen gegeben, deren Gabe die ausschließliche Konzentration auf das Göttliche war, so wie andere das Schweigen als großes lebenslanges Geschenk im Kloster zu leben vermochten. Hier ist zu sagen: Ausnahmen bestätigen die Regel.

Jesus, so seine überlieferte Selbstaussage, kam daher nicht, um zu richten, nicht, um Opfer zu fordern sondern das Himmelreich, sprich die Barmherzigkeit nahezubringen, (Matth. 12, 7) die Erlösung mithin- von den körperlich-seelischen Sphären der Entfremdung, Isolation und Angst. Nicht von ungefähr wurde er wesenhaft als Heiler, ethnologisch gesprochen als Schamane gesehen, wie ihn auch der aus der Kirche ausgeschlossene Theologe und Psychotherapeut Eugen Drewermann beschreibt. Dass in Israel, wie anderswo auch, die Frauen insbesonders unter der Willkür der Männer zu leiden hatten, war diesem Heiland wohlbewusst. Ein Mann konnte jederzeit mit billigen Gründen die Scheidung einreichen, was seine Frau schnell ins gesellschaftliche Abseits brachte. Jesus für irgendeine selbstquälerische Reinheitslehre in Anspruch zu nehmen, läuft daher ins Leere. Ihm ging es im Kern um die Wahrnehmung des Gottesreiches schon hier und jetzt auf Erden und das Erkennbar-werden all dessen, was dieser Wirklichkeit entgegensteht, u.a. eine heuchlerische Sexualmoral.

Die Lehre vom Zölibat und das Mißtrauen der Frau gegenüber als ewiger Verführerin gehen (nicht nur) in der katholischen Kirchenlehre von Anfang an Hand in Hand. ‚Das Weib schweige', lautet der Hammersatz des ersten christlichen Theologen, Paulus, ehemals Saulus, der sich mit diesem vernichtenden Ausspruch um Welten von seinem nur in der Vision geschauten Meister entfernt: Seine Sätze installieren eine eindimensional gefaßte Geschlechtermoral als herrschaftsorientierte Theologie schon kurz nach dem Tod Jesu. Das Kreuz der Kirche ist damit errichtet. Dass die Frau durchaus nicht schwieg, dafür standen in den frühchristlichen Gemeinden noch viele Jüngerinnen Jesu, wie einzelne Bemerkungen in der Apostelgeschichte erkennen lassen. Ihre Wirkungszeit jedoch war äußerst begrenzt. Nur, wer den Stachel im Fleische derart apodiktisch fixiert, muß gewärtigen, sich eine schwärende Wunde heranzuzüchten, die auch eine noch so reine Reinheitslehre nicht mehr zu stillen vermag.

Die Mißbilligung, mit der schon Paulus von all den Männern spricht, die ihren Trieb nicht im Zaum halten können, legt den Grundstein für ein Zölibatsverständnis, das auf Ausschluß der Frau im liturgischen Raum setzt sowie auf die stetige unterschwellige Verdächtigung der Standhaftigkeit des zölibatären Mannes, des Priesters. Die Gabe der Schöpfung- Sexualität als das Begehren schlechthin, als Sehnsucht der Geschlechter zueinander, mutiert somit zur Allgegenwart eines Fluchs, der mit der Paradiesgeschichte, bzw. dem Exodus daraus als Urtrauma beginnt. Monotheistische Keuschheitstheologie schafft konsequenterweise einen dauerhaften Bruch zwischen dem Schöpfer und seiner (menschlichen) Kreatur. Geboren aus dem Feuer der erotischen Leidenschaft der Eltern ist der Gläubige gezwungen, diesen Geburtsort und die mit ihm verbundenen (allzeit möglichen) Wonnen zu verneinen, zu verdrängen, ja zu hassen, um, psychodynamisch gesehen, desto fester an sie gebunden zu bleiben. Die Dämonen, die diesem Zwiespalt entspringen, hat die Kirche und ihre Haltung zur Sexualität aufs Tiefste gezeichnet. Schon die Wüstenväter, z.B. der berühmte Antonius, werden von sexuellen Phantasien obszönster Art verfolgt, und diese Wirklichkeit eines ‚wollüstigen' Schattens, zieht sich durch die gesamte Kirchengeschichte mit zu großen Teilen schauderlichen Konsequenzen (Hexenverfolgung) bis hin zur Aufdeckung der heutigen Verbrechen- im Jahre 2012 nach Christi Geburt!

Weiterhin verdeckt bleibt jedoch eine fundamentale Tatsache, die mit all diesen Ent-deckungen anheimgeht: eine bis ans Mark rührende Unsicherheit, genauer gesagt insgeheime Ungläubigkeit patriarchal orientierter monotheistischer Religiösität, die das Spiel des Begehrens als Auslöser des Schöpfungsgeschehens nicht zu akzeptieren vermag. Die Diffamierung des Weiblichen als grundlegende Gefahr für die Reinheit des Mannes vor Gott ist nur die eine Seite der Medaille, die andere, noch gravierendere ist der darunter hervorlugende (unausgesprochene, unterbewußte) Verdacht gegen solche Schöpfung, und damit ihren Schöpfer selbst! Was ist das Dogma von der unbefleckten Empfängnis anderes als die männliche Korrektur eines frühen Satzes aus dem Umkreis matriarchal orientierter altbabylonischer und ägyptischer Religion, wo die Selbstbezeichnung der Göttin noch lautete: Ich bin die Jungfrau und die Hure, der eben nichts unrein ist! Dass die Schöpfung das scheinbar Unreine zu gebären und doch klar und jungfräulich zu bleiben vermag, muß einem patriarchalen Denken entweder unheimlich oder pervers anmuten- in jedem Falle beunruhigend, weil logisch nicht zu fassen; ein Koan aus Frühzeiten des Matriarchats, das ansonsten nur mit dem Schwerte zu lösen ist, sprich der Selbstkastration, bzw. ihrer phantasiereichen Kompensation durch die im Himmel (und oft schon auf Erden) wartenden ‚Huris' aller Couleur. ‚Corriger la fortune', heißt dann, theologisch gesehen, die Pläne Gottes umzumodeln, gemäß eines einlinigen und verstörten Verstandes. Die Konsequenz: Verhülle das Antlitz der Frau, kontrolliere sie, diese sichtbare Quelle aller männlichen Beunruhigungen.

In den frühen Mysterienkulten zu Ehren der Großen Göttin wurde dieser in Einweihungen und Ritualen gehuldigt, wurden Scham und Schamlosigkeit, Sinnlichkeit und Demut zueinandergeführt, um zur großen Erfahrung des unzertrennbaren Gewebes von Sexualität und Spiritualität, von Phallus und Schoß,

Himmel und Erde zu gelangen- zum Ganzen, zur Transzendenz in und durch die scheinbare Immanenz des Fleisches: Auferstehung im orgiastischen Orgasmus und dem Schweigen in der Erlösung danach.

Solche Lehren sind zu größten Teilen verloren, ganz besonders in den Kirchen. Nicht von ungefähr stand im Mittelalter das Kloster oft genug synonym für Hurenhaus. Doch die europäisch christliche Kunst hat hin und wieder einen Abglanz der Schönheit der unio mystica aufgefangen. Zum Beispiel in der Pieta von Michelangelo, die damals bei den Kirchenoberen höchst ambivalente Gefühle auslöste: jene zauberhafte Innigkeit einer jungen Frau, Maria, mit dem in ihrem Schoß ruhenden Sohn/ Geliebten. Welche Verschränkung von Eros und Agape, welche Hingabe in aller Sinnlichkeit und Reinheit- welcher Akt der Einung von Mutter und Sohn, Mann und Frau! Von nicht wenigen, nicht nur seiner Zeit, ist dem Künstler der Vorwurf gemacht worden, ein inzestuös erotisches Werk geschaffen zu haben. Der Bewunderung der Pilger tat das wenig Abbruch.

Wie geschlagen dagegen mutet einer der größten und frühesten Kirchenväter an: der heilige Augustinus aus dem nördlichen Afrika, der über lange Zeit ein höchst promiskuitives Leben führte. Seine zum Christentum übergetretene Mutter zwang ihn, sich von seiner langjährigen, in ihren Augen heidnischen! Geliebten zu trennen, mit der er ein Kind hatte- um des Reinheitsideals einer neuen Religion willen. Wie sehr Augustinus unter diesem Bruch gelitten hat, weiß man aus seinen Schriften. Er wird diese Wunde unterschwellig an die kommenden Generationen von Gläubigen weiterreichen; und erst ein moderner Theologe wird als Analytiker die tiefenpsychologischen Verheerungen bis in ihre subtilen Verästelungen in den Biographien von Priestern aufdecken: den Wahn, Gott durch die Enthaltsamkeit näher zu sein. Das Buch *Kleriker* von *Eugen Drewermann* gilt zu recht als Standardwerk einer späten Aufklärung über den Zwiespalt von Trieb und Glaube.

Dass das sexuelle Begehren in Männereinrichtungen- seien es Internate, das Militär oder Klöster, sich entsprechende Kanäle sucht, in solchen Fällen die Hinwendung zur Homosexualität, ist bestens dokumentiert. Wie sagte doch Altmeister Freud: Die Sexualität des Menschen ist polymorph pervers geartet. Weniger drastisch ausgedrückt: der Sexus lässt sich nicht in fein säuberliche Kategorien einordnen wie Hetero, homo, transsexuell. Die Übergänge der menschlichen Geschlechtlichkeit sind fließend. Die Dichterin des antiken Griechenlands, Sappho von der Insel Lesbos, schrieb, ihrer erotischen und poetischen Neigung entsprechend, die wunderbarsten Liebesgedichte an ihre Freundin; Virginia Woolf, die verheiratete englische Schriftstellerin des viktorianischen Zeitalters litt dagegen – mehr als 2000 Jahre später- ein Leben lang unter den Nachwirkungen frühen sexuellen Mixbrauchs und der gesellschaftlichen Verfemung ihrer homoerotischen Veranlagung und wählte schließlich den Freitod.

Sexuelle Abartigkeit als gotteslästerliche Sünde, diese Gleichung hat die heilige Kirche über Jahrhunderte als ein drakonisches Joch ihren Gläubigen übergestülpt. Nun steht sie selbst am Pranger. Die wochenlangen Verleugnungen, die Hinhaltetaktik und- schlimmer, der heuchlerische, allein dem Selbstschutz dienende Vorwurf aus Bischofskreisen, man sei einer Kampagne, ähnlich der wie gegen die Juden in der Nazizeit ausgesetzt, ist ein infamer Schlag ins Gesicht der Gedemütigten dieser und einer anderen Zeit. Solch zynische Verweigerung zu jeder echten Reue lässt die Unnachgiebigkeit aufscheinen, mit der ein Dogma verteidigt wird, das in seiner Auslegung größtes Leid und psychisches Elend über unzählige Menschen guten Glaubens gebracht hat. Theologische Fixierungen dieser Art sind als ein letztes Aufbäumen römischer Kirchenorthodoxie gegen die Aufklärung im intimsten und fundamentalsten Bereich zwischenmenschlicher Beziehung als auch im Verhältnis des Menschen zu Gott, bzw. zur Transzendenz zu sehen. Beides gehört unbedingt zusammen. Noch einmal zum Schluß Walter Schubart:

Des Mannes Angst vor dem eigenen Trieb überträgt er auf sein Triebziel: die Frau. Sie lockt- er folgt und fällt. In der erotischen Unterlegenheit des Mannes steckt eine der Wurzeln der Askese; denn ihre ganze Natur ist viel zu sinnlich, um die Askese zu wünschen. Die Frau kann den Mann hassen, aber sie fürchtet ihn nicht. Sie ist ihm in den Dingen der Liebe weit überlegen.

(Eros und Religion)

Das Begehren nach der sinnlichen Liebe, und das Begehren nach Gott, bzw. dem fleischgewordenen Wort, Jesus Christus, nach seiner Minne, wie es im Mittelalter so schön hieß, lassen sich nicht auseinanderdividieren. ‚Herr, ich brenne unverlöscht in deiner heißen Minne', schrieb einst, in mittelalterlicher Zeit, die Nonne Mechthild von Magdeburg, und erinnert mit diesen Zeilen an das Hohelied des Alten Testamentes, diese große Hymne auf die erotische Liebe, ausgedrückt in ebenso sinnlicher wie symbolischer Sprache. Solche Liebe kulminiert in der Vereinigung der Gegensätze von Mann und Frau und berührt damit den Kernraum aller religiösen Sehnsucht nach der Wiederverbindung mit dem Ursprung des Lebens. Ob in der Liturgie der Kirchen oder der Erfahrung der Mystiker, die von der Glückseligkeit der Einschmelzung des Ich in der spirituellen Ekstase sprechen- beide bezeugen eine zutiefst leibhaftige Erfahrung, der im Alltag nichts näher kommt als die Verschmelzung der Geschlechter im Orgasmus. Wenn auch nur für Sekunden schenkt die sexuelle Entrückung den direktesten Geschmack einer Erlösung aus dem Korsett von Zeit und Raum, aus dem ewigen Monolog und den Anspannungen eines einsamen Ich. Ein Geschenk für jeden Mann und jede Frau zu jeder Zeit bis ins hohe Alter!

Wie sehr allerdings die Verschränkung von Sexualität, Liebe und Spiritualität auch die Gesellschaft im Weiteren und damit die Politik betreffen, zeigt sich an der zurecht erregten Debatte auch jenseits des kirchlichen Feldes. Schließlich gab es ebenso an weltlichen Institutionen wie der Odenwaldschule Verbrechen der gleichen Art. Hier ist die Gemeinschaft aller gefordert, dieses vulkanische Dreiecksverhältnis neu anzuschauen und neu zu bewerten. Wo das Intimste auf das Öffentlichste stößt, ist der Kernraum jeder ‚Polis', jeder demokratischen Gemeinschaft herausgefordert. Das scheint bislang nur wenigen bewusst zu sein, sprich auch denen nicht, die mit Religion ansonsten nichts am Hut haben. In den Worten Bodo Kirchhoffs:

Päderasten sind unbelehrbar, wie alle wirklich Liebenden. In diesem Punkte sind sie dumm. Was mir widerfahren ist, sind Doktorspiele, Ferkeleien, unausgegorener Sex, aber gepaart mit stummer Liebe, einem echten Begehren. Und wer begehrt, begehrt,- ob Knabenlippen, die Hüften einer Frau oder das Leid des Gekreuzigten wie der Heilige Franziskus.

(Spiegel Online, 15.3. 2010)

Töten im Namen gesellschaftlicher Mythologien. Ein Befund

Die Welt wächst zusammen in Zeiten von Internet, globalen Märkten und Reisen bis ins ferne Bhutan im Himalaya. So heißt es. Doch gleichzeitig wächst bei vielen Menschen mehr und mehr eine alte Angst- vor der Überfremdung durch die Anderen – Migranten, Zuwanderern von Irgendwo. Ein Volksentscheid in der Schweiz verbietet den Bau von Minaretten, der Mord an einer Ägypterin in einem Dresdner Gerichtssaal durch einen fremdenhassenden Deutschen hat für Unruhe im In- und Ausland gesorgt. Der Einsatz in Afghanistan hinterlässt ein bleiernes Gefühl.

Die unterschwellige tiefe Verunsicherung über die ‚Fremden' in der globalen Zivilgesellschaft ist trotz multikultureller Toleranzedikte ersichtlich nicht überwunden. Die Frage heißt: ‚Wer bin ich, wer darf, wer soll ich sein, wenn der und die Fremde dennoch Platz nehmen in ‚meinem' Alltag? Mit anderen Worten: Ist Identität etwas Festgefügtes, Gleichbleibendes, Abgrenzung vornehmlich, oder kann mein Bild von mir und dem Anderen ein Prozess von Einsicht und Wandel sein? Müssen kollektive Identitäten, die wir Kulturen nennen, einander notwendigerweise bekämpfen, wie es der Amerikaner *Samuel Huntington* in seinem provokanten Buchtitel *Clash of Civilizations* propagierte, oder geht es vielmehr um eine *‚Kampfabsage',* und die Tatsache, dass Menschen überall, bei allen Unterschieden, von den gleichen großen Fragen bewegt werden?, wie es der Schriftsteller *Ilya Trojanow* sieht?

So formuliert der Psychologe Albrecht Mahr, Gründer des ‚Instituts für Systemaufstellungen und integrative Lösungen', die Grundthematik unserer Zeit. Mahr hat im Laufe der letzten Jahre immer wieder Konferenzen organisiert, die sich spezifisch mit der Frage kollektiver Selbst- und Fremdidentität beschäftigten. Er versteht sie als zivilgesellschaftliche Beiträge zu Lösungen bei Großgruppenkonflikten. Beispiele sind ihm der Nahe Osten, Serbien und der Kosovo aber auch das Klima zwischen Türken und Deutschen hierzulande. Der Abbau unbewusster, gefährlicher Selbst- und Fremdbilder durch eine weiterreichende kollektive Intelligenz ist ihm zentrales Anliegen. Das eröffnet die tieferliegende Frage, was Identität denn sei. Er schreibt dazu:

Gesunde Identität, so die Tiefenpsychologie, impliziert Klarheit und Sicherheit darüber, wer wir sind. Das betrifft Geschlecht, Eltern, Geschwister, Vorfahren, Religion, Sprache und Werte. Solch primäre Identität ist ein Segen. Das Gegenteil macht die Psychologie im Tatbestand der hermetischen, also verschlossenen Identitäten aus; der, die, das Andere werden in der angstbesetzten Wahrnehmung schnell zum Fremden, Unheimlichen, mithin zur Gefahr. (Albrecht Mahr, in : Identities – I am, you are)

Zum Beispiel zur gelben Gefahr, ein gern benutztes Klischee vergangener Zeiten oder heute zur ‚schwarzen Flut' afrikanischer Migranten, die in ihren Heimatländern durch die Globalisierung wurzellos geworden sind. Scheinbar naturgesetzlich, Stichwort Kampf der Kulturen, bleiben am Ende nur Krieg und Stacheldrahtzäune, um die eigenen Identitäten, man mag hinzufügen, die psychomateriellen Besitzstände, zu wahren. Wie hieß es noch im kalten Krieg: ‚Lieber tot als rot'! Das Böse ist immer das Andere, das im Namen der eigenen kulturell/religiösen Identität vernichtet werden darf- guten Gewissens zumeist.

Die Motive, die dazu führen im Namen von nationaler oder völkischer Identität zu morden, ist für den amerikanischen Psychoanalytiker Vamik Volcan ein Lebensthema geworden. Der bekannte Wissenschaftler ist mit dem Getriebe solch psychopolitischer Inszenierungen seit 30 Jahren durch seine Untersuchungen wohlvertraut. Künstlich fabrizierte Kollektividentitäten mit großem Zerstörungspotential sind sein Spezialgebiet:

Wenn ich über Großgruppenidentität spreche, rede ich von Millionen Menschen, die sich nie kennen werden, und doch gewisse Gemeinsamkeiten haben. Solche Großgruppen lösen sich nicht einfach auf. Wenn etwas auf dieser Ebene geteilt wird, zeigt es sich nicht im Kontext einer Individualpsychologie sondern als sozialer Prozess. In Stresszeiten werden seelische Bewegungen in Gang gesetzt, bei denen die Menschen ihre Individualität verlieren. Dann taucht so etwas wie blindes Vertrauen auf, massive Projektionen laufen ab, und die Leute stopfen Propaganda in sich hinein, ohne noch darüber nachzudenken. (Vortrag)

Volcan verweist auf den früheren albanischen Diktator Envar Hodschar, dessen Paranoia zu 7500 Bunkerbauten im Lande führte. ‚Meisterhaft' war in seinen Augen auch der ehemalige serbische Präsident Milosovics. Er schwor in einem generalstabsmäßig durchgeführten Prozess von Identitätsverschiebung seine Landsleute auf eine phantasierte, großserbische Identität einer nahezu 1000 Jahre zurückliegenden Epoche ein. Dazu ließ er die exhumierten Knochen eines damaligen Fürsten zu Reliquien erklären und in einer großen Prozession durchs Land reisen – zur allgemeinen Huldigung! Auftakt zum Genozid.

Großgruppenidentität wird in einem magischen Akt der Rückführung in eine phantasierte glorreiche Vergangenheit zum Mittel, um traumatische Identitätsverluste und empfundene Demütigungen in der Gegenwart zu kompensieren, bzw. aggressiv zu rächen. (ebd.)

Die These des amerikanischen Wissenschaftlers lautet daher: Gesellschaften, die unter großem Stress stehen, zum Beispiel Revolutionen, Bürgerkriegen oder Staatsauflösung, wie im Fall von Exjugoslawien, sind in der Gefahr eines grundlegenden Vertrauensverlustes und damit des Verlustes ihrer Wirklichkeitswahrnehmung. Eine Borderline-Mentalität entsteht, ein Verfolgungswahn, wie er beispielsweise in den USA durch die Ereignisse des 9. Septembers 2001 ausgelöst wurde. Die Folge: der Beginn eines globalen Krieg gegen das sogenannte Böse – den Terrorismus. So mutieren die Opfer von gestern zu den Verfolgern von morgen.

Großgruppen bestehen aus Individuen, in dieser Hinsicht reflektieren sie eine Individualpsychologie; andererseits haben

Großgruppen nicht ein Gehirn sondern bestehen aus vielen Gleichgeschalteten, die bei einem Gefühl der Bedrohung regredieren- oft mit unabsehbaren Folgen. (ebd.)

Das Erschreckende dabei ist, dass noch die nächsten Generationen davon traumatisiert sind. Wie andere Psychologen spricht Volcan vom kollektiven Schmerzkörper, der das Trauma wieder und wieder heraufbeschwört und zu einer gemeinschaftlich empfundenen ‚endlosen Wunde' dramatisiert. Eine solche Verletzung darf und kann sich nun nicht mehr schließen, da sie zur Rechtfertigung latenter Aggressivität und absurder Überlebensstrategien gebraucht wird.

Man versucht, an dieser glorreichen Identität festzuhalten, da sie viel attraktiver erscheint als die kleine Alltagsidentität. Das macht mich teilweise sehr pessimistisch in Bezug auf die menschliche Natur. (ebd.)

Zu ähnlichen Sichtweisen aber in der Konsequenz doch ganz anderen Schlussfolgerungen kommt die schwarze südafrikanische Psychotherapeutin *Pumla Gobodo-Madikizela* von der Universität Kapstadt. Sie war lange Zeit Mitglied der südafrikanischen Wahrheits- und Versöhnungskommission. In ihrem Buch: *Das Erbe der Apartheid – Trauma, Erinnerung, Versöhnung* erinnert sie an eine These der großen jüdischen Essayistin Hannah Ahrendt mit Blick auf Auschwitz:

Es gibt Verbrechen, die von einer solchen Abscheulichkeit, von einer derart bestialischen Inhumanität geprägt sind, dass sie niemals vergeben noch bestraft werden dürfen noch können. Sie überschreiten den Bereich des Humanum. Keine Strafe kann hier jemals eine Symmetrie zur Tat herstellen. Denn es gibt in solchen Fällen keine adäquate Wiedergutmachung. Sie sind nicht vergebbar.

Die afrikanische Wissenschaftlerin, selber Zeitzeugin eines radikal Bösen, einer kollektiven Bewußtseinstrübung der weißen Elite ihres Landes, welche die schwarze Bevölkerung über Jahrzehnte in Entsetzen, Elend und Hoffnungslosigkeit stürzte, kommt in ihrer Dokumentation jener Jahre erstaunlicherweise zu einem anderen Fazit. Der Titel ihres preisgekrönten ersten Buches lautet: *A Human Being Dies That Night. A Story Of Forgiveness!* Sie kehrte in diesem Werk Hannah Ahrendts These um: Es ist unmöglich, das Böse zu akzeptieren, sprich, das menschliche Gesicht hinter dem Bösen nicht! zu suchen.

Die Essenz von Vergebung ist die Vergebung des Unvergebbaren. Das ist die Erfahrung der Wahrheitskommission in Südafrika gewesen: Es gibt eine Aussöhnung zwischen Opfer und Täter durch nachhaltigen, offenen Dialog, wenn auch dem Opfer dadurch nicht Gerechtigkeit in einem klassischen Sinne widerfährt. Vergebung ist der kollektiver Versuch, sich von der Vergangenheit zu lösen, ohne zu vergessen.

Mit diesen Sätzen umschrieb Gobodo-Madikizela eine Aufgabe, der sie sich in den Jahren der Aufarbeitung der Traumata einer vom weißen Rassismus durchseuchten Gesellschaft eine lange Zeit tagtäglich gestellt hatte: Empathie für den Täter aufzubringen. Zum Einen weil, psychologisch gesehen, der Andere immer auch Ich ist- zum Weiteren, um den Opfern, durch die Erfahrung der Erschütterung des Täters vor seinem eigenen Tun, eine entscheidende Chance zur Heilung zu geben: im Angesicht des eigentlich Unsagbaren zur Berührung mit dem Unerträglichen in sich selbst zu kommen. Dies sei, so die christliche Psychologin, der wesentliche Schritt zur Lösung aus der Erstarrung und Sprachlosigkeit des Traumas. Ein Beispiel:

Was geschieht, wenn das Opfer auf den Täter trifft? Dann kommt das Trauma, das im Inneren vergraben ist, zum Vorschein und beginnt in dieser Begegnung mit dem Täter sich auszudrücken; und obwohl dass alles sehr wirr auftaucht, kann nun ein

Prozeß der Vergebung beginnen, der dieses Knäuel unartikulierter Gefühle entwirrt. Damit wird das Opfer in die Lage versetzt, seine eigene Sprache wiederzufinden. Es ist geradezu paradox, dass der Verfolger dem Opfer hilft, seine Sprache zu finden, um das Entsetzliche zu benennen.
(Vortrag Gobodo)

Die Auseinandersetzung des Leidenden mit einem Bündel tief verdrängter Gefühle von Hass, Angst, Verzweiflung sei nun möglich, so Madizikela. Spricht der Täter aus echter Reue, vermag er die inneren Blockaden der Opfer zu durchdringen: die zentrale Voraussetzung für das Trauern und den Weg zur Vergebung seitens des Opfers. Der Täter wird somit zum Auslöser des Heilungsprozesses. Gobodo-Madizikela beschreibt am Beispiel eines schwarzen jungen Mannes, der zum Killer im Auftrag des südafrikanischen Geheimdienstes gedungen worden war, eine exemplarische Täter-Opfer Situation:

Bedeutsam war, dass nicht nur der junge Mann um Vergebung seiner Taten bat, sondern dass seine Eltern gebrochen waren, dass sie litten auf Grund dessen, was ihr Sohn Anderen angetan hatte. Sie identifizierten sich nicht mit ihrem Sohn, sondern mit den Eltern des Opfers! Diese fühlten ebenso mit der Mutter des jungen Mannes, dem Täter und Kind einer anderen Frau. Das zeigt deutlich, wie diese Situation die eine Mutter mit der anderen Mutter verbindet. Es gibt ein Wort in meiner Sprache, das Empathie bedeutet, aber eigentlich unübersetzbar ist: inimba, die Nabelschnur. In einer bildhaften Weise meint es die Schnur, welche uns mit der Menschlichkeit Anderer verbindet. Diese Schnur tritt buchstäblich in Aktion, wenn die beiden Mütter auf den Jungen schauen und seine Gebrochenheit in seinem Gesicht erkennen und darüber nachdenken. Und zwar nicht als seine *Gebrochenheit sondern die einer Mutter! Das ermöglicht uns ein viel tieferes Verständnis, um was es bei einer solch empathischen*

Bindung geht. Es bezieht sich auf ein größeres Kollektiv, eine Kultur. Es ist, als würden sich die beiden Mütter auf einer umfassenderen Ebene zu den Werten der Humanität bekennen. Es bedeutet, einem Mann sein menschliches Angesicht zurückzugeben, einem Menschen, der um die Chance bettelt, einen ersten Schritt zur Wiedergutmachung tun zu dürfen, um wieder unter Menschen leben zu können. (ebd.)

Der Friede der Mütter - von Opfer und Täter – schuf hier den Raum für eine systemische Ent-schuldung- von Mensch zu Mensch, von Familie zu Familie, von Clan zu Clan. Ubuntu nennt sich im südlichen Afrika eine solch zentrale zwischenmenschliche Wahrheit, ausgedrückt in dem Satz: ‚Ich bin, weil du, weil ihr seid'. Dass die südafrikanische Wahrheitskommission unter Bischof Tutu ein großes Tor aufgestoßen hatte, um einem archaischen weißen Rassismus, unterfüttert mit alttestamentarischen Rachephantasien, die kollektive Intelligenz eines anders orientierten Bewusstseins entgegenzuhalten, ist für viele Menschen ein bleibendes Leuchtzeichen jener Epoche.

Über das Verbrechen hinauszugehen vermag dem Anderen seine Menschenwürde zurückzugeben. Was aber begründet die Motivation zu vergeben? Eben Mitgefühl! Wenn Menschen ein Trauma erfahren, erleben sie etwas Unfassbares. Empathie ist dann ein nicht zu leugnendes Werkzeug zur Vergebung. Wir sind zum Mitgefühl bewegt, weil etwas im Anderen zu unserem Selbst zu gehören scheint, und etwas in unserem Selbst zum Anderen gehört. Das ist die tiefe Bindung, die uns hilft, des Anderen Schmerz zu sehen und zu fühlen. (ebd.)

Wie leicht sich Religion für politische, besser terroristische Zwecke instrumentalisieren lässt, schildert Goboda an einem kleinen Ereignis im Krieg der südafrikanischen Armee gegen die Befreiungsbewegung des späteren Staates Namibia. Auf einer

Patrouille wurden vier schwarze Freiheitskämpfer erschossen. In ihren Rucksäcken fand man die Bibel. Der Schock der südafrikanischen Militärs war groß. Schließlich waren auch sie selbst mit Worten der Bibel ausgerüstet worden, um den Feind zu töten- durch einen quasi legalen Ablaß seitens der Priester ihrer christlichen Konfession. Das Gebet der Militärs lautete damals schlicht, dass Gott den Feind in ihre Hände geben möge- in die Hände der Armee Gottes. Die Orientierung dazu gab der Psalm 18, die Verse 48/49: ‚Der Gott, der mir Rache schafft und zwingt die Völker unter mich, der mich errettet von meinen Feinden'. Aber auf welcher Seite war Gott, wenn die anderen auch mit der Bibel arbeiteten? Diese Frage erschütterte die Selbstgewißheit vieler weißer Apartheidsverteidiger zutiefst.

Das Echo und die Reverenz, die der Autorin und Wissenschaftlerin Goboda-Madizikela auch auf einer Tagung in Würzburg entgegengebracht wurden, waren zugleich Ausdruck der Hochachtung vor einem afrikanischen Weisheitsfeld, an dem alle Anwesenden teilhaben durften. Afrikanisches Tiefenwissen, afrikanischer Mut zur Versöhnung, in der Sprache westlich aufgeklärter Psychologie. Wie oft hört man solches in Europa?

Auch der alternative Nobelpreisträger *Nicanor Perlas* von den Philippinen zeichnete ein hoffnungsvolles Bild der Zukunft. Er gilt vielen als hervorragender Praktiker und Theoretiker einer neuen Vorreiterrolle der Zivilgesellschaft in heutigen Zeiten großer Umbrüche. Sein Modell der dreidimensionalen Lemniskate, der liegenden Acht 8 beschreibt den Weg des modernen Menschen als Gang durch Unter- und Überwelten einer labyrinthisch anmutenden globalisierten Umwelt. Alles beginnt mit der Frage: Wer bin ich hier und heute? Sie entsteht aus einem Gefühl der Trennung und führt von der Außen- in die Innenwelt. Die Frage ist gleichzeitig der Ruf, sich auf die Odyssee zu begeben, in die Fremde. Sie ist, so Perlas, damit auch der Faden der Ariadne im

Dunkel von Zweifel und Verloren-Sein.

Perlas erzählt die Geschichte vom verlorenen Sohn als moderne Heldenreise in einer überkomplexen Welt. Im Zentrum der Achterschleife, des Symbols der Unendlichkeit, liegt die Erfahrung der not-wendigen Preisgabe alter, rein dualistisch geprägter Identitätsmuster. Diese eröffnet die Chance des Durchbruchs zu einer neuen ganzheitlichen, sprich spirituellen Sicht auf den Menschen und seine Welten. So die Erkenntnis eines couragierten Menschenrechtlers unserer Zeit:

Um eine neue Welt zu schaffen, genügt es nicht mehr, sie aus den bekannten Mustern heraus zu kreieren; es geht wesentlich darum, alte Identitätsformen abzulegen. Wir lernen heutzutage in einer sehr weitreichen Weise, wer wir sind- in einer Zeit, da unser Planet sich in einer großen Krise befindet. Aber daraus entwickeln wir die klare Vision zur Transformation der Gesellschaft.

(Vortrag Perlas)

Nicanor Perlas ist in seiner Heimat, den Philippinen, bekannt für seine mutige und unbeugsame Haltung gegenüber staatlicher Unterdrückung und wirtschaftlicher Ausbeutung. Er hatte sich bei seinen Aufklärungskampagnen mehrmals in Todesgefahr gebracht. Solche Erfahrungen ließen in ihm die Erkenntnis reifen, Gegensätze als zu transzendierende Herausforderungen wahrzunehmen, um die dahinterliegende Einheit zu erkennen. Eine solche spirituelle Sichtweise erlaubte ihm später, im Bilde der Lemniskate religiöse Erfahrung und politisches Handeln als notwendige gemeinsame Grundlage gewaltfreier Veränderungsprozesse zu sehen. In seinen Worten:

Mit dieser neuen Identität, die wir durch den Weg der Lemniskate erfahren, werden wir fähig, Veränderung herbeizuführen. Es gibt keine Niederlagen in diesem Prozess. Wir durchlaufen ihn alle. In der Erfahrung reiner Gegenwart liegt die große Wahrnehmung der Einheit. Was aus dieser Erfahrung der

Nicht-Zweiheit folgt, ist Freiheit. Damit können wir zur Alltagswirklichkeit zurückkehren und das System verwandeln. (ebd.)

Auf der Suche nach Öffnungen, nach Lösungen aus dem Gefängnis hermetischer Identitäten und absolutistischer Wahrheitsansprüche hofft und pocht der philippinische Aktivist, wie sein deutscher Mitstreiter Albrecht Mahr auf die von Neurobiologen entdeckten kooperativen Tendenzen des menschlichen Geistes. Letzterer sieht Identität zuallererst als ein reiches Feld von Begabungen und Anlagen; Identitätsoffenheit ist ihm ein Naturrecht des Menschen; Traditionsbrüche möchte er, paradox formuliert, als ehrenvollen Dienst an der Vergangenheit gewertet sehen, die die Evolution des Humanen vorantreiben. Sein Fazit:

Womit ich sehr zufrieden bin, auf eine wirkliche Herzensweise, ist, dass ich sehe, dass es Konvergenzen gibt; sprich, worauf alles hinausläuft ist Bewußtsein: mit anderen Worten, dass wir also in der Lage sind, ein Bewußtsein nicht nur zu denken oder zu beschreiben- das ist genug geschehen- sondern zu schaffen, welches umfassend ist. Das Wichtige hierbei ist: es wird erlebt und wird damit zu einer Erfahrung, aus der heraus dann auf allen anderen Ebenen neues Handeln möglich wird. Das habe ich hier auf diesem Kongress ein paar Mal gesehen. (Interview Mahr)

Mahr erinnert in solchem Zusammenhang an eine kleine, vielleicht nicht unbedeutsame Bewußtseinsübung, die uns die Vielzahl der Stimmen des Ichs im Leben erkennen läßt: als Frau, Mann, Mutter, Homosexueller, Atheist, Gärtner, Hobbykoch, Deutsche u.s.w. Rollenspiele im Felde von ‚Ich bin, du bist, ihr seid'. Rollenspiele, die die Dramen der Welt spiegeln- im privaten wie gesellschaftlichen Raum. Der erste, immer wieder erste Schritt über die Abgründe heißt dabei Empathie, wie schon die schwarze Menschenrechtlerin Gobodo-Madizikela betonte.

Es geht nicht darum, ob es für den, der in diesen Dramen zum

Opfer geworden ist, sinnvoll erscheint, selbst empathisch zu reagieren. Noch geht es darum, auszuwerten, wie angemessen es ist, empathisch zu reagieren. Es geht darum zu verfolgen, was es Feinden ermöglicht, miteinander auf eine Weise in Kontakt zu treten, die andernfalls unmöglich erscheint. Weit davon entfernt, ein beängstigendes Anliegen oder ein belastendes, moralisches Opfer zu bedeuten ist Empathie zutiefst therapeutisch und heilsam. (Vortrag Gobodo)

Wie weit die globale Wirklichkeit menschlicher Gesellschaften und Kulturen gediehen ist, um in solche Erkenntnisräume einzutreten, wird vielleicht schon die nahe Zukunft zeigen. Hoffnung auf die Realisierung neuartiger, sozialschöpferischer Intelligenz wollen Mahr und seine Kollegen in aller Welt in jedem Fall machen. Dass sie die Zeichen der Zeit erkannt haben, die der Kulturwissenschaftler *Claus Leggewie* kürzlich in einem Essay für das Magazin ‚Die Zeit' überschrieb: *‚Alles wird anders, aber wie? Ein Plädoyer für die Anpassung unter unbekannte Bedingungen'* spricht für das Feingespür der Referenten.

TEIL VIER

HEILUNGEN

Heilung, was heißt das?

Die Heiligen
Sie sind müde, auf den Podesten zu stehen
und uns anzuhören.
Sie sind wund vom Willen zu helfen,
wund, Rammbock vor dem Beter zu sein,
der erschrickt, wenn das Gebet ihm gewährt wird;
weil annehmen so viel schwerer ist als bitten,
weil jeder die Gabe nur sieht,
die auf dem erwarteten Teller gereicht wird.
Weil jeder doch immer von neuem
in den eigenen Schatten tritt,
der ihn schmerzt.
Gesammelte Gedichte, Fischer, Ffm. 1987

Diese Worte der Lyrikerin *Hilde Domin* würden sicherlich von den meisten Therapeuten aus der Erfahrung mit den Bedürfnissen ihrer Klienten bestätigt werden können. Dabei scheint der Wunsch nach Heilung so selbstverständlich, dass es kein Zögern, keine Frage geben sollte, diesem nachzukommen. Und doch zeigt sich bei näherer Betrachtung, welche Herausforderung mit solchem Ansinnen gesetzt ist, welch komplexe, widersprüchliche, ja unüberschaubare Horizonte sich mit einem Male auftun. Therapeuten und kirchliche Seelsorger wissen, dass Heilung ein Prozeß voller Gefährdungen ist, der den Einsatz der ganzen Person verlangt; ein zeitlich völlig offener Vorgang, den C.G. Jung in seiner Sprache als den Weg der Individuation, der Ganzwerdung beschrieb, der in der Verschmelzung der psychologischen Gegensätze von weiblich und männlich kulminiert.

Der Begriff Heilung ist zudem ein schwieriger, da auch die professionellen Heiler nicht immer abzuschätzen vermögen, ob, wann und wie Heilung geschieht. Krankheit und Gesundheit sind ja durchaus relativer Art, bedingen, ja fördern sich; und was der Gesellschaft auf diesem Felde als notwendig und nützlich erscheint, nämlich ein funktionstüchtiges Mitglied heranzuziehen, muß für den Einzelnen noch lange nicht gelten. Ja, es könnte sich für ihn als durchweg kontraproduktiv erweisen. Heilung aus religiöser Sicht verweist kontinuierlich auf dieses Spannungsfeld. *Wilhelm Reich,* berühmter wie verfemter Psychoanalytiker im Kreis um Freud und harscher Gesellschaftskritiker schreibt in seinem Buch *Christusmord:*

Die Unmöglichkeit, seine Träume zu verwirklichen, ist bestimmt durch die gesellschaftlich geformte Charakterstruktur, die den Menschen daran hindert, die Welt der Propheten zu leben oder auch nur zu verstehen, ohne von Ängsten zerrissen zu werden. Sie lieben Jesus, weil er das ist, was sie nicht sind.

Und Eugen Drewermann, Reichs Kollege in einer anderer Zeit, ergänzt am Beispiel der Heilung des von Dämonen Besessenen im Neuen Testament:

Man kümmert und sorgt sich um ihn, man bemüht sich, ihn zu resozialisieren, aber im Grunde kommt ein jeder dieser Helfer wirklich nur mit Ketten und Fesseln, und ständig sagt er in seinem Verhalten zweierlei:'Ich helfe dir, aber du musst dich dafür auch in die Gemeinschaft einfügen!'

(Tiefenpsychologie und Exegese, Band 2)

Wie unvermittelt Heilung als Anfrage auftauchen mag, zeigt ein weiteres Gleichnis in den Evangelien. Dort spricht Jesus einer durchaus gesunden Frau, die am Brunnen Wasser schöpfen will, von ganz anderen, lebendigeren Wassern als denen des Wüstenlochs; er deutet auf einen Quell in ihrem Innersten, von dem sie nicht ahnt, dass sie danach dürsten könnte. Mit anderen Worten: er verweist diese einfache Frau auf eine Mangelsituation, die ihr in ihrem Alltagsdasein noch gar nicht zu Bewusstsein gekommen ist, wie ihre erstaunten Rückfragen zeigen. Welches Verlangen wird da geschürt? Und, warum gerade sie?

Und Jesus Christus selbst, der HEILAND, wurde auch er durch die Taufe des Johannes erst geheilt, wurde er dadurch ein Erlöster, bzw. ein Erlöser?- ER, der die Himmel offen sah, wie es in den Schriften heißt. Wenn Heilung und Gnade nicht nur im christlichen Verständnis so eng verflochten sind, stellen dann auch die anschließenden vierzig Tage in der Wüste, diese unerhörte Anfechtung, einen Gnadenakt dar? Erstreckte sich dieser vielleicht bis nach Golgatha? Sollte dem so sein, wurden seine Jünger und Jüngerinnen durch seine erfahrene oder geglaubte Auferstehung grundlegend geheilt? Also für immer? Oder hat Heilung einen offenen, sprich unabgeschlossenen Horizont, noch weit jenseits aller Versuchungen, die uns von den Heiligen berichtet werden? Man denke an die radikale Wandlung des großen Wegbereiters des Christentums: Paulus, einst ein Saulus, dessen Haß auf die ersten Jesusbekenner in einer dreitägigen Umnachtung gelöscht, geheilt oder bloß umgepolt wurde?

Große Fragen anhand großer Beispiele? Ja und nein, finden sich doch solche Problemstellungen in jeder Therapie en miniature widergespiegelt. Da tauchen Schocks, Verwundungen, Öffnungen und Einsichten auf – Zustände, die man aus jedem Heilungsritual kennt, sei es prä- oder postmoderner Herkunft; Zustände, die manchmal zu Inständen gedeihen, die ihrerseits etwas mit sich führen, das der Religionsforscher Rudolf Otto als *Faszinosum* bezeichnete- ein Ergriffen-Sein von einer dem Ich ebenso transzendenten wie immanenten Kraft, die gleichzeitig weitet, befreit wie entsetzt, sprich als Tremendum im Innersten erzittern läßt. Aus dem Griechischen kommt der Begriff der *Metanoia,* der Umkehr hinzu, jener Wendung des Herzens, die einen Paulus instandsetzte, die Botschaft Christi, so wie er sie verstanden hatte, mit Einsatz seines Lebens über die damalige antike Welt zu verbreiten.

Die Metanoia, die Rückkehr des Herzens zu seinem göttlichen Kern, ist im Wesentlichen keine Aufarbeitung des Schattens im psychologischen Sinne. Vielleicht ging ihr eine solche voraus, oftmals aber nicht. Sie wirkt radikaler, indem sie mich in einem Akt der Entscheidung, bzw. des Entschieden-Seins unmittelbar in den Ur-sprung, den ich nicht kenne, ruft, ja wirft, von dem her erst mein Welt- und Selbstverhältnis sich organisch neu zu ordnen vermag. An diesem Nicht-Ort trennen sich die Wege von Tiefenpsychologie und religiöser Wahrnehmung in fundamentaler Weise.

Die Heilung aus der Umkehr des Herzens kann nicht gemacht werden, sie hinterlässt auch nicht unbedingt ein gesundes Individuum im psychologischen Sinne; die Zeugnisse der Propheten, der Schamanen sprechen in dieser Hinsicht eine nur zu deutliche Sprache. Der amerikanische Psychotherapeut und Zenlehrer *Jack Kornfield* befragte in seinem Buch *Das Tor des Erwachens* berühmte spirituelle Lehrer hinsichtlich ihrer Schwierigkeiten in der Frage von Anspruch und Wirklichkeit. Ein Buddhist antwortete ihm:

Meine spirituelle Transformation verlief ganz anders als ich es mir vorgestellt hatte. Ich bin immer noch genauso schrullig, habe die gleichen Eigenarten und Blessuren, so dass ich kein völlig gewandelter hehrer Weiser geworden bin. Dennoch ist vieles anders geworden. Die Transformation besteht wohl in der Öffnung des Herzens, nicht in der Veränderung der Person.

Gehen Heilung und Transformation also immer zusammen? Im Neuen Testament beispielsweise hören wir von vielen Heilungen durch Jesus, der immer wieder den einen Satz sagt: ‚Dein Glaube hat dich geheilt!' Was nun macht einen Gläubigen aus? Oder anders: War der Jünger Thomas ein Ungläubiger, weil er Beweise suchte, also nicht blindlings in einer entscheidenden Situation vertrauen wollte? Was hat der Blinde, der sehend wurde, erkannt? Hat er zu einer neuen Identität gefunden? Wer steht auf im Gelähmten? Fragen über Fragen, insbesondere in Zeiten gewalttätigster fundamentalistischer Reaktionen.

Natürlich, wir verstehen heutzutage mehr von der Psychosomatik einer Krankheit, ihren symbolischen, archetypischen Strukturen. Doch was ist mit dem Gelähmten, der laufen lernt und doch innerlich starr bleibt? Wußte, ahnte der Meister um solches Dilemma? Nahm er es in Kauf? Andersherum gefragt: Wieviel Heilung vertragen wir eigentlich?

Falls diese mit Öffnung zu tun hat, wieviel Distanz zum eigenen Ich, als Lösung von meinen mentalen und emotionalen Konzepten verstanden, verkraften wir? Heilung ist mit Risiken verbunden, davon können Therapeuten ein Lied singen, haben sie es doch mit dem alltäglichen ‚Wahnsinn' des Widerstands gegen eben solche zu tun. Noch einmal Drewermann:

Man kann, wie der von Dämonen gepeinigte Mann von Gerasa, bis zur Unerträglichkeit an der Einsamkeit leiden, und doch zur Einsamkeit verurteilt sein, weil man am meisten fürchtet, was man am meisten herbeiwünscht: die Nähe anderer Menschen. So geschieht, was niemals sonst in der Bibel berichtet wird- dass jemand kniefällig Jesus bestürmt, ihm nicht zu helfen.

(Tiefenpsychologie und Exegese, Band 2)

Schließlich endete der in den Augen der Christenheit größte Menschheitsheiler am Kreuz- mit Billigung der Vielen, im Namen ihres Gottes, ihrer intellektuellen Überzeugungen, ihres gesicherten Alltags. Wollten sie nicht geheilt werden? Oder nicht von ‚dem da'? Von wem dann?

Im östlichen Kulturraum spricht man, statt von Heil und Erlösung, von der Erleuchtung, oder dem Erwachen – aus dem Tiefschlaf der Selbstvergessenheit. Der Buddha erkennt das Erwachen als Auflösung der drei Grundpfeiler allen Leids: Ignoranz, Gier und Hass. Christus sagt- vom anderen Ufer kommend: ‚Ich bin das Licht der Welt, ihr seid das Licht der Welt.' Schon bei einer kurzen Eigenanalyse zeigt sich: Das Ich (als Freud`sches Ego) kann das Licht nicht sein; jeder leichte ‚Windstoß' vermag es zu verwirren, ja auszublasen. Außerdem, antwortete nicht der Besessene von Gerasa auf Jesu Frage: ‚Wer bist du'?- mit dem berühmten, sphinxhaften Hinweis: ‚Legion'! also: zahllos sind wir. Selbstanalyse eines an Schizophrenie erkrankten Menschen!

In der modernen Neurosentherapie werden die vielen Stimmen einer Person an den inneren runden Tisch gebeten- eine quirlige Diskussionsgruppe, die nie zu Ende zu kommen scheint. Rollenspiele ad infinitum. Denn das Ich ist niemals jenseits der Rolle, sonst wäre es sogleich von der Rolle, um im Jargon zu sprechen,- will sagen, es zerfiele, im biblischen Sinne, zu Staub. Jeder ernsthaft Meditierende hat, sofern seine Meditation das Wort wert ist, vom Illusionären des Ich einen irritierenden, oftmals unvergeßlichen Geschmack bekommen. Und so besagt ein buddhistisches Sprichwort, dass die größte Enttäuschung für das Ich die Erleuchtung selbst ist.

Nichts beunruhigender also als Heilung, sind wir doch damit ein nicht unwesentliches Stückweit in die Freiheit, ins Unbekannte entlassen. Was das für religiöse Menschen bedeuten könnte, hat Dostojewski in seinem visionären Essay *‚Der Großinquisitor'* aufs Genaueste nachvollzogen. Denn es möchte ja sein, dass wir auch von unserem guten Glauben, unseren freundlichen Hoffnungen, unseren liebgewordenen Dogmen geheilt werden sollen – gleich jenem greisen, fanatischen Kirchenoberen in der russischen Novelle, den der Haß auf die unheilbar kranke Welt und die schwachen Menschen die Scheiterhaufen anzünden ließ. Der Kuß Jesu, am Schluß der von eisigem Zorn durchtränkten Beichte des Inquisitors, einen Abdruck unauslöschlicher Liebe hinterlassend, endete dennoch nichts an seiner Haltung. Die Ketzer brannten weiter.

Schon ein intensiver therapeutischer Gruppenprozeß kann einen Geschmack von der Tragweite solcher Konfrontationen geben. Der Psychodramatiker und Theologe Samuel Lauechli spricht vom mythisch-religiösen Schock als dem großen Augenöffner, der die moralischen, ästhetischen, und gesellschaftlichen Vorstellungen und Grenzpfosten gänzlich auf den Kopf stellt. Wir alle wollen uns getröstet wissen, angenommen geliebt – genesend von den Wunden, den kleinen und großen des Lebens. Aber wie heißt es im *Hymnus Christi* in den *Johannesapokryphen:* ‚Verwundet werden will ich und verwunden will ich'; gefährliche Worte, offenbaren sie doch unsre geheimen, erschreckenden Dämonien und Wünsche- eben jene nach Sieg und Ruhm und unheimlichen Abenteuern aller Art, wie sie die Unterhaltungsindustrie heutzutage zuhauf liefert; und immer wieder der Drang nach Gewalt jedweder Art- sogar gegen uns selbst. All dies sind mögliche Wege im Lande der großen Freiheiten des Ich, wie wir an Hand der Vorbereitungen zu jedem Krieg, ob in der Familie oder in größeren Konstellationen überdeutlich erkennen.

Die Geschichten der religiösen Traditionen der Welt sind Geschichten des Heils im Unheil. Wer z. B. über Jesu Versuchungen in der Wüste nachgedacht hat oder die erotisch verführerischen Spiele der Maya, der göttlichen Illusionistin, noch im Angesicht der Erleuchtung Siddarthas, des erwachenden Buddhas Gautama, spürt, dass Heilung nur unter Einsatz der

Existenz errungen werden kann; der Baum des Lebens war zu allen Zeiten nicht ohne seinen Zwilling, den der Erkenntnis von Gut und Böse, zu haben. So mussten sich auch die Jünger Jesu der dunklen Wahrheit ihres Meisters stellen: der Tatsache seines unrühmlichen Todes, der sie in die Sackgasse, den Tod ihrer Hoffnungen und Vorstellungen über jenen Menschen führte, dem ihre ganze Liebe galt. Sie waren buchstäblich am Ende!

Die Dimensionen des Heils haben ihren Preis; dennoch spricht der Buddha vom Samen der Erleuchtung in jedem Menschen, von der Wirklichkeit des Erwachens, ebenso spricht Christus von der Milde seines Jochs, oder sollten wir besser sagen, seines Yogas, seines Wegs zum Heil, singen die Upanishaden von der Glückseligkeit der Verschmelzung von Atman mit Brahman. Das Schlüsselwort hierfür heißt immer wieder Glaube oder konkreter: Vertrauen. Also lautet die entscheidende Frage, die jeder Begleiter auf dem Weg zum Heil, wie der Zenlehrer Graf Dürckheim das Wort Therapeut übersetzt, sich selbst wie seinem Klienten zu stellen hat: Wieviel Heilung traue ich mir und dir wirklich zu? Oder in Drewermanns Worten:

Gibt es eine Erlaubnis, einen Menschen zu seinem Heil gewissermaßen hinzuquälen? Rein menschlich gesehen sicher nicht; es ist jedoch letztlich in jedem Menschenleben unvermeidlich, mit der Wahrheit vor Augen sich selber zu riskieren, und umgekehrt gibt es für einen Therapeuten von der Art der Priesterärzte (wie Jesus) keine Wahl: Gott hat ein Recht, dass seine Schöpfung nicht durch Angst verwüstet wird! (ebd.)

Anders als vor 40 oder 50 Jahren noch, als die Psychotherapie ein intimer Vorgang zwischen Arzt und Klient war, mit möglichst wenig Öffentlichkeit, schambeladen, heimlich oft, zeigt sich heute die Frage nach Heilung in einer ganz neuen Dimension. Medien und insbesondere das Internet haben Individuum,

Gesellschaft und Weltganzes unmittelbar ineinander verwoben. Ein Krieg in Afghanistan entfacht Flächenbrände an vielen anderen Orten der Welt. Ein Tsunami treibt im naturbegradigten Westen Entsetzen auf über lang verdrängte Mächtigkeiten nur scheinbar gebändigter Elemente; ein Terroranschlag in New York lässt die Ölpreise im Nu in die Höhe schnellen und die sozialen Netze im Westen innerhalb weniger Jahre zusammenschnurren. Armut zeigt plötzlich wieder ihr hässliches Gesicht mitten im Zentrum des Reichtums- im Wohlfahrtsstaat. Sparen wird zu einem anderen Wort für ausgrenzen. Die Pandemie Aids entvölkerte riesige Landstriche in Afrika- Millionen Waisenkinder, die heute auf der Straße leben, prostituiert, traumatisiert, sterbend. Wir sollen all dies anschauen, die Medien lassen uns nicht mehr in Ruhe- Stoff für Gruselgeschichten ohne Ende; Stoff für den Klingelbeutel der Kirchen.

Was hat all dies mit dem Thema Heilung, Psychotherapie zu tun, wird man sich fragen. Die Antwort lautet: alles! Es zeigt sich, es gibt keine Ausflucht mehr vor der Einsicht, dass wir hier, in Europa und anderswo, Täter und allmählich auch Betroffene in immer größerem Maße sind und werden. Die Habgier des freien Marktes ist ungebrochen, der Hunger nach mehr- Kontrolle, Profit, Wachstum. Die postindustrielle Moderne hat die Erde fremd und fern werden lassen, mit strahlendem Abfall überhäuft.

Was also kann Heilung bedeuten, angesichts solcher Dimensionen der Zerstörung, Vernetzungen des Unheils, Komplexitäten der Zusammenhänge. Wirkt dies Wort nicht fast romantisch, man bedenke das personalisierte Substantiv in der christlichen Religion: der Heiland. Alles nur noch ein Ammenmärchen aus längst versunkenen, schneegoldenen Weihnachtstagen?

Soll man also noch 10 Jahre auf der Couch des Analytikers liegen, um unsere heimlichen Ängste und Monstrositäten anzuschauen? Und das bei stetig abnehmenden Sozialleistungen!

Jeder weitere Katastrophenbericht macht überdeutlich, dass ein tiefgreifender Bewusstseins – wie Lebenswandel notwendig ist, um die Grundvoraussetzung allen Heils neu zu erfahren – die schöpferische, die solidarische Einheit von Mensch, Welt, Kosmos und Transzendenz, die uns ein Stück zu erlösen vermöchte von Gier und Angst. Franz von Assisi sprach im 12. Jahrhundert in seinen leidenschaftlichen Preisgesängen an Bruder Sonne und Schwester Mond- mystische Einsicht in den geschwisterlichen Zusammenhang allen Lebens- Wahrheiten aus, die uns heute über Systemtheorie und Tiefenökologie in wissenschaftlicher Weise neu vorbuchstabiert werden.

Wieder beginnt die Angst, der archaische Dämon des Menschen, in unseren Breitengraden zu wachsen, vor Armut und sozialem Abstieg, vor der Ungewissheit der Weltsituation nach einem halben Jahrhundert Wohlstand. Derweil verschwindet die Gottesfrage im Goldrausch von Konsum und Kapitalmärkten, bleibt das steigende Elend eines zynischen Alltags, der das Private nicht mehr vor den Abgründen der Weltlage zu schützen vermag. Der Kreis schließt sich; Therapeuten, wie weltlich gesinnt, treffen hart und ungeschminkt auf die Sinnfrage, auf, wie C.G. Jung sagte, die Frage der Fragen. *Willigis Jäger,* Benediktiner und Zenmeister beantwortet folgendermaßen:

Wo war Gott, als die Flut kam? Sie kam nicht, weil der Mensch böse war, wie uns die biblische Sintflut sagt. Das ist eine kindliche Religiosität. Nein, der Spieler des Universums sitzt nicht irgendwo außerhalb und lässt die Erde beben. Was wir Gott nennen, vollzieht sich als Kommen und Gehen. Gott selber starb in den vielen Menschen. Wir sind eine Manifestation, eine Inkarnation dessen, was wir Gottheit, erste Wirklichkeit nennen.

(Das Leben endet nie, Herder 2010)

Was heilt? Erbauliche Andachten, Carepakete für die Dritte! Welt, Demonstrationen, Rückzug ins Privatleben? ‚In der Not wächst das Rettende auch' heißt es bei Hölderlin, der die Not bekanntlich zutiefst zu schmecken bekam.

Ist der global vernetzte, verplante Planet das Gift, entspringt ihm womöglich auch das Gegengift, das Heilkraut: die Öffnung des Ich, vor allem des gutbürgerlichen, euroamerikanischen, für die Not der dritten, vierten, fünften Welt, die wohl in allererster Linie des Einen bedarf- unseres direkten, unabgelenkten Annehmens, unseres im Erschrecken erwachten Mutes, unserer wachen Intelligenz, die die Zusammenhänge von Ausbeutung Dort und Hier sich zu erkennen traut und die Schlußfolgerung zu ziehen vermag: Wir kommen der Wirklichkeit der Einen Welt, der einen Menschheit, nicht mehr aus- wir sind sie im Kleinen, wie die Religionen des Osten unermüdlich betonen, wir erfahren sie im neuen Jahrtausend im Großen.

Die erste Tatsache: die Wesen in der Natur, die am meisten bedroht sind, sind die Armen: 79% der Menschheit leben in der armen Südhälfte, fast vier Milliarden davon können sich nur unzureichend ernähren. Ähnlich ist es mit der Auslöschung der Lebensarten. Diese Krise bedeutet den Zusammenbruch eines Weltbildes, welches der Westen in den letzten 400 Jahren entwickelt hat. Die Erde und der Mensch sind krank und bedroht.

(Leonardo Boff: Schrei der Erde, Schrei der Armen, Patmos, 2002)

Worum geht es? Offenkundig um das Einsickern der brennenden geistlichen Wahrheit, dass ich, so die obige Prämisse stimmt, notwendig der Hüter meines Bruders, meiner Schwester anderer Hautfarbe, Klasse, anderer Religion geworden bin, ungefragt, wahrscheinlich ungewollt! Dies, so Boff, ist die Erleuchtung, derer der Planet Erde und alle seine Bewohner (auch Pflanzen und Tiere) bedarf, auf die alles immer direkter zusteuert! Im

Zeitalter der Globalisierung ist der Einzelne zur Großen Planetarischen Kommunion eingeladen, um sein Seelenheil wiederzuerringen. Paradoxerweise haben gerade die profansten Organe der Gesellschaft, die Medien und die Wirtschaft, diesen unumkehrbaren Prozeß eingeleitet! Das Resultat: ich kann den Anderen nicht mehr wegdenken (per Philosophie), wegmachen (durch Kriege), oder weghelfen (durch Entwicklungshilfe).

In der tibetischen Dzogchen-Praxis, früher eine Meditation für Eingeweihte, heute eine Schulung für viele westliche spirituelle Sucher, heißt die Aufgabe: ‚Atme das Leid der Welt ein und wandle es in dir zum Heil aller Wesen. Fürchte dich nicht, hinzuschauen, zu berühren'. Setzen wir im gleichen Atemzug den Ausspruch Jesu daneben: ‚Stelle dein Licht nicht unter den Scheffel sondern lasse es scheinen'! Diesen Satz zitierte der schwarze Gefangene Nelson Mandela, 27 Jahre auf einer Insel isoliert, sinngemäß für sein von der Apartheid geknechtetes Volk, und interpretierte ihn später vor der Weltgemeinschaft: sich klein zu machen ist die größte Sünde wider den Heiligen Geist.

Die meisten Therapien sind sich heute darin einig, dass der Weg zur Heilung erst einmal ganz prosaisch Hilfe zur Selbsthilfe meint. Nicht weniger, aber auch nicht mehr. Ein Jahrhundert der Psychotherapie hat uns zumindest so viel erkennen lassen, dass ein gesundes Ichverhältnis, eine stimmige Balance von Bedürfnis und Freiheit für die westliche wie jede andere Gesellschaft eine Kulturarbeit ersten Ranges ist. Vertrauen in das LEBEN, christlich, in die Realität des Gottesreiches, ist damit jedoch noch keineswegs garantiert, Vertrauen angesichts einer Wirklichkeit, die eine Zengeschichte so beschreibt:

‚Ich hing an einer Wurzel über dem Abgrund, vor mir der Tiger, unter mir gähnende Leere; da sah ich eine Beere am Rande und roch ihren Duft -oh, wie wunderbar!'

Nicht die Wiederverzauberung der Welt, wie der New Age meint, ist demnach die Aufgabe sondern die unverbrüchliche Wahrnehmung für den Zauber des Lebens jetzt und immer. Was die Schamanen schon vor Tausenden von Jahren erkannt hatten,- dass sie als Verwundete zu den Leidenden treten, wie Christus mit seinen Wundmalen vor den Jünger Thomas, so weiß auch der moderne Psychotherapeut, dass er seinen Klienten, neben Professionalität, nur Eines voraushat: tiefere Einsicht in den paradoxen Zusammenhang von Verletzung und Heilung, entsprechend Achtsamkeit und Mitgefühl und vielleicht einen Geschmack der Erlösung, die gerade jener Verwundung entspringt:

Seit Jahren engagierte ich mich als Umweltschützer, und wenn ich meditierte, hatte ich manchmal das Gefühl, mit dem Urwald verbrannt zu werden. Ich sah das Ungeheuerliche, das der Mensch der Erde antut. Ich saß und weinte. Aber man muß sich der Welt stellen. Und eines Tages kam in der Meditation der Durchbruch. Die Gedanken ebbten ab, ich erfuhr eine unvorstellbar tiefe Ruhe und wusste, dass ich nun keine Angst mehr vor dem Tod zu haben brauchte. Nichts ließ sich mit diesem Frieden vergleichen. (Jack Kornfield: Das Tor des Erwachens)

Wenn der Therapeut die Antwort auf die Frage sucht: was hat geheilt? so weiß er, dass, bei aller Kompetenz, er nur wiedergeben kann, was er im Anderen, seinem Klienten, vorfand – die Qual der Zerrissenheit (Viele sind wir) und die Er-Innerung an den ewigen Rufes Gottes, ohne die Wahrheit des Paradieses am Abgrund zu leugnen, denn das scheint, was wir suchen: Fülle und Dunkelheit!

Dass wir heute nicht mehr um den Anspruch der Einen Welt herumkommen, ist womöglich das entscheidende Geschenk unserer gefährdeten Zeit: sie entlässt den Einzelnen mehr denn je in einer neuartigen Verantwortung zu Solidarität und Freiheit. Ohne die Ahnung eines lebendigen, geistigen Netzes- in dem die unerhörten Geschichten der Menschen überall auf diesem Planeten ein kollektives Echo finden, ist die obige Zengeschichte kaum zu ertragen; Menschen aller Rassen, welche, in größter Preisgegebenheit, ihr Leben verloren und wiederfanden, oftmals auf schmalsten, brüchigsten Grund, dankbar..

Gibt es ein Fazit? Vielleicht steckt es in dem Wort des großen, jüdischen Theologen Martin Buber, der sagte: ‚Ich habe erkannt, dass jeder Mensch an der Erlösung der Welt wirken, aber keiner sie zu bewirken vermag.'

Von der Gottesvergiftung zur Erleuchtung?
Zur Annäherung von Psychotherapie und Spiritualität.

Neulich war ich auf einem gruppentherapeutischen Training, da fragte uns der Trainer, welche Sätze uns in unserem Leben am meisten eingeschüchtert hätten. Weißt du, was bei mir zum Vorschein kam, als die mich domestizierende, schachmattsetzende stereotype Phrase: 'Was wird der liebe Gott dazu sagen?'

So eröffnete *Tilmann Moser,* bekannte Psychoanalytiker in seinem 1976 veröffentlichten Buch *Gottesvergiftung* seine vehemente Anklage gegen eine religiöse Sozialisierung, die ihm, wie vielen anderen, noch heute, buchstäblich den Lebenssaft aus den Adern presst. Und fährt fort in seinem inneren Dialog mit Gott:

Ich habe dich, wie es meine Diener nahe legten, angestaunt, ob deiner Güte, Abraham den Isaak nicht schlachten zu lassen. Bei deinem eigenen Sohn warst du dann ungenierter, und hast deinem Sadismus freien Lauf gelassen. Man hat mir weismachen wollen, dass du mit seiner Opferung am Kreuz den neuen Bund der Liebe hast einläuten wollen. Wie schlecht muß ich sein, dass es einer solchen Inszenierung bedarf, um mich zu erlösen. Ich hielt dich für verwest, bis ich entdeckte, dass du als Krankheit in mir weiterlebtest. (ebd.)

Moser, einer der Erneuerer der analytischen Therapie in Deutschland, war in einem streng pietistischen Elternhaus aufgewachsen und litt ganz offenkundig, wie viele Menschen seiner Zeit, an einer ekklesiogenen Neurose. Eine Krankheit, der sein katholischer Zeitgenosse Eugen Drewermann mit Blick auf verdrängte Homosexualität in seiner Kirche ein dichtes und in vieler Hinsicht ebenso zorniges Werk gewidmet hatte.

Jahrzehnte später hat Moser nun ein neues Buch herausgebracht, das sehr viel gemäßigtere Töne anschlägt. *Von der Gottesvergiftung zu einem erträglichen Got*t heißt der Titel. Auf der Suche nach einem freundlichen Gottesbild scheint er fündig geworden zu sein. ‚Wir sind eingebettet in ein Drittes' bekennt er heute, und versucht als Therapeut, auch mit geistlichen Praktiken wie Kontemplation, die Seele seiner Klienten zu heilen. In dieser Hinsicht sieht er sich nun als einen Diener Gottes, der aber weiterhin sehr zornig werden kann im Anblick so mancher christlicher Dogmen.

Glaube und Heilung waren bis ins 18. Jahrhundert in Europa untrennbar miteinander verknüpft. Der Arztberuf wurde wesentlich von der Geistlichkeit ausgeführt, Mönche gründeten Klöster und Hospitäler; nur die Naturheilkunde war auf lange Zeit eine Domäne wissender Frauen. Die Aufklärung hatte anschließend mit sochem 'Dilettantismus' systematisch aufgeräumt. Freud sah die Psychoanalyse als eine wissenschaftliche Disziplin; heute dagegen betrachten viele Therapeuten die Psychologie als eine Grenzwissenschaft, die Empirie und Hermeneutik, also subjektive Interpretation, notwendig ineinanderfließen lässt. Gleichzeitig wird in unserer Postmoderne deutlich, welche entscheidende Rolle religiöse Kategorien – Glaube,

Mitleid, Ehrfurcht- in der Arbeit mit Klienten spielen. Michael Utsch, Psychotherapeut bei der evangelischen Zentralstelle für Weltanschauungsfragen in Berlin schrieb in der Zeitschrift ‚Psychologie heute' vom Februar 2008:

Psychologen erkunden mit staatlichen Forschungsgeldern die befreiende Wirkung des Verzeihens, die stabilisierenden Funktionen der Dankbarkeit, die Widerstandskraft von Hoffnung und Vertrauen. Auf der Suche nach tragenden Werten und weltanschaulicher Orientierung hat das kulturelle Erbe der Weltreligionen das Interesse der Gesundheitsforscher geweckt. Religionsvergleichende Untersuchungen haben dabei ergeben, dass die großen Weltreligionen folgende sechs Kerntugenden enthalten: Weisheit/Wissen, Mut, Liebe/Humanität, Gerechtigkeit, Mäßigung, Spiritualität/Transzendenz. Weil das therapeutische Potential dieser Haltungen offensichtlich ist, fragen auch Psychotherapeuten vermehrt nach Wegen, solche Einstellungen zu vermitteln und therapeutisch zu nutzen.

Andere Therapeuten, vor allem aus dem Raum der humanistischen Psychologie sind einige radikale Schritte weitergegangen. Insbesondere der Amerikaner Abraham Maslow, der als einer der ersten die Erfahrung von der Gipfelerfahrung, von der manche seiner Klienten ihm berichteten, zu einem neuen Maßstab für die Psychologie erhob: Seinserfahrungen, die zu tiefgreifenden Veränderungen im Leben der entsprechenden Personen führten. Damit trat eine kirchenungebundene Spiritualität ihren Weg in die Psychotherapie an und erwarb sich bald einen eigenen Namen: Transpersonale Psychologie. Diese verabschiedete sich in ihrem Sprachduktus gänzlich von bekannten religiösen Begriffen wie Gott, Glaube, Sünde. Dazu sagt der Gründer von Zist, dem ‚Zentrum für Individual- und Sozialtherapie' im oberbayrischen Penzberg, Dr. Wolf Büntig:

Ich bin Christ und aus der Kirche ausgetreten. Grund ist, dass mir das Wort Gott zu groß ist. Es ist ein wohlfeiler Begriff, praktisch, damit wir von dem sprechen können, von dem wir nicht sprechen können. Für mich heißt Nachfolge Christi nicht Hinterherlaufen, sondern in der Wahrheit leben, seinen Weg gehen und sein Leben leben. So verstehe ich mich als Christ. Ich selber habe eine etwas schwierige Einstellung zur Theologie. Ich halte die Theologie für eine Verletzung des zweiten Gebotes, denn sie macht sich ständig Bilder von Gott, was wir ja eigentlich nicht dürfen. Deswegen bin ich mit theologischen Begriffen etwas vorsichtig. Und mit dem Glauben hab ich's noch nie so recht gehabt. So richtig verstanden habe ich diese Schwierigkeit, als ich einmal einen Sioux- Indianer über seine Religion sprechen und in einem sehr spannenden Moment in die absolute Stille im Saal in Starnberg hinein sagen hörte: ‚Ich glaube nicht an Gott. Ich kenne ihn.'

(Interview)

Gerade im Zerfall von Lehre, Glaube und Hoffnung eröffnet sich dem nachmodernen, spirituell empfänglichen Menschen des Westens die große Chance, einer frohen Botschaft der ganz anderen Art entscheidend näher zu kommen. Denn das Gottesreich, so Jesu Botschaft, ist immer schon da. Der Weg hieße also wahrnehmen, statt warten. In dieser entscheidenden Verlagerung der christlichen Perspektive vom Glaube zur Phänomenologie schimmerte für unzählige Menschen seit den 6oiger Jahren des 20. Jahrhunderts das Bewußtsein auf, hier und jetzt am Prozeß der Auferstehung, an der Wirklichkeit der Gottesschau, an der Erleuchtung, am Erwachen teilhaben zu dürfen – unabhängig von Glaubensrichtungen, Dogma oder Kultur. Das spirituelle Herz begann damit auch in Europa wieder hörbar zu schlagen und eröffnete einen Lichtraum weit jenseits von Gottesbildern, die mit ewiger Verdammnis, Höllengluten und Gott als leidigem Oberaufseher hantierten. Der Arzt und Therapeut von Zist erinnert:

Abraham Maslow beobachtete bei besonders gesunden Menschen, die er vorzugsweise untersuchte, dass diese gehäuft Erfahrungen machten, die sie das Höchste, was sie je erlebt hatten, nannten, und die er deswegen als Peak experiences/ Gipfelerfahrungen bezeichnete,- Durchbrüche in die Wirklichkeit jenseits der durch Konsens fabrizierten Realität, die in ihren Formulierungen dem glichen, was Sterbende erleben, und dem, was die Adepten erleben, wenn sie lang genug meditiert haben.
(Interview)

Eine in der damaligen Zeit noch kleine aber dann für die kulturelle Transformation immer bedeutsamer werdende Minderheit hatte begonnen, ihr durch die Entfremdung vom etablierten Christentum freigewordenes, spirituelles Potential über unterschiedlichste Psychotherapieformen neu zu orientieren. Es gelang ihr, zu schöpferischen Synthesen west-östlicher Psychospiritualität vorzudringen, die selbst C. G. Jung noch vor 50 Jahren für unmöglich gehalten hatte. Der Gesprächs- und Focusing-Therapeut Dr. Rainer Eggebrecht ist einer von ihnen. Er leitet seit Jahren ein eigenes Fortbildungsinstitut.

In der Focusing Therapie wie in der gesamten klientenzentrierten Therapie lassen wir eigentlich die Leute selber entscheiden, ob sie etwas spirituell erleben oder nicht, da es m.E. sehr schwierig ist, hier genaue Unterscheidungen zu treffen. Ich habe erlebt, dass eine einfache Spiegelung des Therapeuten bei einem Klienten sehr viele, auch tiefe spirituelle Emotionen auslösen konnte und umgekehrt ein Sprechen über Spiritualität sehr wenig Resonanz brachte. Und trotzdem ist es wichtig, dass Therapeuten spüren, ob eine spirituelle Dimension stärker aufscheint oder ob es vorwiegend um psychologische und Selbstwertthemen geht.
(Interview)

Auch Eggebrecht verweist auf die Tatsache einer ‚anderen' Sprache als der klassisch religiösen; einer am Prozess orientierten Wahrnehmung, die zu einer Verflüssigung der Begrifflichkeiten tendiert.

Es stimmt, dass wir heute mehr über Energien, tiefere Schwingungen und Transpersonalität sprechen. Das ist Spiritualität, wie es auch die Hirnforschung sagt, die dem Menschen zutiefst innewohnt, wohingegen Religiösität im Sinne einer institutionellen Prägung eher kulturell vermittelt wird, und heute in modernen Therapien nicht mehr so sehr angesprochen ist.

In der humanistischen Psychologie gehen wir unter die Begriffsebene. Im Grunde etwas Phänomenologisches. Begriffe machen eher eng, schaffen nur eine scheinbare Klarheit. Ich möchte ein Beispiel nennen: auf einer Tagung der Transpersonalen Psychologie hatten wir auf einer Podiumsdiskussion heftige Dispute darüber, ab wann etwas spirituell ist oder psychologisch. Ein Analytiker meinte: sobald es spirituell wird, muß man den Klienten zu einem spirituellen Lehrer schicken. Meine Frage an ihn war: bitte sagen sie mir, ab wann ist etwas spirituell? Daraufhin wurde es eine wenig fruchtbare Diskussion zwischen uns.
(Interview)

Eine der zentralen Themen im Dialog Therapie und Spiritualität ist sicherlich die Unterscheidung der Geister, sprich die Einschätzung des Problemfeldes des Klienten. Handelt es sich um eine normale Neurose, um das Ringen mit Mangelerscheinungen aus frühkindlicher Biographie oder geht es um seelisch-geistige Wachstumsvorgänge in neue Bewußtseinsebenen einer erwachsenen Spiritualität, die jenseits der klassischen religiösen Drohbilder angesiedelt sind? Also um einen evolutionären, spirituellen Entwicklungsimpuls, wie es der amerikanische Religionsphilosoph Ken Wilber beschreibt. Dieser betont hierbei die Notwendigkeit einer Unterscheidung zwischen einer prä-personalen, noch in mythologische Konzepte eingebundenen, kindlichen Religiösität und einer erwachsenen, trans-personalen Wahrnehmungsebene, die sich von solchen Gottesbildern gelöst hat und damit frei ist für eine dynamische, mehrschichtige spirituelle Perspektivität – auch jenseits Jungscher Archetypen.

Hierfür ist es wichtig, dass man als Therapeut selbst sehr klar in sich unterscheiden kann, welche Färbung bei einem Problem liegt. Es gibt z.B. Depressionen, und ich finde es schon wichtig, diesen feinen Unterschied zu merken, ob jemand eher eine spirituelle Depression hat, d.h. er fängt an zu zweifeln, Gefühle gehen zurück, er gehört nirgendwo mehr dazu oder ob jemand ein Depression im klassischen Sinne hat, so dass er seine Emotionen zurückfährt im seelischen Bereich. Das eine hat eine fruchtbare Aufwärtsentwicklung – es ist eine wichtige Entfaltung des Menschen, da ist mehr Energie zu spüren als in der rein psychologischen Depression. Aber das zu unterscheiden erfordert viel Erfahrung. (Interview Eggebrecht)

Zusatzausbildungen für Therapeuten im interreligiösen Feld scheinen daher angesagt, so der Psychologe:

In gewisser Weise sollte der Therapeut sich damit auseinandersetzen, und er sollte auch, ich darf dabei an Ken Wilber erinnern, bestimmte Entwicklungsstufen kennen, und sich selbst mit verschiedenen Stadien der psycho-spirituellen Entwicklung auseinandergesetzt haben. Auf der anderen Seite hat schon Virginia Satir, die bekannte systemische Therapeutin, auf die Frage, was ist wichtiger, die Persönlichkeit eines Therapeuten oder seine Methode, ganz klar die Antwort gegeben: Die Persönlichkeit des Therapeuten ist am wichtigsten. D.h. ich selbst als Therapeut muß offen sein für spirituelle Fragestellungen und die Unterscheidungsfähigkeit besitzen, psychologische, religiös-konventionelle bis transpersonale Inhalte zumindest in Grundzügen zu erfassen, wenn diese Frage auftaucht. (Interview)

Die Ablehnung spiritueller Diagnostik bei vielen kassenbezuschussten Therapien wie der Psychoanalyse ist weiterhin groß. Die verschiedenen menschlichen Existenzebenen verbleiben dann in rein psychologischen Deutungsschemata, beklagt Eggebrecht und verweist auf den Bruch zwischen Freud und Jung in der Bedeutung der religiösen Frage.

Jede Therapierichtung hat auf ihre Art ein Stück Wahrheit und hat recht. Die spirituelle Dimension taucht relativ spät auf, d.h. dass ein Mensch ein einigermaßen stimmiges Weltbild haben muß. Dann wird die religiöse Dimension automatisch aufscheinen. Das sind Fragen nach dem Woher und Wohin, wenn wir uns vom Ich zum Selbst entwickeln und größere Existenzebenen wahrnehmen können. Ganzwerdung meint, dass Menschen mit sich in Einklang kommen. Sie können durchaus krank sein. Es gibt Menschen, die schwere Krankheiten haben, aber eine innerliche Kraft entwickeln, die ihnen erlaubt, Anderen immer noch Freude und Energie geben zu können. Das ist eine völlig andere Entwicklung des Heilwerdens als das bloße Gesundwerden. (Interview)

In der Frage was Therapie, was Meditation, was religiös rituelle Formen an Gesundungspotential enthalten, gehen die Meinungen weit auseinander. Klar aber ist inzwischen, dass spirituelle Therapie heutzutage nicht mehr wegzudenken ist. Viele Kliniken in Deutschland haben geistliche Übungen in ihre psychologischen Programme aufgenommen. Vorsichtig optimistisch äußert sich Bernhard Grom, Professor für Religionspsychologie an der Hochschule für Philosophie München in der Zeitschrift ‚Psychologie heute':

Einige Kontrollstudien haben ergeben, dass religiös orientierte Therapien im Vergleich zu den säkularen Standardtherapien bei Angststörungen sowie milden und schweren Depressionen die Besserung des Befindens beschleunigen. Allerdings sind die Ergebnisse nicht einheitlich. Es gibt offensichtlich vielerlei

Möglichkeiten, spirituelle Momente in eine Psychotherapie einzubeziehen. Wunder sind davon nicht zu erwarten, aber vielleicht kann bei einem bedeutenden Teil der Bevölkerung eine der Ressourcen aktiviert werden, die zum Erfolg nötig sind.

Auch wenn Hardliner klassischer Therapien den neuen Ansätzen weiterhin ablehnend gegenüberstehen,- der Wandel ihres Kollegen Tilmann Moser sollte auch ihnen zu denken geben. Vom freundlichen Gott, besser Gottesbild zu sprechen bedeutet nicht nur, sich von einem angstbesetzten, traumatischen Gottesfuror verabschieden zu dürfen; mehr noch eröffnet es darüber hinaus die Möglichkeit, eine reifere Stufe geistlichen Erkennens zu erklimmen, in der es wesentlich um das Lassen geht, um das absichtsloser werden, wie es viele, auch christliche Mystiker beschrieben haben: hin zu einer Hingabe an ein Göttliches, jenseits neurotischer oder zwanghaft fundamentalistischer oder auch nur skeptizistisch-atheistischer Reaktionsmuster.

Unser Ich ist eine gewaltige Errungenschaft in der Evolution; es macht uns zu Menschen. Aber eigenartigerweise, sobald wir ich oder du sagen konnten, hat Kain den Abel umgebracht. Unsere Egozentrik hat uns in eine Position hineingeführt, die ein Zerwürfnis der Gesellschaft bedeutet: wir wissen eigentlich nicht, wie es weitergehen soll. Aber in dem Moment, wo wir uns noch anders begreifen, nicht nur aus dieser Egozentrik heraus, in dem Moment, wo wir eine umfassendere Erfahrung machen, eine Erfahrung der Einheit, und zwar als Erfahrung, so dass mir niemand mehr sagen muß: du sollst deinen Nächsten lieben, wie dich selbst, sondern dass ich begreife, dass diese Welt eine Einheit ist, dass es im Kern keinen Dualismus gibt, erst wenn wir das erfahren, dass wir eins sind, werden wir uns auch anders verhalten. (Interview)

So der Benediktinermönch *Willigis Jäger,* der sechs Jahre in einem Zen-Zentrum in Japan unter Leitung eines buddhistischen Meisters verbrachte. Zurück in Deutschland gründete er im Jahre 2003 den Benediktushof, ein west-östliches spirituelles Zentrum, in dem neben dem Zen viele, auch therapeutisch orientierte Kurse angeboten werden. Hier finden sich Menschen aller Schichten und Berufe ein: vom Manager bis zum Gärtner, Gläubige wie Atheisten; ein ununterbrochener Strom sehr weltlich gesinnter Pilger, denen die Sprache des zenchristlichen Paters in ihrer Direktheit und einfachen Bildlichkeit ans Herz geht. Dazu eine langjährige Schülerin:

Ich komme aus einem sehr christlichen Elternhaus und habe schon als Kind einige Erfahrungen gehabt, die bei uns im Dorf nicht gang und gebe waren. Ich durfte darüber aber nicht sprechen: Bei meiner Erstkommunion saß ich auf einer Bank in der Kirche. Die eine Seite war voll mit Erstkommunianden, auf der anderen Seite saßen meine Großmutter und noch einige andere Erwachsene. Plötzlich wurde alles ganz still; ich hörte den Pfarrer nicht mehr, ich hörte nichts mehr singen, ich hörte einfach gar nichts mehr außer der Stille, und mein Blick war ganz nach vorne gerichtet zum Altar. Und das war eine so tiefe Erfahrung, dass ich die ganze Zeit der restlichen Messe gebraucht habe, um wieder zurückzukommen. Von da ab bin ich immer auf der Suche gewesen und traf dann Pater Lassalle, der mir sofort Bestätigung gab: ‚hab keine Angst'. Zen habe ich bei ihm angefangen, der jeden Morgen selbst seinen Gottesdienst machte. Das war alles integriert. (Interview)

Auch der Heilpraktiker, Therapeut und Christ *Klaus Dieter Nassall,* in dessen Praxis im ländlichen Bayern sich Menschen aller Glaubensrichtungen einfinden, arbeitet in einer integrativen Weise mit Psyche und Geist:

Ich versuche mit meinen Klienten nicht nur Symptome anzugehen, sondern auf die Ursachen zu kommen, und ich erlebe den Menschen auf den drei Seinsebenen- Körper, Seele, Geist. Für mich ist die Hauptsache, dass der Klient auf der geistigen Ebene erfährt, dass er wirklich ein Lichtwesen ist, ein Volllkommenes aus meiner Sicht, dass er da heil ist. Die Therapie ist dazu da, in ihm zu diesem Heilsein wieder eine religio- eine Verbindung zu schaffen, die ihm das bewusst macht, so dass er nicht an irgendeinen Gott glauben muß, der eine Autorität über ihm ist.
(Interview)

Selbst in der aufgeklärten Postmoderne bleibt z.B. Sexualität für nicht wenige ein großes Tabu, gerade für Menschen vom Land mit christlicher Biographie, wie Nassall feststellt:

Das ist sogar die Mehrheit, Aber auch in vielen anderen Bereichen gibt es Themen, verursacht durch dogmatische Glaubensregeln, die aus meiner Sicht nichts mit Gott zu tun haben. Ich habe auch Menschen aus anderen Religionen, aus dem Islam hin und wieder, Leute, wo ich Ähnliches finde. Nur bei Patienten aus buddhistischen Kreisen ist das am wenigsten ausgeprägt.

Ein Kernsatz, der zu vielen Problemen führt, ist die angebliche Aussage Jesu: ‚Ich bin der Weg, die Wahrheit und das Leben, keiner kommt zum Vater denn durch mich'. Damit wird Jesus zum Gott erhoben, wird zu einer Autorität, und gleichzeitig sagen die Leute: ‚Ja, das hat Jesus erreicht, dass kann ich doch nicht erreichen, er ist ja Gott.' Ich antworte dann: ‚Schau, aus meiner Sicht ist dieser Satz etwas anders gestellt worden, dass er gesagt hat: keiner kommt zum Vater denn durch sich selbst.' Das ist mir meine Hauptaufgabe, dem Menschen, ohne die Kirche jetzt zu verurteilen, zu helfen, dass er zu diesem wahren inneren Sein, dass ja Gott letztendlich ist, findet. Dazu bedarf es auch einer Umstrukturierung im Denken, dass Gott nicht mit dem Gehirn fassbar ist. Das Zentrum, dass wir therapeutisch angehen, ist das Herz. (Interview)

Verdrängung in der Meditation ist ein Thema, das erst allmählich ins Blickfeld spiritueller Therapie gerät, meint *Wolf Büntig,* Gründer von Zist:

Ich glaube, dass es dies rein spirituelle Arbeiten gar nicht gibt. Es gibt viele Meditierende, die das gerne so hätten. Aber das läßt sich heute nicht mehr aufrecht erhalten. Wir sind in der westlich geprägten Welt, inzwischen auch in Japan und in Indien, so weit weg, soweit entfremdet vom Rhythmus des alltäglichen Lebens, wir haben so viel mit Angst vor Verlassenheit zu tun, die Qualität der Bemutterung ist so schlecht geworden, dass wir in der Konzentration auf das Innere ganz leicht Flucht vor der Wirklichkeit unseres eigenen Geprägtseins durch unsere Geschichte betreiben können. Weshalb wir – um spirituell arbeiten zu können – auch an unserem Schatten arbeiten müssen, also an dem Verdrängten, an dem, was wir von unserer Geschichte nicht wissen wollen. Graf Dürckheim, mein Onkel, sagte einmal, als wir alleine waren, etwas schnodderig zu diesem Thema: ‚Bevor man ein Ich transzendieren kann, sollte man besser erst mal Eines haben'.

(Interview)

Die entscheidende Frage: wer oder was heilt? beantwortet der Heilpraktiker Klaus Nassall, im Gegensatz zu vielen Psychologen, ungeschminkt und ohne Umschweife:

Ich sage immer wieder: wir können nicht heilen, und das ist ja auch etwas sehr Schönes, was uns Jesus zeigt, wie kaum ein anderer: wo immer die Menschen, die er, in Anführungszeichen, geheilt hat, zu ihm kommen und sich bedanken, sagt er: ‚Nein, dein Glaube hat dir geholfen', nicht ich habe dich geheilt. Er gibt jedem seine Kraft wieder. Das ist ganz wesentlich für einen Patienten, ob er Krebs hat oder eine Infektion, dass er keine Autorität über sich anerkennen muß – im medizinischen oder psychologischen Sinne! Wir sind alle Helfer, das habe ich auch als Schild an meiner Praxis- Gott ist dein Arzt! Das

Runterplappern von Gebeten, das nützt nichts. Es muß zum Eigenen werden, und irgendwann dann kommt das Eigene auch als innerer Dialog mit dem Göttlichen. (Interview)

Ob Therapie oder Meditation und andere spirituelle Übungen-beide Wege sind Versuche, den Menschen wieder zu allen seinen Sinnen kommen zu lassen, ihn zu begleiten in der Erfahrung einer ursprünglichen Sympathie, eines Zusammenhangs, der beim Kleinsten beginnt: einen Schluck Tee zu genießen, ein Lächeln in der überfüllten U-Bahn, Licht, das sich in einer Pfütze spiegelt.. Gesucht ist Präsenz: eine auf größerer Wachheit und Vorurteilslosigkeit basierende Wahrnehmung, die im Lauf der Zeit befähigt, praktisch alles als Unterstützung des eigenen Lebens erkennen zu können. So erfährt der Übende allmählich auch Probleme, Ängste als dunkles Licht, als zu bergende Schätze statt als zu vermeidende Übel. Aus Krisen können Herausforderungen werden, aus Widerstand Neugier, Mitgefühl und Tatkraft. Die tägliche Übung bedeutet dabei erst einmal alles. Nicht von ungefähr spricht der Zen vom Sterben und Auferstehen auf dem Kissen und vom Markt des Alltags, zu dem alle spirituelle Erfahrung zurückgebracht werden muß.

Werkstatt der Liebe: Die buddhistische Tiefenökologin Joanna Macy

Dies ist kein Seminar wie viele andere, nicht psycho-, eso- oder politiko- es ist im besten Sinne integral; ein ganzheitlicher Wurf von enormer Kraft, Schönheit und Verpflichtung. Geleitet von einem Menschen, auf den das buddhistische Ideal des Bodhisattva, dem aus dem großen Mitgefühl Wirkenden, besonders zutrifft: Joanna Macy, amerikanische, christlich erzogene Friedensaktivistin seit über 40 Jahren, Buddhistin, Professorin, und

– vor allem anderen – eine Frau mit großem Herz, lächelnd, charmant, weit und tief in ihrer Vision, berührbar und von unerschütterlicher Konsequenz in ihrem Engagement für den Großen Wandel, von dem sie immerzu spricht- der Transformation eines fossilen Wirtschaftssystem zu einer nachhaltigen, dezentralen, ökologisch fundierten Zivilisation.

Und das sind wir: dreißig welt- und tiefenökologisch Bewegte auf der Schwäbischen Alp, in einem sehr abseits gelegenen, mit veganer Küche geführten Seminarhaus- kommende RitterInnen einer noch offenen, undefinierten Tafelrunde, die Joanna, ihr Mann und Doug, beider Freund und Sekretär präsidieren. Zehn intensive Tage stehen an; d.h. kein Telefon, Fax oder e-mail, zehn Tage, die uns auf etwas vorbereiten sollen, dessen Dimension wir jetzt, zu Beginn des Workshops, noch in keiner Weise erahnen. Aber diese bestimmte Grundstimmung ist da: Erregung, Freude, Gespanntheit- jene kreative Unruhe also, die erhöhte Wachsamkeit freisetzt, Adrenalin für den geistigen Motor.

Gleich zu Beginn der ersten Sitzung wird deutlich: das Programm ist immens; es hat nichts mit üblicher Therapie, Spiritualität oder politischer Analyse zu tun, und enthält doch alles. Ein Netz wird gesponnen, und wir sind die Knotenpunkte darin!

Der erste Tag beginnt mit einem indianischen Ritual: die vier Himmels- richtungen ehren! Der Rauch einer Pfeife wird nach Nord, Süd, Ost und West geblasen; in der Mitte des Raumes ist ein Mandala gesetzt mit vier Gegenständen: einer Feder, Zeichen für die Luft, einer Schale mit Wasser, einer Kerze, und einem Zweig, Symbol für die Erde; Joannas Huldigung an die Ureinwohner ihres Kontinents Amerika! Jeder nimmt ein oder zwei dieser zeichenhaften Gegenstände und spricht aus der unmittelbaren Eingebung. Ein Grundprinzip der Arbeit klingt an: die Intuition ins Fließen zu bringen, Innen und Außen, Natur und Selbst zu verbinden.

Dafür gibt es allgemein anerkannte Vereinbarungen: Schweigezeiten, achtsames Hören und Sprechen, Pünktlichkeit und gegenseitige Unterstützung bei der Arbeit. Als Ausgangspunkt des Seminars skizziert Joanna das Ideal spiritueller Tatkraft- Hingabe und Klarheit, Disziplin, Visionskraft und, nicht zuletzt, Humor!

Auf großen Papierbögen, sogenannten Landkarten, werden vom Team im Laufe des ersten Tages eine Vielzahl von Grafiken zu ökonomisch-politischen Kreisläufen entworfen; mit einem Mal befinden wir uns also in einem Strategieseminar- Attac, die Antiglobalisierungsbewegung lässt grüßen! Basisinformationen zur Globalisierung, zur Krise des weltweiten spekulativen Börsenkapitalismus machen die Runde. Einführung in Geschichte und Konzepte von Welthandelsorganisation (WHO), Internationalem Währungsfond, (IWF), Europäischer Zentralbank (EZB). Und- in einer weiteren, eleganten Spiraldrehung stehen, auf Augenhöhe mit Wirtschaft und Gesellschaft, die Verpflichtungen des spirituellen Kriegers im Raum: das Mitwirken am Großen Wandel, wie Joanna die Aufgabe unserer Zeit nennt, der Aufbau von Verbindungen mit Gruppen ähnlicher Geisteshaltung. Dazu kommen erste Betrachtungen unserer Fähigkeiten für das Kernziel: die Heilung der Erde durch ein neues, integrales Bewusstsein aus Mitgefühl und Erkenntnis, Handlung und Leidenschaft. So spüren wir urplötzlich: beim Wort genommen!

Zum Abschluß des ersten Tages eine kleine, immens bedeutsame Übung in Dankbarkeit: lebendig zu sein im Gefühl für die Weite, Schönheit, die Fragilität und den Schmerz des Lebens auf diesem Planeten. Joanna erzählt, streut immer neue Geschichten aus ihrer labyrinthisch-folgerichtigen Biographie ein: Große Mutter und Kriegerin zugleich, eine Liebende, die lacht und weint, lehrt und führt, ebenso von uns lernt, und sich immer wieder überraschen lässt.

Jeder Tag bringt umfassendere Informationen, weitet den Blick, schafft neue, unverhoffte Einsichten; nicht wenige davon beunruhigend, ja quälend. Der verhängnisvolle Kreislauf von Wachstum, Profit, Kriegswirtschaft, Umweltzerstörung, Arbeitslosigkeit und Armut wird analysiert- ohne Hass aber mit präzisem Blick für Zusammenhänge. Unsere Atmung vertieft sich, der Puls schlägt ein klein wenig schneller. Parallel zur Analyse postmoderner Wirtschaftsstrukturen fallen Grundbegriffe christlicher Tatethik und buddhistischer Psychologie: die Karmalehre, der Kreislauf von Ignoranz, Gier und Haß, wird aufgezeigt, der achtfache Pfad angedeutet, Jesu Lehre von Brüderlichkeit und Mitgefühl – Herzraum allen religiösen Lebens – wird vorgestellt. Man spüre in diesen ersten Tagen: Endlich! Endlich eine Meisterin, die das Integral beherrscht. Ja, mehr noch: lebt! Das ganzheitliche, holistische Schauen, Denken und Handeln. In ihrer Arbeit kommen Analyse und Intuition, Gefühl und Körperrhythmus, Spiritualität und Politik in solcher Selbstverständlichkeit zusammen, dass es wunders nimmt, wieso dies nicht überall der Fall ist.

Kein Entweder-Oder sondern sinnreiche, kreative Verflechtung; kein Verkümmern in biographischen Details, vielmehr ein Auferstehen individueller Geschichte im Kontext einer universalen Vision. Keine Politdiskussion, aber die Anerkennung gesellschaftlicher Analyse im Herzraum des buddhistisch-christlichen Heilandideals.

Wunderbar! Intelligentes, gemeinschaftliches Lehren und Lernen! Die Lust am Wandel, bei Anerkennung der Schrecken der Welt, ja gerade letzteres,- nennt Joanna ihre Seminare doch ‚Verzweiflungsarbeit'! Ein Werk, das sie mit stoischer Konsequenz und offenem Herzen seit 25 Jahren in vielen Teilen der Welt durchführt- ein mobiles transformatorisches Hospital für Genesungsbedürftige, Ausgebrannte im Kampf gegen eine zerstörungssüchtige Industriegesellschaft. Sie ersetzt in diesen

Heilungsseminaren dass GEGEN sanft aber unerbittlich durch ein neues FÜR, durch ein klares JA zum GROßEN WANDEL. Sie stimuliert die Vision eines vieldimensionalen kosmischen Netzes, dass trägt und wiederverbindet, dass heilt, inmitten größten Unheils; eine Hebamme also und eine Seherin ist sie, aus christlichem Erbe und buddhistischer Neigung.

Jeden Morgen und jeden Abend tanzen wir einen besonderen Tanz- den Ulmentanz von Anastasia Geng – und, gleich dem Baum, dessen Wurzeln die Erde halten und im Gegenzug von ihr versorgt werden, trägt und nährt uns die Erinnerung, das laut ausgesprochene Gedenken an all die Verletzten, Ausgebooteten, Erschöpften, die ausgerotteten Tiere und Pflanzen dieser Erde- die Seligpreisungen Jesu also kommen auf diese Weise zu Wort, wo Ruf und inneres Echo mit erstaunlicher Leichtigkeit die Wahrnehmung der Einen Welt schaffen.

Im Laufe der Tage gewinnt der Raum immer mehr an Werkstattcharakter – Plakate an den Wänden, Strategiepapiere, Gedichte, buddhistische Grundregeln, systemische Feed-Back-Schleifen, Gebete. Das alles fordert die ganze Person auf wechselnden Ebenen- Lernen durch Hören, Erinnern, mittels Analyse, Gemeinschaftsarbeit, Experiment, Meditation und Feier. Lernen aus Liebe, so darf man es ganz unpathetisch nennen. Sie stellt fest:

‚Die wesentliche psychologische Tatsache ist heute die Erkenntnis, dass die Zerstörungen in der Welt in jedem Menschen, bewusst oder unbewusst, dramatisch zur Wirkung kommen. Es gibt kein privates Ich. Dies hat jede Psychotherapie in unserer Zeit zu bedenken, will sie nicht marginal oder kontraproduktiv werden. Sich dem Schmerz der Welt zu öffnen ist der notwendige Grundschritt zur Erkenntnis meiner Liebe für die Erde, meine Verbundenheit mit ihr'. (Interview)

Sätze, die jede Inividual- auch Familientherapie von Grund auf revolutionieren sollten. Joanna spricht vom ökologischen Selbst und meint damit die schöpferische Realisierung, dass Mensch, Erde und Kosmos aus demselben Stoff gewoben sind. Solche Einsicht löst die Vorstellung eines privaten Ichs radikal auf und stellt den westlichen Menschen endlich wieder in einen universalen Bezugsrahmen. Auf dieser Schauebene vermag ich seelische Dunkelheiten wie Angst, Schuld, Haß und Verzweiflung eher zu überwinden, denn Raum und Zeit gewinnen hier eine ganz neue seelisch-geistige Bedeutung.

Im großen Ritual des Wahrheitsmandalas nimmt diese Erkenntnis erstmals Gestalt an. In einem geviertelten Kreis am Boden liegen ein Stein, als Symbol der Angst, in der Umkehrung Mut; Blätter stehen für Trauer, bzw. Freude, eine Schale – Leere und Fülle andeutend, ein Stock: Zorn, bzw. Gerechtigkeit bezeugend, und schließlich ein Tuch: Zeichen für das Unbekannte. In das Mandala einzutreten, einen der Gegenstände zu nehmen und seine Empfindungen von Trauer, Schmerz und Haß zum Ausdruck kommen zu lassen, bedeutet weit mehr als Gefühle zeigen: im vollen Geschmack der dunklen Emotion- der Nachtseite der Seelenkräfte- in aller wachen Kraft von sich zu sprechen, heißt, sich in der doppelten Kunst zu üben, gelassen im geschürten Feuer, im Fegefeuer zu stehen, ohne zu verbrennen. Die Gruppe bildet den Resonanzraum für diesen Balanceakt, den Zeugen, der jeweils mit dem kurzen Satz antwortet: ‚Wir hören dich'! Es gibt keine Diskussionen, persönliche Auseinandersetzungen, Beschuldigungen.

Und dann kommt jener Morgen, es ist der vierte, den die meisten nicht so leicht vergessen werden. Doug referiert im sachlichen Ton eines Nachrichtensprechers über die letzten neu geschaffenen Fakten seitens WHO und IWF. Wir hören aus verschiedenen Perspektiven zu: als Männer und Frauen der Gegenwart, als Menschen der Dritten Welt, als nicht-menschliche Wesen, sowie als Mitglieder der Rasse Homo sapiens sapiens der Zukunft.

Wir hören die in den üblichen Fernsehnachrichten oder Presseberichten nicht gemeldeten Fakten: die geplante Privatisierung allgemeinster Güter wie Bildung, Krankenversorgung, Wasser; die flächendeckende Einführung von genetisch behandeltem Getreide, die militärisch-strategische Neuordnung der Welt, die Fortschritte der Nanotechnik.

Der Gruppe gefriert bei dem sachlichen Ton das Blut in den Adern, viele bekommen eine Gänsehaut; ein so tiefer Schrecken erfasst uns, dass man gleichzeitig aufschreien und für immer verstummen möchte. Der Vorhang der Unschuld, der abwiegelnden Rationalität, wurde noch einmal zerrissen, so endgültig wie nie zuvor. Die Nachrichten gehen durch Mark und Bein. Ich schaue mich um, und erblicke den gleichen Schock in den Augen der Anderen. Wie nackt wir dastehen, wie unvorbereitet- bei all unserem Wissen. Ein unverschleierter Blick ins Angesicht der Sphinx! Im Mythos folgt darauf die Versteinerung. Genauso ist uns zumute. Als wir – nach einer Ewigkeit – uns wieder im Raum bewegen, um zu verdauen, was uns da mitgeteilt wurde, schlägt Joanna eine kleine Übung vor:

Stelle dich dem Nächsten gegenüber, der gerade vorbeikommt; sieh ihn als jemanden, der leben will wie du, sieh ihn als ein verstrahltes und verseuchtes Wesen, und sieh ihn doch als den kommenden Buddha, als das Licht der Welt im Bilde Christi.

Wie in dieser Konfrontation die psychischen Aggregatzustände von Verzweiflung, Kraft, Erstaunen ineinanderfließen, Welten sich überlagern, irgendwo verebben und Neues hinterlassen! Wer ist wer? Sehe ich mich, ihn, sie, einen- sehe ich den

MENSCHEN? Erkenne, und- anerkenne ich ihn? Als ich spätabends müde ins Bett falle, weiß ich, was hier geschieht: eine Initiation, die schwerlich rückgängig zu machen ist. Ein alter Bob Dylan- Song fällt mir ein: Don´t look back..

Was heißt Tiefenökologie? Was bedeutet systemisches Denken? Was Holarchie? Wir haben inzwischen viele Begriffe parat- Vernetzung, Beziehung, Feed-Backschleifen, prozessorientiertes Handeln. Joannas Grafiken schälen mit der Zeit eine zentrale Konsequenz heraus: Alle Konzepte umschreiben im Wesentlichen fließende Situationen; da ist nichts mehr wirklich fest, eindeutig. Das Teilchen-Welle Modell aus der Quantenphysik kommt mir in den Sinn. Ersteres scheint leicht zu fassen, zu begreifen; letzteres, als Welle, Strömung, Fluß aufgefasst, bleibt viel unsichtbarer- eine vorübergehende Wölbung im Raum, eine Driftspur in der Zeit. Es bedarf anderer Sinne- Intuition, Schau, integrales Denken und Handeln, um solche Phänomene zu orten. Die Prozeße hier sind zirkulär, überlappend, plötzlich, manchmal rhythmisch, jedenfalls wenig zielorientiert.

Eine faszinierende Wirklichkeitssicht, die wir in Kleingruppenarbeiten zu ertasten, zu verstehen suchen. Dabei wird klar, wie groß die Kluft zwischen Denken und Erkennen ist. Wo sich festhalten, wenn alles im Fluß ist, wo bleiben unsere Identitäten, an denen wir so oft leiden und auf die wir doch so stolz sind? ‚Inter-Being' nennt der vietnamesische Mönch Thich Nhat Than diese Lebensform. Ein Ich, das sich im Wesentlichen aus Nicht-Ich Elementen zusammensetzt- aus Luft, Wasser, fremden Gedanken, angelernten Emotionen- doch zu gleicher Zeit ist da der einzigartige Daumenabdruck, die erkennbare Gestalt, das definitive individuelle Muster. Je langsamer die Energie dieses Ich schwingt, desto dichter, materieller wird sie in der Folge; ihre schöpferische Kraft erlischt, wird zu eindeutig, vermag sich nicht mehr zu verwandeln. Das heißt Chaos durch

Rigidität. Gewohnheit,·Charakter sind hier die Stichworte aus der psychologischen Sphäre.

August ist es und kalt auf der Schwäbischen Alp. Die Leute, die im Zelt übernachteten, tauchen klammheimlich im Haus unter; der viele Regen macht mürbe! Visionssuche ist angesagt, aber die Nässe stimmt nicht sonderlich fröhlich; ebensowenig die Nachrichten von der großen Flutkatastrophe im Osten. Die Synchronizitäten verblüffen bisweilen.

Wir entscheiden uns für einen zeitlich reduzierten Visionsgang von einem Tag. Zuvor wird gefastet; in der abendlichen Kontemplation lotet jeder seine tieferen Fragestellungen aus. Wo stehe ich? Was ist mein Bild vom guten Leben? Welcher Mittel zur Realisierung bedarf es? Welch seelisch-geistiger Kräfte?

Mit einem kleinen Ritual beginnt am nächsten Morgen das Abenteuer der Visionssuche: Wir überschreiten eine Schwelle, die Bekanntes von Unbekanntem, Innen von Außen trennt, das Haus von der Natur. Ab jetzt bin ich allein, auf meinen eigenen Instinkt gestellt, auf meinen inneren Kompaß. Wichtig bei diesem Gang ist vor allem, auf die zufälligen Zeichen zu achten, die Koinzidenzen zwischen innen und außen.

Nach rechts wollte ich gehen, doch plötzlich höre ich den Gesang eines Zaunkönigs, sehe ihn sogar zwischen den Baumstämmen hin und herhüpfen; ich wechsle die Richtung. Schon immer waren Vögel meine Begleiter, und dieser unscheinbare Geselle mit dem paradoxen Namen ruft mich. So lasse ich mich laufen, anziehen, anlocken- von einer Lichtung, einem Duft, einem besonderen Fleck- Übungen in Spontaneität und Vorurteilslosigkeit. Zeichen setzen und Zeichen finden! Erstaunlich, wie viele Überraschungen die zivilisierte Natur noch birgt, wie direkt Eindruck und Impuls ineinanderübergehen, wie schnell andere Sinne als die überstrapazierten Augen aktiv werden.

Ein umgefallener Feldstein zieht mich an- eine ganze Palette von Blüten umringt ihn, am stärksten leuchten die blau-violetten Glockenblumen. Dies soll der Platz meiner Einkehr sein. Alle inneren Stimmen sind eingeladen zu erscheinen, sich vorzustellen, sich auszusprechen!

Vor mir, in der Erde, finde ich weißgraue Steine eingegraben. Ich klaube sie heraus; jeder steht für eine meiner inneren seelischen Stimmen. Wie bei einer Familienaufstellung bekommen sie einen Ort. Ein interessantes Diagramm ist am Boden entstanden. Ich nehme nun jeden Stein in die Hand, gebe ihm eine Stimme; ein Hearing, dass mir mancherlei Aufschlüsse bringt. Gegen Ende der Versammlung setzt ein feiner Regen ein; ich verabschiede mich von diesem Ort der Inspiration und mache mich wieder auf. Grüner Farn überwucht den Waldpfad, der tiefer ins Dickicht führt.

An einer Kreuzung treffe ich auf eine Frau aus unserem Seminarhaus. Sie gehört zum Personal. Also- nach Vögeln, Blumen und Stein ein Mensch, der mir begegnet. Sie erzählt die Geschichte des Ortes: Einer nazaräischen Jesutradition folgend, lebe man in freiwilliger Armut; so das Leitbild der Gemeinschaft. Aber die meisten gingen wieder weg, auch sie: zu knauserig und eigenbrötlerisch sei das alles. Ich höre die Botschaft: Lebe die Fülle, sei offen, sei herzlich. Plötzlich kommt dichter Regen auf; eine alte Rotbuche, ein herrlicher Solitär, bietet Unterschlupf. Und so hocke ich, trocken und warm, im Schoß dieses Baumes in der Waldeinsamkeit und lasse meine Gedanken streunen, allein für mich, eingehüllt in tiefe Stille.

Der Rückweg durch das nasse leuchtende Grün ist köstlich, und als ich die Schwelle zum Haus wieder übertrete, weiß ich, dass sich der Gang gelohnt hat- die Eindrücke und Wahrnehmungen müssen nun ausreifen. Der Abend ist daher dem Mitteilen gewidmet- jeder zeigt seine Schätze- Geschichten, Blumen, Zweige, innere Stimmen- Impressionen von morphogenetischen, d.h. netzwerkartig verknüpften, geistigen Feldern. In den nächsten Tagen werden wir in Kleingruppen in einem Frage/Antwort Spiel die persönlichen Situationen weiter orten und klären.

Joanna führt uns am darauffolgenden Morgen in das Thema Tiefenzeit ein- ein zentraler Schritt, um altgewohnte Sicherheitskonzepte leichter loslassen zu können. Sätze wie diese fallen:

Welche Arbeit du auch tust, öffne dein Herz für die Wesenheiten von Vergangenheit und Zukunft. Unsere Vorfahren wie Nachkommen existieren als geistige wie materielle Samen in unseren Körpern. Wir bedürfen der Kräfte beider Zeitströme, um uns im Jetzt zu verankern. Je schneller und dramatischer die Zeichen der Zeit unserer Gegenwart einander ablösen, die Katastrophen, Kriege, Wirtschaftseinbrüche, desto notwendiger wird es, den Puls der Tiefenzeit zu spüren. Wir sind Hüter der Erde, nicht ihre Retter, wir haben sie nicht geschaffen, doch unser Bewußtsein reicht über den Beginn des Universums hinaus in jenes Schweigen Gottes, das den Ursprung allen Lebens bildet. (Interview)

Joanna lässt uns nicht im Zweifel darüber, dass der Zusammenbruch des postindustriellen Systems schon lange im Gange ist und die vordergründige Macht der Institutionen nur ihre darunterliegende Fragilität verdeckt. Der 11. September war dafür ein unübersehbares Zeichen. Ihre Botschaft lautet:

- *Öffne dich für den Schmerz der Welt, er ist der deine!*
- *Sage die Wahrheit über deine Erfahrung!*
- *Arbeite in Gemeinschaften!*
- *Sei großzügig mit deinen Stärken, sie gehören nicht dir allein – verschenke sie!*

Und, sehr entscheidend der folgende Satz: *Du brauchst nicht die Ergebnisse deiner Arbeit zu sehen. Alles hat Auswirkung! Entspanne dich! Lebe in Freude und Dankbarkeit!*

Mit diesen Aufforderungen gehen wir in das große Ritual der Tiefenzeit: Zu einer tranceartigen Musik beginnen wir, mit geschlossenen Augen rückwärts im Raum zu gehen. Langsam, sehr langsam. Doug leitet diese Reise durch Raum und Zeit an:

Erinnere dich der letzten Viertelstunde, der letzten Stunde, des vergangenen Tages, der Woche, des Monats und des letzten Jahres. Gehe weiter zurück in das vergangene Jahrzehnt , in deine Jugend, deine Kindheit. Schaue die Bilder, die kommen. Und weiter bis zu deiner Geburt, tiefer zurück in die Zeit deiner Eltern, in die Anfänge der Industriekultur, zurück ins feudale Zeitalter,- wer warst du da, welche Menschen und Landschaften sind um dich? Gehe weiter ins Mittelalter, noch weiter zurück zu den Anfängen der Hochkulturen in Rom, Mesopotamien und Ägypten, zurück in die Eiszeit, zu Jägern und Sammlern, tiefer in die unermesslichen Erdzeitalter bis zur Geburt unseres Planeten, unseres Sonnensystems, der Milchstraßen und Galaxien, bis an den Anfang des Universums- und darüber hinaus in die Ewigkeit Gottes.

Schließlich aus dem Schweigen des Einen Schoßes, des Einen GEISTES auftauchend, spüre den ersten Impuls zur Inkarnation und Individuation der Schöpfung, empfinde die sich immer mächtiger ausbreitenden Wellen der Evolution, deren Herzschlag du bist.

Gehe nun mit einem bewussten JA durch die vielen Inkarnationen deines Lebens, erschreckende, phantastische wie banale, bis zu dieser Existenz heute; komm bis an die Schwelle des Jetzt, um mit dem Herzen des Bodhisattva, des Christus in dir für die Erlösung der Welt, die die deine ist, zu wirken.

Als wir aus der Traumzeit in das Hier und Jetzt des Raumes eintreten, scheinen Äonen vergangen. Wer sind wir, wenn nicht Kinder des Einen großen Liebes- und Zeugungsstromes?

Am vorletzten Tag wird ein Fest vorbereitet. Eifrige Theaterproben, Gesangseinstudierungen, Kabaretteinlagen überall, während in der Küche ein großes Mahl gezaubert wird. Ein emsiges Treiben hat sich über das Gelände ausgebreitet. Das Fest beginnt mit einem üppigen Abendessen an geschmückten Tischen im Freien – die vegane Küche ist schon seit einer Weile unterminiert, sie hat sich zu einer opulenten vegetarischen Kost gemausert. Hymnen auf die Köche, anschließend ein satirisches Theaterspektakel, das es in sich hat und auch Joanna und ihre Crew ins Visier nimmt. In der Nacht wird ein mächtiges Feuer entzündet, gesungen und, da August ist, Sternschnuppen gezählt.

Am nächsten Morgen erscheinen alle pünktlich zur Meditation, die, wie an jedem Tag, von jemandem aus der Gruppe gestaltet wird. Noch einmal werden in den Kleingruppen Analysen erarbeitet, Perspektiven geklärt, in Rollenspielen Aktionen für den gesellschaftlichen Alltag geprobt: dazu ein Fragenkatalog:

Welche Absichten haben sich verstärkt? Welche Prioritäten sollen mich in der kommenden Zeit leiten? Welche Quellen stärken mich in meinen Zielen? Welche Hindernisse warten auf mich? Welche tägliche Praxis hilft, um dem Ideal des spirituellen Kriegers nahezubleiben?

Und schließlich der Abschied. Joanna leitet ihn mit folgenden Worten ein: ‚Wir gehen zurück in die globale Industriegesellschaft mit den vier Unterstützungen des Buddha, mit den Seligpreisungen Jesu.' Wir stehen uns dabei paarweise gegenüber:

· *Siehe den anderen in all seinen Fähigkeiten und Kräften.*
· *Siehe den anderen mit all dem Schmerz, den er trägt.*
· *Siehe den anderen: Welche Energien habt ihr zusammen, welche Pläne und Abenteuer?*
· *Siehe den anderen – er mag dein Bruder, deine Mutter, dein Geliebter, dein Feind in einer anderen Zeit gewesen sein. Erkenne dich in ihm als Teil des kosmischen Netzes.*
· *Sei versichert: Du verfügst über alles, was du brauchst, fühle dich getragen und geborgen.*

Mehr als alles andere ist dieser Abschied, der uns zitternd, weinend, traurig und freudig sein lässt, ein Beginn; ein entscheidender Schritt in einen neuen Raum von universaler Bedeutung. Eine neue Dimension die wir fühlen, denken, visualisieren und in der Meditation vertiefen konnten- wir, Protagonisten, oft auch Antagonisten in der Zeit des Großen Wandels, wie es ihn zuvor in der Menschheitsgeschichte noch nicht gegeben hat.

Transzendieren und transformieren: Konfliktforschung nach Johan Galtung (alternativer Nobelpreisträger)

Spricht man über Friedensdialoge in der internationalen Politik, kommt man an einem der erfahrensten Konfliktlösungsforscher der letzten 50 Jahre nicht vorbei – dem Norweger Johan Galtung. Er gründete schon 1959 das renommierte Internationale Friedensforschungsinstitut in Oslo, bekam 1987 den Alternativen Nobelpreis für seine außergewöhnlich kreativen Vermittlungsansätze überall auf dem Globus und war lange Zeit Direktor von ‚Transcend'- einem weltweiten Netzwerk für Konfliktforschung. Lang ist die Liste seiner fruchtbaren Interventionen auf den Schauplätzen der Welt. Nicht umsonst nennt er seine Methode ‚Transcend and Transform' – Transzendieren und Transformieren.

Ersichtlich ist, dass sich auf Grund der heutigen technischen Möglichkeiten, Internet beispielsweise, Konflikte noch schneller entzünden als vor 50 Jahren etwa, gleichwohl auch ganz neue Kommunikationsfelder sich eröffnen: Smartphones sind bis in die letzten Winkel der Kontinente vorgedrungen. Die Reaktion des Frieden/Konfliktforschers ist ambivalent:

Man sieht heute, dass die meisten Diplomaten nicht mehr genügend vorbereitet sind. Im Jahre 1960 kamen sie zur UNO nach New York noch mit einem Schiff; eine Woche waren sie unterwegs und hatten also genügend Zeit, sich in die Probleme einzuarbeiten. Heute leiden die meisten unter dem Jetlag und Überinformation. Meine Schlussfolgerung lautet: es muß ein Training in Konfliktvermittlung und Versöhnungsarbeit geben. Dies muß ein integraler Teil unserer Kultur werden. Die allgemeine Tendenz im Durchschnittsbewusstsein der Menschen hinsichtlich eines Konfliktes ist immer noch die Vorstellung: A oder B gewinnt, bzw. es gibt einen (oftmals) schalen Kompromiß. Von Transzendenz oder Transformation hat kaum jemand etwas gehört, auch nicht die Diplomaten. Die Schaffung von neuen Wirklichkeiten scheint den meisten zu utopisch.

Nehmen wir den Israel/Palästina Konflikt. Mein Vorschlag war und ist: ein gemeinsamer Markt im Nahen Osten zwischen Israel und den fünf arabischen Nachbarstaaten. Selbstverständlich mit Anerkennung von Israel und Palästina und mit offenen Grenzen. Das wäre eine neue Wirklichkeit, in der Israel Frieden und Sicherheit finden könnte. Mit dem heutigen Israel ist das kaum möglich. Von palästinensischer Seite her ist die Hamas dafür besser geeignet als die Fatah, da erstere die stärkeren Kontakte zu den Muslimen in aller Welt hat.

(von Lüpke/Erlenwein, Projekte der Hoffnung)

Kriege scheinen im Bewußtsein der meisten Leute zwar schrecklich aber offenkundig unvermeidbar- eine Art menschengemachte Naturkatastrophe. Der Sozialwissenschaftler Johan Galtung spricht daher konsequent von einem Konfliktanalphabetismus, der bis in die höchsten Ränge von Politik, Militär und Wirtschaft reicht.

Dabei unterscheidet er im Wesentlichen zwei Einstellungen, sobald man über die Probleme der Welt redet: einen Sicherheitsdiskurs und einen Konflikt-Friedens-Dialog. Ersterer folgt einem relativ einfachen Schema, das sich gerade in Zeiten fundamentalistischer Reaktionen in besonderer Deutlichkeit zeigt; pointiert dargestellt lautet er: Es gibt irgendwo auf der Erde das Böse („Evil"), dieses neigt zur Gewalttätigkeit aus der simplen Logik heraus, dass es eben böse ist! Es hat seinen Zweck in sich selbst. Solcher Tautologie folgen nach Galtung ebenso islamische wie christliche terroristische Strömungen.

Während der norwegische Friedensforscher Konflikte einerseits realistisch als eine prinzipielle Herausforderung menschlicher Existenz anerkennt, die aus einer vielschichtigen und widersprüchlichen Mischung von Weltsichten, Überzeugungen und Verhaltensweisen resultieren, beharrt er auf der Notwendigkeit, klischeehafte Freund-/Feindbilder durch intelligente Lösungswege zu überwinden. Seit einem halben Jahrhundert untersucht Galtung die explosive Dynamik kriegerischer Auseinandersetzungen; seine Forschung der Zusammenhänge von Politik und Psychologie ließ ihn schon in den 60iger Jahren von tiefenkulturellen Mustern sprechen, strukturellen Gewaltkomplexen in Gesellschaften, die, entweder verdrängt oder direkt auf potentielle Gegner projiziert, zu latenter Aggressionsbereitschaft auskristallisieren: Freudianisches Unbewusstes auf internationaler Bühne, Sicherheitspolitik hat sich entsprechend auszurichten: auf der Basis historischer Traumata und unterbewussten irrationalen Reflexen. Die Behauptung militärischer Stärke als nonplusultra des Überlebens des Einzelnen wie des Staates ist eine Option, die für ihn endgültig überholt ist; gerade wegen der Erfahrungen des 20. Jahrhunderts und trotz der Spuren von Wahrheit, die sie hin und wieder mit sich führen mag. So mutet Konfliktlösungsarbeit heute, angesichts immer komplexerer politischer Weltlagen, wie eine Sisyphosarbeit an. Wie schnell gerät der Mediator in das Ohnmachtsgefühl des hilflosen Helfers, lautet die Frage.

Die Fragestellung ist bekannt. Ich habe jedoch die Haltung eines Arztes- man gibt nicht deswegen auf, weil neue Krankheiten auftauchen. Kein wirklicher Arzt wird je kapitulieren, nur weil nun z.B. diese schreckliche Seuche HIV/Aids sich ausbreitet. Es ist eben eine Problematik, die angepackt werden muß. Der Mensch ist aus Wasser, Feuer, Luft und Erde gemacht; was wir versuchen, ist, das Feuer, die Energie dieser Elemente in eine konstruktive Richtung zu lenken, statt sie in Gewalt ausarten zu lassen. (ebd.)

Was bedeutet daher der alternative Dialog, dem der skandinavische Friedensforscher die meisten Jahrzehnte seines Lebens gewidmet hat? Dieser beruht für ihn wesentlich auf der Fähigkeit, Antagonismen, also Positionen, die unvereinbar scheinen, durch fortgesetztes schöpferisches Gespräch aus ihrer Erstarrung qua kulturspezifischer Identitäts- und Verhaltensmuster herauszuführen, in der Erkenntnis, dass gerade jene Komplexe schon die Lösung bergen – und zwar nicht nur eine sondern wahrscheinlich mehrere! Friedensarbeit als homöopathische Therapie – auf der Basis von Wissen, Mitgefühl und Gewaltfreiheit, den, man könnte sagen, buddhistischen Grundlagen kreativer Mediation.

Die Prämisse des Sozialwissenschaftlers heißt: Frieden ist vor allem ein anderes Wort für Gleichheit. Und Gleichheit ein anderes Wort für Gleichberechtigung, Symmetrie, gegenseitigen Respekt, gleiche Würde. Wobei seine These nicht impliziert, dass Gleichheit Friede erst ermöglicht, aber umgekehrt Ungleichheit Unfrieden hervorbringt. Das kann man seiner Ansicht nach in einer Ehe ebenso beobachten wie zwischen den Generationen, in einem Staat gleichermaßen wie unter verschiedenen Nationen. Frieden durch Gleichheit, so seine These, hat eine Solidität, die viel gesünder ist als die sogenannte Sicherheit!

In welch anderer Weise wird nun in der Transcend- Methode mit Konflikten umgegangen? Galtung verweist hier auf einen besonderen Punkt von Bedeutung: Bei einem schwierigen Streitfall brauche man eine mehrdimensionale Landkarte- eine Konfliktkarte. Dort gelte es drei Sachen zu verstehen: Zum Einen die Parteien, zum Anderen die Zielsetzungen und drittens die Unvereinbarkeiten zwischen den Zielsetzungen, also die Widersprüche. Der Paradefall: In den Tagen des Zerfalls Jugoslawiens gab es mindestens 27 Parteien und 41 Zielsetzungen. Dass Schlimmste, was man nach Meinung Galtungs damals tun konnte, war, das Ganze auf zwei Parteien mit einer Zielsetzung zu reduzieren: also Milosevic gegen die Welt; in den Augen des Friedensforschers ein unakzeptabler Reduktionismus. Denn erst die Bereitschaft und Fähigkeit zum Umgang mit Komplexität zeichnet eine erfolgversprechende Konfliktlösungsstrategie aus. Ressourcen, die Galtung bei den meisten Diplomaten wie Politikern oder Militärs vermisst.

Ein beliebtes Beispiel für die erfolgreiche Anwendung der Transcend Methode war ein Konflikt zwischen Ekuador und Peru um eine kleine Zone von 500 qkm Land: Beide Länder beanspruchten das Gebiet; jedes wollte den alleinigen Zugang zum Territorium. Galtung arbeitete als Vermittler und unterbreitete den Vorschlag einer binationalen Zone mit Naturpark, statt irgendwelcher Grenzziehungen. Drei Jahre später war das die Lösung.

Was war das Besondere an seinem Vorschlag? Transcend meint das Überschreiten zweier oder mehrerer unvereinbarer Zielsetzungen. In Bezug auf den oben genannten Konflikt hieß das überraschende Angebot: das Land könnte beiden Staaten gehören. Also keine Grenzziehung! Ecuador und Peru hatten in 54 Jahre mehrere Kriege um dieses Stück Land geführt; etliche Versuche, eine Grenze zu finden, waren gescheitert. Der Vorschlag, eine solche überhaupt aufzuheben und stattdessen eine binationale Zone einzurichten, überschritt das übliche dualistische Denken zugunsten einer höheren, sprich umfassenderen Lösung. 1998 wurde diese in einem Friedensvertrag endgültig besiegelt.

Heutzutage haben wahrscheinlich mehr Menschen denn je verstanden, dass Krieg keine Lösung für egal welche Konflikte mehr sein darf. Inwieweit das auch für Diplomaten und Politikergilt ist für den Norweger eine immer wieder offene Frage:

Die meisten Diplomaten wären sicher einverstanden; aber ihre Gegenfrage lautet zurecht: Was ist die Alternative? Meine Antwort darauf heißt: schöpferische Mediation. Das bedeutet, mit allen Parteien zu sprechen, sie ernst zu nehmen, ihre Zielsetzungen zu verstehen und Brücken zu bauen. Das hat nichts mit üblichen Verhandlungen zu tun! Im Gegenteil, solches geht nur im Dialog mit jedem Einzelnen.

Zweitens, bei Konflikten, die aus der Vergangenheit resultieren, heißt das Stichwort Versöhnung. Diese muß durchlebt werden, so man der Verantwortliche gewesen ist, um sich von der Vergangenheit zu befreien und für die Zukunft zu öffnen. Sonst bleibt man ein Sklave des Gestern. Die Grundworte lauten also: Mediation, Versöhnung, Dialog. Hier ist das Entscheidende, den Anderen als verschieden von mir zu sehen und eben dies als das eigentlich Spannende zu erkennen. Wie sieht der Andere Frieden, eine Beziehung u.s.w. statt zu sagen- ‚weil du anders bist, bist du gefährlich für mich. Wie kann ich dich also entweder umbringen oder bekehren!' Das geht heute nicht mehr; wir brauchen echte Gleichberechtigung!

Um solche kreative Konfliktarbeit leisten zu können, muß man lernen, ein Thema von verschiedensten Seiten zu studieren- Geschichte, Psychologie, kulturelle Tiefenströmungen, um mit diesem Theoriehandwerk dann in die Praxis zu gehen. Man wird natürlich nicht mit solchen Einsichten geboren, ebenso wenig wie mit der Relativitätstheorie; da haben andere vorgearbeitet!

(ebd.)

Die Logik von Transcend, wie der norwegische Wissenschaftler und Politikberater in seinen Büchern und Vorträgen immer wieder ausführt, ist die Überwindung eines dualistischen Konfliktmusters, das die gegnerischen Parteien in aussichtslosen, weil eindimensionalen Stellungskämpfen bzw. Reflexen belässt. Er identifiziert drei klassische Ansätze: einer gewinnt, der andere verliert; zweitens Rückzug beider Parteien; drittens, ein ‚realistischer' Kompromiß mittels Verhandlung, der zumeist niemanden gänzlich überzeugt. Die Aufgabe des schöpferischen Mediators sieht Galtung stattdessen darin, die Bruchlinien, die zur Gewalt, zum Krieg führen, also die Verhältnisse zwischen unterschiedlichen Ideologien, Klassen, Rassen, zwischen den Geschlechtern zu erforschen, zu benennen und im konstruktiven Dialog zu transzendieren.

Der Konfliktforscher verweist in diesem Zusammenhang gerne auf das seit Jahrzehnten angespannte Verhältnis zwischen Taiwan, das auf seine Unabhängigkeit bedacht ist und China, welches für einen Einheitsstaat plädiert. Die Hongkong-Lösung als eine lebende Zwischenzone stellt für den erfahrenen Praktiker eine Möglichkeit dar, die aus seiner Perspektive nicht nur für Taiwan sondern auch für Tibet, Xingjang und die Innere Mongolei gelten könnte. Die sechs Chinas betrachtet er als in einer noch offenen Weise zwischen Bundesstaat und Staatenbund angesiedelt. Entsprechend betitelte er einen Aufsatz zu diesem Thema: ‚Die sechs Chinas'. Fragt man ihn nach dem Echo, lächelt er: ‚Zuerst hatten Sie Zweifel an meiner mathematischen Begabung, ob ich überhaupt zählen kann. In China reden sie ja meistens über ein oder zwei Modelle. Über sechs zu sprechen, schien ein wenig viel!'

Es gibt den uralten Streit um den Ursprung von Gewalt: Sind Agressionen genetisch bedingt oder sind sie Ausdruck gesellschaftlicher Verhältnisse, also Konrad Lorenz oder Karl Marx? Oder gibt es noch eine dritte Perspektive, wie z.B. die des amerikanischen Philosophen Ken Wilber, der sagt, wir brauchen vorrangig Bewusstseinserweiterung?

Beginnen wir mit einer Begriffsklärung zwischen Konflikt und Gewalt. Konflikte sind primär mit der menschlichen Existenz als solcher verbunden, da der Mensch fähig ist, sich immer neue Ziele zu setzen. Wir sind nicht allein durch Instinkte, gefrorene Zielsetzungen, definiert. Wir können immer wieder neu entscheiden. Mit Gewalt sind wir nicht geboren, wohl aber mit der Neigung dazu. Vielleicht tendieren in gewaltorientierten Ländern manche Forscher dazu, Gewalt als angeboren anzusehen. In England war das beispielsweise Thomas Hobbes.

Was mich beeindruckt, ist, wie die Neigung zur Gewalttätigkeit mit der Ausdehnung von Zeit und Raum unterschiedlichste Formen annimmt. Betrachtet man die Länder der Welt formal arythmetisch, indem man sich z.B. fragt, an wie vielen Kriegen sie teilgenommen haben und dividiert dann diese Zahl durch die Anzahl der Jahre, seitdem dieses Land existiert, dann zeigt sich schnell, wer oben auf der Liste steht: Nr.1 die USA, Nr.2 Israel, Nr.3 die Türkei, Nr.4 England. Alle vier Länder gehören den abrahamitischen Religionen an, die die Welt generell in zwei Lager teilen: die Guten, das sind wir, und die Bösen, das sind z.B. die Kommunisten, bzw. jetzt die Terroristen; die müssen dann zivilisiert werden. Die Kultur eines Landes spielt also eine große Rolle bei der Frage, wie ein Land in die weitere Welt eingebettet ist. Das kann man erklären, ohne den Zugang zur Biologie in Anspruch nehmen zu müssen. (ebd.)

Jede fruchtbare Konfliktlösung hat nach Galtung die Kernfrage anzugehen: Was sind die fundamentalen Bedürfnisse als Grundlage der Politik? Diese heißen für ihn: Überleben mit einem Minimum an Wohlfahrt, Freiheit und Wahlmöglichkeiten; schließlich (religiöse) Identität; auf Afghanistan beispielsweise bezogen heißt solche: Islam. Die Fragestellung lautet in diesem Fall: Wie kann Friede in einem derart fragilen, weiterhin umkämpften Staatsgebilde erreicht werden? Der Vorschlag

Galtungs zielt auf großflächige Vernetzung: Internationale Sicherheit durch Zusammenarbeit mit dem UNO-Sicherheitsrat und der OIC (Organization for Islamic Conference). Das Problem: der UNO-Sicherheitsrat besitzt keine tiefere Legitimität in der islamischen Welt, da der Kern des Rates aus fünf Mitgliedern besteht, von denen vier Christen sind und einer konfuzianisch ist (China). Angesichts einer islamischen Weltbevölkerung von 1.3 Milliarden Menschen ist diese Situation, wie Galtung betont, absurd. Ein weiterer wichtiger Schritt auf dem Weg zum Frieden für Afghanistan wäre nach Ansicht des Konfliktforschers ein Staatenbund zwischen den islamischen Ländern Zentral- und vielleicht auch Südasiens. Das beträfe insbesondere die fünf ehemaligen Sowjetrepubliken plus Afghanistan, Pakistan, Iran und ein Teil von Kaschmir – ein Staatenbund, ohne Einmischung von außen, weder seitens der Vereinigten Staaten, noch Russlands, noch Chinas. Wer hier für eine Vermittlung eher in Frage käme, so der international gefragte Mediator, sei die Europäische Gemeinschaft, da sie ein funktionierendes Modell anzubieten habe.

Was die EU in den Augen des Friedensforschers so attraktiv macht, im Gegensatz zu den USA, ist eben die Errichtung einer komplexen, friedenssichernden Nachkriegsordnung auf einem von zwei Weltkriegen heimgesuchten Kontinent! Ein Integrationsmodell, in das Deutschland schöpferisch eingebunden wurde, wie er betont! Die unerhört kreative Einsicht hieß: ‚Die Deutschen sind so barbarisch gewesen, so grausam, so außerhalb der Zivilisation, dass es nur eine Schlussfolgerung gab: Sie müssen unbedingt Mitglied einer neuen europäischen Staatenordnung werden!'

Zusammenfassend stellt Galtungs Arbeit zum Thema Konfliktlösungsstrategien ebenso lapidar wie unverrückbar fest, dass einige Ziele unbedingt Priorität gegenüber anderen haben. Sie sind absolut notwendige Bedingungen für das Leben des Einzelnen, einer Nation etc. Werden diese Bedingungen nicht befriedigt, sind Leben und Würde nicht mehr möglich. Überleben, Wohl-Sein, Freiheit und Identität sind, wie schon die UNO-Charta der Menschenrechte festschreibt, grundlegende Bedürfnisse. Sie liegen tiefer bzw. stehen höher als der jeweilige spezifische Wertekanon einer einzelnen Kultur. Solcher kann gewählt werden, denn Wahlmöglichkeit ist Teil echter Freiheit.

Aber mit grundlegenden Bedürfnissen ist es anders. Galtung weist darauf hin, dass man bestimmte Bedürfnisse nicht wählen kann sondern genau umgekehrt bestimmen, ja entscheiden sie über das Wohl und Wehe des Einzelnen wie ganzer Bevölkerungen! Ihre Befriedigung ermöglicht erst das Leben des Individuums oder eines Staates. Verhandelt man die eigenen Bedürfnisse oder die Anderer weg, dann verurteilt man sich selbst, bzw. die anderen zu einem Leben, das des Menschen nicht würdig ist. Man übt mithin Gewalt aus.

Angesprochen auf religiöse bzw. spirituelle Dimensionen in seiner Arbeit als Mediator kommt die prompte Antwort:

Eine sehr wichtige! Und zwar in zwei ganz unterschiedlichen Richtungen. Die Eine ist mehr kognitiv- das Geistige, wenn Menschen neue Möglichkeiten zur Regelung ihrer Probleme sehen. Das Schöpferische an Einsteins Arbeit ist beispielsweise, dass er eine neue geistige Einsicht geschaffen hat. Das können wir auch im Politischen. Ein Beispiel hierfür ist die Sozialdemokratie. Sie ist eine Aufhebung des Konfliktes zwischen Kapital und Arbeit. Die Kommunisten wie die Kapitalisten haben sie dafür gehasst. Am Ende haben zumindest letztere verstanden, dass es vielleicht doch die bessere Lösung für sie ist. Mit der Sozialdemokratie ist also etwas Neues im gesellschaftlichen Raum entstanden.

Die zweite Interpretation ist mehr gefühlsmäßig: ich suche das Geistige, das Menschen verbindet. Das finde ich in der Immanenz statt in der Transzendenz, theologisch gesprochen. Das klassische Bild der monotheistischen Religionen vom lieben Gott außerhalb unseres Planeten im Himmel, wo einige auserwählt und viele verworfen sind, zeigt natürlich eine enge Verbindung zwischen Krieg, Gewalt und Religiosität. Man mobilisiert die Einen gegen die Anderen.

Immanenz in meinem Verständnis heißt, dass Gott in uns ist, wir also alle göttlich sind; diese Anschauung findet man nur bei den sanften Interpretationen der Religionen: im Buddhismus, im Sufismus, bei Martin Buber im Judentum und den christlichen Mystikern. Ebenso bei den Quäkern und den Mennoniten in den USA. Auf dieser Ebene der Interpretation ist die Weisheit der Religionen für mich und meine Arbeit eine absolute Notwendigkeit.

(ebd.)

In jedem Konflikt gibt es Interessen, die nicht befriedigt werden können. Das Resultat ist Frustration. Aber Konflikte gehen, so Galtung, noch einen Schritt tiefer. Immer gibt es hier zumindest zwei Zielvorstellungen, wobei die Eine die andere oftmals zunichte macht. Konflikte berühren daher die gesamte Existenz des Menschen und seiner Gemeinschaft- Gefühle, Gedanken, religiöse Einstellungen. Sie fordern dazu heraus, alles zu geben, um wieder ins Lot zu kommen. Geschieht das nicht, wandeln sich Gefühle sehr schnell in Gewalt, und verletzen damit die Grundbedürfnisse Anderer. Ist die Absicherung dieser Bedürfnisse die Voraussetzung jeden Dialogs, dann stellt sich zumeist jedoch heraus, dass damit eigentlich schon die Endstation eines Gesprächs erreicht ist.

Mein Grundsatz heißt: ein Friedensvertrag auf Kosten der Grundbedürfnisse ist keiner; das kann man vergessen. Die Einlösung solcher Bedürfnisse ist jedoch keine hinreichende wohl aber eine notwendige Bedingung. Denn Identität und Freiheit gehören ebenfalls dazu, nicht nur Überleben und Wohlsein. Dass wir das verstanden haben, bezeugen die Menschenrechte; sie sind materieller Ausdruck einer solchen Haltung. Bedürfnisse und Grund-

rechte sind allerdings noch nicht in Balance; sie sollten noch mehr zusammenfinden z.B. in solch scheinbar banalen Themen wie Zugang zu einer Toilette, zu einem Bett u.s.w. (ebd.)

Daher gilt für den norwegischen Friedensforscher: je breiter das Spektrum der Lösungen, desto mehr Alternativen zur Gewalt stehen zur Verfügung. Hierbei liegt das Schwergewicht auf der Frage, wie verhindert werden kann, dass Konflikte überhaupt in Gewalt ausarten; anders ausgedrückt- wie können die Energien, welche Konflikte freisetzen, für kreative Lösungen eingesetzt werden, und damit die verhärteten Standpunkte transzendieren und somit transformieren.

Die eigenen kulturellen Bedingtheiten, die Vorurteile hindern oft genug daran, die Wahrheiten anderer Kulturen anzuerkennen, insbesondere, wenn sie aus den sogenannt unterentwickelten Ländern der Dritten Welt kommen. Dabei gibt es dort oftmals sehr kreative Modelle zur Friedensstiftung.

Zum Beispiel die berühmte ‚Ho op, pono, pono' aus Polynesien: Ho heißt mach, und pono heißt recht, also: mache es recht. Da sitzen nun vielleicht 2o Leute um einen Tisch, und- in unserem Kulturverständnis- ist davon einer der Verbrecher und ein anderer das Opfer. Alle haben ihre Familienmitglieder und Freunde mitgebracht. Die Grundthese lautet, dass das eigentliche Verbrechen nicht gegen das individuelle Opfer gerichtet ist sondern gegen die Gemeinschaft. Daher muß das Kollektiv wieder hergestellt werden. Dabei geht man durch fünf Runden:

Die erste befasst sich mit den Motiven des Verbrechers: ‚Ich wollte meiner Schwester helfen, sie ist krank -HIV- und brauchte Geld'. Das Opfer kann sagen, das stimmt nicht. Diese Debatte ist breiter angelegt als bei uns, wo es vorwiegend um Fakten geht. In Polynesien spielt die Psyche eine größere Rolle.

Im nächsten Schritt kommen die Familienmitglieder dazu. Diese sagen: 'Wir sind auch beteiligt, denn wir haben unseren

Sohn nicht am Verbrechen gehindert, wir haben ihn schlecht erzogen.' Die Schwester meint vielleicht: ,Weil ich krank geworden bin durch eigene Verantwortung habe ich auch zu seinem Tun beigetragen; ich bin mitschuldig'. Und die Nachbarn bekennen: ,Wir sahen, dass es dieser Familie nicht gut geht, aber wir haben nichts getan'.

Das Wichtigste bei all dem: in der Anschauung der Polynesier sind die Unterlassungen so gravierend wie die Tat selber! Die geistig-seelischen Wirklichkeiten sind von größter Bedeutung. In Europa ist das keineswegs so.

Man findet solche Einstellungen in den sanften Interpretationen der Religionen, z.B. in der Bergpredigt Jesu, in den Seligpreisungen. Um Unterlassungen auszugleichen, muß also Entsprechendes getan werden, um schlechte Taten zu vermeiden, muß etwas nicht getan werden.

Um zu vermeiden, dass sich die Tat wiederholt, werden die Unterlassungen als Handlungen eingefordert. Dafür gibt es eine ältere Frau, die verantwortlich ist, zu überprüfen, was die Beteiligten in den Wochen danach getan haben, um zur Versöhnung beizutragen.

Letzte Runde: Jemand hat als Protokollant fungiert und alles niedergeschrieben. Das Papier wird in einer Versammlung gezeigt und anschließend vor aller Augen verbrannt. (ebd.)

Das Wunderbare für Galtung ist, dass das Modell funktioniert. Nicht immer natürlich, (die Leute könnten ja auch Heuchler sein) aber oft genug. Jedenfalls ist es eines der besten Versöhnungsmodelle, die er im Lauf seiner langen Forschungen kennengelernt habe, betont der Wissenschaftler. Er faßt solche Methoden unter die Rubrik: visionärer Realismus.

,Verstehe einen Konflikt, bevor es zum ersten Schuß kommt!' Die Einstellung sollte, wie schon erwähnt, sein: ein Dissenz ist etwas Spannendes, dahinter verbergen sich echte Leidenschaf-

ten, die darauf harren, in eine neue Situation verwandelt zu werden! Das ist das eigentlich Wunderbare! (ebd.)

Das große Vorbild für seine Arbeit fand Johan Galtung nicht in Europa noch in den USA sondern in Indien:

Das war selbstverständlich Gandhi. Ich stehe mit meinem Schaffen auf seinen Schultern. Ich sehe heute auch gewisse Begrenzungen bei ihm. Seine Hauptthese war: die Mittel entscheiden alles. Sind die Mittel in Ordnung, werden auch die Zielsetzungen in Ordnung sein. Damit bin ich nicht mehr einverstanden. Bei ihm ging es zudem vor allem um zivilen Ungehorsam, bei mir eher darum, konstruktive, neue Lebenswelten für alle Parteien zu finden. Ich sehe Gewaltlosigkeit schöpferischer. (ebd.)

Einheit in der Vielheit: Aufbruch in eine neue Dimension. Eine Konferenz

Unity and Duality, Einheit und Dualität sind Begriffe der östlichen Weisheitstraditionen, vielschichtig in ihrer Aussage und daher oft missverstanden. Sie stehen für das Eine und die Vielen, das Absolute und das Relative, für Leere und Form. In ihrer letztendlichen Bedeutung nimmt Unity Bezug auf die Erfahrung des unveränderlichen, ewigen, geistigen Urgrunds, jenseits von Zeit und Raum, einen Bewußtseinszustand jenseits des Denkens, den wir Erleuchtung nennen, während Duality sich auf die Welt der Erscheinungen, der Form, der manifesten Wirklichkeit bezieht, die einer ständigen Veränderung unterworfen ist. Früher strebten die meisten spirituellen Schulen als höchstes Ziel die Erfahrung der Einheit an; werteten dabei aber die Welt der Erscheinungen zumeist als Illusion ab. (Interview Wilber)

Zu diesem Thema traf sich vor einer Weile ein illustrer Kreis von Wissenschaftlern zu einer publikumsoffenen Konferenz in München. Initiiert von dem Tibeter Dr. Tarab Tulku und unter der Schirmherrschaft des Dalai Lama ging es um die Verbindung des inneren tibeto-indischen Wissens mit den Paradigmen der modernen westlichen Naturwissenschaft. Ersterer schreibt:

Würden wir die Erkenntnisse der modernen Wissenschaft und des alten östlichen Wissens tatsächlich annehmen, so würde sich unsere Sicht von äußerer und innerer Welt und unser gewohntes Handeln tiefgreifend verändern. (Vortrag)

Um diesem Anliegen näher zu kommen, entwickelte der tibetische Lama ein Studien- und Trainingsprogramm, das die universellen Aspekte buddhistischer Philosophie und Psychologie in direkten Kontakt zur persönlichen, spirituellen Entwicklung für Menschen einer einseitig technologischen-rationalen Kultur bringen möchte. So heißt es:

Westliche Wissenschaft wird in der Regel mit einem rein konzeptuellen Bewusstsein betrieben, und die Anwendungen dieses Wissens haben daher die Tendenz, ebenfalls im konzeptuellen, mentalen Bewusstsein zu verbleiben. Im Osten hingegen wird philosophisches Wissen im Hinblick auf persönliche Transformation studiert. Das eigentliche Ziel äußerer Entwicklung sollte sein, mit Körper und Geist zu mehr innerem Frieden zu gelangen, da viele Probleme, die wir im Außen erleben, Probleme sind, die wir im Innern erschaffen.

Die gesamte Struktur der westlichen Zivilisation ist höchst unentspannt. Wir werden gewissermaßen in unserer grundlegenden Natur mehr und mehr zugemüllt. Das betrifft die äußere wie die innere Natur. Deshalb führt kein Weg mehr daran vorbei, mit sich selbst zu arbeiten, sich von innen heraus zu entwickeln; kein bloß materieller Fortschritt kann diese Arbeit ersetzen. (Vortrag)

Es dürfte sich um die radikalste Revolution in der menschlichen Geschichte handeln, was sich seit einer Weile in den Labors und Instituten der weltweiten Grundlagenforschung vollzieht. Es ist ein Umzug im Denken, der für die Zukunft kaum weniger bedeutend sein wird als das Zeitalter der Aufklärung für die letzte Vergangenheit. Denn in fast allen Disziplinen gehen die Forscher weit über die Grenzen eines Weltbildes hinaus, das nach den Vorgaben eines Descartes, Newton und Francis Bacon die Welt in eine Sphäre des Materiellen einerseits und eine des Geistigen andererseits aufgeteilt hat. Es stellt sich jedoch immer deutlicher heraus, dass zentrale wissenschaftliche Fragestellungen nicht mehr auf der Basis einer Vorstellung beantwortet werden können, die den uns umgebenden Kosmos weiterhin als große Maschine beschreibt.

Allerorten werden Forscher davon überzeugt, dass sich hinter der strengen Logik allgemeiner Naturgesetze eine viel tiefere Ordnung verbirgt, in der die alten Regeln von Raum und Zeit keine Gültigkeit mehr haben Hier zeigt sich Materie als fließende Energiemuster, die potentiell überall auftauchen können, plötzlich wieder verschwinden und eine Welt voll spontaner, kreativer Möglichkeiten andeuten.

Diese nun haben nichts mehr gemein mit einem mechanischen, kausal ablaufenden Prozeß; im Gegenteil: sie gleichen mehr einem umfassenden, unteilbaren Gedanken, der sich in Myriaden von Formen momentelang spiegelt, ja, bei der jede einzelne Form alle anderen widerspiegelt und gleichzeitig in ihnen aufleuchtet; ein Universum, das hinter aller scheinbaren materiellen Unterschiedlichkeit und Vielfalt offenkundig auf einer geistigen Einheit basiert; eine Wahrnehmung, die für die religiösen, zumal mystischen Traditionen keine Überraschung ist. Wohl aber überrascht die erschreckende Tatsache, mit welcher Selbstverständlichkeit die westliche Wissenschaft solche Erfahrungen und Erkenntnisse seit 100 Jahre zugunsten rein technologischer Ausbeutung entsprechender Forschungen weggeblendet hat.

Experten unterschiedlichster Disziplinen, u.a. der Astrophysiker Prof. Thuan aus Vietnam, der langjährige Ordinarius der TU Wien, Gerhard Fasching, der Quantenphysiker und Schüler von Werner Heisenberg Hans Peter Dürr, die amerikanische Analytikerin aus der Schule C. G. Jungs Shinoda Bolen, sowie der Biologe Rupert Sheldrake und die Neurophysiologin Candice Perth kamen vier Tage zusammen, um auf der Grundlage des buddhistischen Lehrsatzes der Einheit in der Dualität Fragen, Gemeinsamkeiten, Gegensätze und zukünftige Perspektiven zu erörtern. Die Konferenz zog ein gespanntes Publikum an, das- überraschenderweise oder – deutet man es als Zeichen der Zeit – zu mehr als Zweidrittel aus Frauen bestand.

Eigentlich ist sie noch nicht von allzu langer Dauer, die vielbeschworene Kommunikation zwischen östlicher Weisheit und westlicher Wissenschaft. Denn von wenigen Ausnahmen abgesehen, u.a. Rupert Sheldrake, der entscheidende Jahre seines Forscherlebens in Indien verbrachte und dort sein bahnbrechendes Buch *Das schöpferische Universum* schrieb, steckt das Gespräch mangels gegenseitigen Wissens noch in den Kinderschuhen. Auch die tibetischen Mönche, bemerkte der Dalai Lama in seinem erfrischend lebendigen Kurzvortrag, studierten erst seit einigen Jahren westliche Naturwissenschaft. Er betonte dabei die Aspekte der Gleichrangigkeit als auch der Unterschiedlichkeit beider Modelle zur Erkenntnis von Wirklichkeit:

So wie die Wissenschaften höchst komplexe Konzepte im Hinblick auf die Entstehung des materiellen Universums entworfen haben, so tiefgründig zeigen sich die Entwürfe der buddhistischen Psychologie bezüglich des Gesetzes von Ursache und Wirkung, der Wiedergeburtslehre, des Übergang vom Leben zum

Sterben und ähnlichen meta-physischen Fragestellungen. Beide Anschauungen, und das ist das Wesentliche, beruhen auf Empirie, auf Erfahrungswerten, d.h. auf Meditation, Experiment, Vergleich und Logik.

Ein Grundeinsicht jeder Disziplin ist die Erkenntnis des abhängigen Entstehens allen Lebens, das in der Konsequenz Menschen aller Kulturen in ein gleiches Verhältnis von Glück und Leid setzt. Hier deutet sich die große Chance für eine säkulare Ethik an, die für das Oberhaupt der Tibeter der Schlüssel zu einer kulturübergreifenden, religionsungebundenen Gemeinsamkeit ist. Der umfassende Nenner heißt seiner Sicht nach Übung von Achtsamkeit und praktischer Nächstenliebe, Erkenntnis der Einheit und die Anerkennung unterschiedlicher Positionen auf die Eine Frage: Was ist die Wirklichkeit? (Vortrag)

Selbst der Buddha, bedeutete der Dalai Lama, gab bezüglich dieser alles entscheidenden Frage in Bezug auf unser Tun und Lassen unterschiedliche, ja sich widersprechende Antworten. Warum? Um den verschiedenen Bewusstseinsniveaus seiner SchülerInnen möglichst genau zu entsprechen. Heute wissen wir zumindest ohne Wenn und Aber, so sein Schluß, dass geistige Probleme nicht auf der materiellen Ebene gelöst werden können. Dies zumindest habe ein großer Teil der westlichen Welt allmählich verstanden. Im Angesicht globaler Vernetzungen wie Katastrophen werden Freude und Schmerz des Anderen unmittelbarer denn je zu meinen eigenen. Die sehr weitgehenden wie handfesten Konsequenzen sprächen direkter für sich als jede noch so religiöse Moral.

Mit dieser Perspektive gab der Dalai Lama die Richtung des Kongresses vor und verabschiedete sich gleichzeitig in Richtung Graz, wo Tausende europäischer Buddhisten schon auf ihn warteten, um an einer zehntägigen Initiation in das tibetische Kalachakra, die große Meditation über das Rad der Zeit, teilzunehmen. Auch dies scheint ein Zeichen unserer Epoche, jedenfalls was die spirituellen Bedürfnisse westlicher Menschen im 21. Jahrhundert betrifft.

Dass das Rad der Zeit sich gleichfalls für die Naturwissenschaften weitergedreht hat, zeigte Prof. Fasching, Emeritus der TU Wien in ebenso ironischer wie eindringlicher Weise auf:

‚Was ist also ist dann Wirklichkeit? Diese Grundfrage, die der Buddha unterschiedlich beantwortete, fixierte noch Max Plank, Pionier der modernen Physik, mit großer Entschiedenheit: ‚die Wirklichkeit sei das, was am Fortgang der naturwissenschaftlichen Arbeit sichtbar werde'. (Vortrag)

Die Physik, so Fasching, erhebt einen Ganzheitsanspruch, den sie selber schon lange nicht mehr einlösen kann. Ihr Diktum, es gebe nur Materie in Raum und Zeit, schließt andere Wahrnehmungen, wie sie u.a. der Buddhismus anspricht, also die nach einem kollektiven Tiefenbewusstsein, nach karmischen Resonanzen im Einzelnen, nach einer transzendenten Wirklichkeit durchweg aus. Allein die überprübare Erfahrung zählt, abgesichert durch Experiment und kontrollierte Wiederholung.

Mit anderen Worten: die wahre Wirklichkeit; sie existiert so, gemäß Fasching, schlichtweg nicht. Stattdessen sieht er eine Pluralität von Realitätsfassungen, die viel eher als Gleichnisse denn als Tatsachen zu sehen seien. Bilder, die auf einem undefinierbaren Urgrund schwimmen. Dieser Urgrund ist jenseits der Sprache, d.h. jenseits aller Begrifflichkeit! Denn eben diese Begrifflichkeiten, die die Instrumente des Wissens unentwegt formen, bringen die Dualitäten, die Spaltungen hervor. Fazit: Wo man die Einheit ahnt, ist die Naturwissenschaft blind, und wo man die Dinge, die Tatsachen sieht, erscheinen gleichzeitig mehrere, entgegengesetzte Interpretationen. Fasching empfiehlt an diesem Punkt den radikalen Schnitt, – den Sprung heraus aus den Vorbildern und Sprachfallen tradierter Denkmuster ins Offene. Für ihn bedeutet der Weg zur Einheit einen Ursprung, den jeder in seiner Weise zu vollziehen habe.

Hier, an einer Nahtstelle zum Buddhismus, endet der Vortrag des Wiener Professors, wohl wissend, dass nun ein ganz anderes ‚Instrumentarium' vonnöten wäre, z. B. die Empirie der Meditation, um dorthin zu gelangen, ‚wo das Ich nichts machen kann'.

So der Astrophysiker und langjährige Leiter des Max Planck Instituts für Physik in München, Prof. Hans Peter Dürr. Ähnlich wie sein Kollege Gerhard Fasching betont er den gleichnishaften Charakter aller Wissenschaftssichten: der kreative Forscher spürt, dass seine schöpferischen Impulse aus einem tieferen Hintergrund kommen, den er aber nicht genau zu orten vermag. Solche geistig-seelischen Dimensionen sind für seine analytischen Mittel einfach zu komplex. ‚Seit 100 Jahren stehen wir exakt an diesem Punkt, immer noch ohne wirkliche Bereitschaft seitens etablierter Wissenschaft, die weitreichenden Konsequenzen der Quantenphysik auf uns selbst zu münzen', so Dürr.

Für den Heisenberg-Schüler kommen die eigentlichen Antworten aus der tieferen Ahnung, die dem unsichtbaren Hintergrund allen Lebens entspringt. Hier sind Einsichten prinzipiell mehrfältig: Dennoch bleibt die Wirklichkeit jederzeit holistisch- eins. Und gerade das ist für den analytischen Verstand unfaßbar. Das Substantivische unserer Sprache, ihr Greifen und Festnagelnwollen, ist, so der Astrophysiker, die Sackgasse, auf die sich unsere Rationalität immer wieder nur zu gerne einlässt. Dürr nennt das die Apfelpflückermentalität: Wir nehmen, was uns gefällt, wir manipulieren es gemäß unserer Vorstellungen und analysieren bzw. konstruieren uns daraus die Wirklichkeit. Viele Sprachen kommen ohne Substantive aus, verschmelzen das Ich mit dem Verb, dem Bewegungswort und bleiben damit näher an der großen Einsicht, der notwendigen Unschärferelation, die Heisenberg seinerzeit formulierte.

Die Tatsache, dass das Universum eine Geschichte hat, bei der die Geburt der Sterne eine zentrale Rolle spielt, nicht nur für die Evolution des materiellen Kosmos sondern ebenso für die Möglichkeit menschlicher Existenz auf diesem Planeten, verknüpft das Schicksal des Homo sapiens sapiens in neuer ungeahnter Weise mit der Zukunft der Erde wie des ganzen Weltalls, konstatierte der vietnamesische Astrophysiker Thuan. Aus der nach menschlichem Ermessen unvorstellbaren Feinabstimmung der Ereignisse unmittelbar nach dem sogenannten Urknall, die auf Grund der so und nicht anders abgelaufenen Geschehnisse im subatomaren Bereich die Voraussetzung für menschliches Leben auf der Erde bildet, lässt sich, so Thuan, auf eine geistige Basis des gesamten Kosmos schließen. Die weitere Zukunft des Universums ist unbekannt, lautet das Resümee des buddhistischen Astronomen, also auch die des Menschen. Da nun die Naturwissenschaft wohl Information, doch nicht spirituelles Wachstum hervorbringt, sei Meditation für unsere innere Wandlung wie die kosmischer Vorgänge, insbesondere heutzutage, von großer Bedeutung.

In einem brillianten mit viel Ironie und Humor gewürzten Vortrag, der immer wieder von spontanem Beifall unterbrochen wurde, legte der Quantenphysiker Hans-Peter Dürr schließlich ein Fazit vor: Hundert Jahre ist es her, so stellte er fest, dass die moderne Physik mit den Entdeckungen Einsteins, Plancks und Heisenbergs zu wahrhaft revolutionären Einsichten vorgedrungen ist. Doch wer spricht heute noch davon? und also von der Tatsache, dass das Ansinnen, die Welt allein auf rationale Weise zu begreifen, endgültig gescheitert ist.

Um das Revolutionäre der Quantenmechanik wirklich einsichtig werden zu lassen, bedarf es einer neuen Sprache, die reich ist an Metaphern, reich an Unschärfe, reich an einem nichtmanipulativen Bewusstsein, d.h. an Wahrheitsempfinden und Mitgefühl. Eine spirituelle Sprache mithin, die geistige Zustände wie Liebe, Hoffnung, Spontaneität, Transzendenz fühlbar zu machen imstande ist. Wie sehr dagegen das Verlangen nach eindeutigen, endgültigen Erklärungen zur Entstehung von Materie die Grundlagen der alten Physik zerbrechen ließen, kommentierte Dürr an Hand der Forschungen nach der reinen Materie :

‚Da nun die Dinge keine Teile sind sondern nur ein momenthaft Hervorgehobenes im leeren Raum, was ist dann Form?' lautete seine Frage. Diese, so definierte der Heisenberg-Schüler salopp, ist, in der neuen Sichtweise, eine Wellung im Raum, gleich dem Aufblähen eines Segels im Wind; Materie erscheint, fast religiös, als ein sublimer, spontaner Fußabdruck des Geistes. Solcher Geist hat wohl mit Anordnung von Energie zu tun, ist jedoch selbst keine:

Das heißt, es gibt eine energetische und materielle Auswirkung des Ganzen, ohne dass dieses Ganze, diese Einheit sich darüber definiert. Faszinierender noch: die Welt ist immer nur die Einheit, und alles ist von Anfang an da! Das Ganze offenbart dementsprechend schon immer den Sinn, die Bedeutung muß also nicht nachträglich erst zusammengesetzt werden. Beziehungshaftigkeit ist der Grundcharakter von Einheit, ein genaueres Wort dafür ist Liebe als ein immaterielles, intersubjektives d.h. objektives Ereignis. (Vortrag)

Dass uns bei all dem die Materie weiterhin so stabil erscheint, hat mit ihrer Tendenz zur Verlangsamung, mithin zur Gerinnung zu tun, im Gegensatz zur Potentialität der Wirklichkeit, ihrem Charakter ständiger Veränderung. Dürrs Kommentar dazu: ‚Es fällt ihr(der Materie) buchstäblich nichts mehr ein, sie erstarrt zum reinen Mittlungswert, zu einer Wahrscheinlichkeit, die im Laufe der Zeit immer wahrscheinlicher wird'.

Für den Wissenschaftler erscheint alles Lebendige als verkoppeltes Chaos, – die Unordnung ist das Normale, das Muster ergibt, die zur Verfestigung und schließlich zur Sklerotisierung tendieren. ‚Denken Sie nur an ihren Schreibtisch' erinnerte er sein Publikum, ‚je größer der Wildwuchs dort, umso stabiler zeigt sich der Zustand mit der Zeit, denn wer mag dann noch Hand anlegen und aufräumen?!' Lebendige, schöpferische Vorgänge dagegen sind generell auf Instabilität aufgebaut, sie gleichen eher dem menschlichen Gang, bei dem jeweils ein Fuß die Erde nicht berührt:

Schöpferische Ordnung beruht wesentlich auf der Fähigkeit nicht zur Teilung sondern zur Differenzierung; und zwar in der Weise, dass im fließenden Feldprozeß von spontanem Entstehen und Vergehen eine feine Membran auftaucht, die sich im physikalischen Raum als Überlagerung unterschiedlicher Schwingungen darstellt.

Gleichzeitig mit dieser Überlagerung entsteht auch ein Schatten, der das Ganze minimal verschleiert. Ähnliches gilt für die Bedeutung der Metapher im Raum der Sprache: das poetische Bild ver- und enthüllt in gleichem Maße seine Bedeutung. (Vortrag)

Die Welt, das Universum, so das Resümee des Physikers, erscheint unter der Perspektive der neuen Physik wie ein Gedicht, ein Kaleidoskop wunderbarer farbiger Ereignisschöpfungen, Schattierungen des Lichtes der Sonne, die unmittelbar sinnfällig sind.

Den vielleicht berührendsten Beweis dafür, wie sehr gerade die Kunst in der Lage sein kann, eine sinnlich konkrete Interpretation einer neuen Dimension der Wirklichkeit aufzuzeigen, bot der Auftritt des berühmten 60 jährigen japanischen Butohtänzers Min Tanaka. Butoh, bekannt als Tanz der Dunkelheit, eröffnet mit seinen radikalen Stilmitteln einen faszinierenden Eingang in eine andere Realität: *Eine fragile in schwarze abgeschabte Gewänder gekleidete Gestalt, die mit kaum erträglicher Langsamkeit eine Treppe hinunter – ja was? ging, schlich, wankte, träumte, schien wirklich der lebende Leichnam zu sein, als den die japanischen Butoh-Tänzer den Körper wahrnehmen.*

Die unmittelbare Übertragung des Geisterhaften, Gespenstischen einerseits und zum anderen die Sicht eines alternden Körpers als Widerspiegelung rein energetischer Phänomenalität im Körper der Zuschauer selbst schuf eine vibrierende Stille im Saal. Das Publikum schwankte in einer Mischung aus Erstaunen, Erschrecken und Hingabe in der surreal anmutenden Aufführung Min Tanakis. Eine Teilnehmerin brachte ihre Bewunderung und Dankbarkeit für die große Kunst des japanischen Tänzers zum Ausdruck, die – in ihrer Wahrnehmung – vieles unmittelbar veranschaulichte, worum die Redner in ihren Vorträgen rangen. Der Applaus zeigte, dass sie für alle sprach.

Ausblick

Anmerkungen zu einer christlichen Spiritualität im 21. Jahrhundert

I. Am Wendepunkt zu einem neuen Jahrtausend ergibt sich für das Christentum, hinsichtlich seiner institutionellen wie spirituellen Wirklichkeit, eine höchst prekäre Sachlage: es zeigt sich, dass das Abendland definitiv in eine Epoche 'post ecclesiam' eingetreten ist, d.h. also in gewisser Hinsicht auch post Christum. Die Entleerung der Kirchen schreitet stetig voran, trotz lokalbedingter Mitgliederzunahmen. Dieser kontinuierliche Aderlaß ist für eine vollständig säkularisierte Konsumgesellschaft inzwischen fast belanglos geworden- ein scheinbar notwendiger, nun endlich zur Gänze vollzogener historischer Vorgang, der im Zeitalter von Internet und Globalisierung einem unspektakulären Ende zugeht.

Doch Religionen verschwinden nicht einfach; sie verwandeln sich. Ihre Kleider, sprich ihre Riten und Zeremonien sind vergänglich, ihre äußere Sprache unterliegt dem Zeitgeist. Ihr Kern jedoch ist unvergänglich, er ist, wie Mircea Eliade, der große Religionsforscher feststellt, unzerstörbar- er ist ebenso transrational wie transhistorisch. Allein Mythos und mystische Erfahrung sind zu allen Zeiten imstande gewesen, auf das schlichtweg Unbegreifliche, in der jüdischen Offenbarung in die paradoxe, koanhafte Wendung gefaßt: ICH BIN, DER ICH SEIN WERDE wirkmächtig hinzuweisen. Ähnliches gilt für Buddhismus wie Hinduismus.

Im Herzraum des christlichen Glaubens steht die große Offenbarung der Jordantaufe: 'Du, Mensch, du bist geliebt von Ewigkeit her'. Der Theologe Eugen Drewermann spricht zurecht davon, dass der Lebensweg Jesu in einzigartiger Weise alles vorausgehende Symbolgut der Menschheitsgeschichte zusammenfasst in seiner Person, aber eben einzigartig, in der Weise, wie jedes schöpferische Werk einzigartig ist. Daneben existieren jedoch andere Schöpfungen von ähnlich starker, unverwechselbarer Ausstrahlung. Man denke nur an die außerordentlich tiefschichtige mystische Erkenntnis eines Laotse, festgehalten in dem schmalen Bändchen des Tao Te King. Jesus ist nicht der Einzige, der zum Vater heimkehrt oder in dessen Hände das Erlösungswerk Gottes gelegt ist. Insofern er die Menschen seiner Zeit immer wieder dazu aufruft, heimzukehren aus dem Vergessen der Einen Wirklichkeit, bei ihm Reich Gottes geheißen, ruft er sie auf, sich ihres innersten ursprünglichen Wesens zu erinnern, welches Gottes ist- vor aller Geschichte, sozialen Identität oder psychischer Defizite. Diese Er-Innerung, dieses Vertrauen in eine zeitlose Verbindung, die sich im Gleichnis vom verlorenen Sohn ausdrückt, bezeugt Jesus mit seinem Leben.

Eine östliche, fast naiv, ja scheinbar leichthin gesetzte Variante zum jesuanischen Gottesvertrauen heißt: 'Zen mind is a Beginner`s mind'! Sie umschreibt eine grundlegende buddhistische Einsicht in die spirituelle Natur des Menschen: jene Frische und Wachheit menschlicher Lebensneugier, welche jenseits von Glaube und Hoffnung eine Realität kindlich-unschuldiger Ursprünglichkeit aufscheinen läßt, die, ohne Furcht und Begehren, einfach ist.

Die Praxis solchen Glaubens heißt Achtsamkeit oder Meditation und umfaßt eine Empirie menschlicher Selbst-Wahrnehmung, die auf nichts anderes zielt als die Bereitschaft zur ungeteilten Aufmerksamkeit für das Hier und Jetzt, das der alleinige Träger des göttlichen Atems (Inspiration) ist. Zur Erinnerung: noch in der dramatischen Nacht in Gethsemane spricht Jesus diesen Imperativ des Lebens einer im entscheidenden Moment seines Daseins geistig abwesenden Jüngerschaft mehrmals inständig bittend zu: Wachet, seid da! Natürlich sind die schlafenden Jünger ein Grundbild der menschlichen Seele, bzw. die Abwesenheit unsres alltäglichen Bewußtseins, das sich allzuleicht in Träumereien, Gefühle, Erinnerungen, Aktivitäten verliert und damit den einzigen Moment preisgibt, in dem Gott erfahrbar wird: Jetzt!

Die Chance für ein innerlich inzwischen stark stagnierendes Christentum zu Beginn eines neuen Jahrtausends ist sicherlich die Wiedererlangung jenes empirischen, einer heutigen Zeit angemessenen spirituellen Handwerkszeugs, das der Osten anbietet, ohne Missionsdruck. Viele unbekannte wie bekannte Christen haben gerade in der Begegnung mit dem geistigen Osten die Möglichkeit gesehen und gefunden, den Satz Jesu: 'Ihr seid das Licht der Welt' radikal ernst zu nehmen und ihre Verbindung mit Christus durch neue direkte Erfahrung in ungeahnter Weise zu bekräftigen, diesseits und jenseits des riesigen Ballastes von Theologie und Dogma.

Die Tragik christlicher Mystik durch die Geschichte beruhte ja immer darauf, die Evidenz ihrer Erfahrungen im Angesicht einer starren, dogmengläubigen Kirchenhierarchie rechtfertigen, bzw. leugnen zu müssen, um der Todeszone der Häresie, des Ketzerverdachts zu entkommen. Und umgekehrt: in der heutigen Zeit, da die Einheit der Religionen erstmals als unverzichtbare Aufgabe ins Licht rückt, kann ich, ganz im Sinne Panikkars, Christ sein und buddhistisch meditieren, hinduistische Reinigungsrituale vollziehen, den Koran als eine weitere heilige Schrift ehren und schamanistische kosmische Reisen unternehmen, und in all dem eine Vertiefung meines mir bis dahin unbekannten Christseins zu erkennen: ‚Das Haus meines Vaters hat viele

Wohnnungen', lautet ein Ausspruch Jesu im Neuen Testament.

Und es sei nicht vergessen, welch befruchtenden Einfluss das Christentum in der Gestalt Jesu noch vor etwas mehr als hundert Jahren in Indien hatte. Man bedenke die große Renaissance hinduistischer Religiosität aus dem Geiste eines sozialreformerischen, demokratischen, christlichen Gedankenguts, ersichtlich in den Ideen eines Gandhi oder Tagore und selbst eines Sri Aurobindo. Sie standen für eine Erneuerung der indischen Gesellschaft, basierend auf so westlichen Werten wie Gleichheit und Brüderlichkeit; eine Wegweisung, welche für die im Werden begriffene indische Nation von allergrößter Bedeutung sein sollte.

II. Die wesentlichen Möglichkeiten zur Vermittlung religiös-spiritueller Wirklichkeit waren immer – außer der direkten Erfahrung – Ritual und eine symbolisch-mythologische Sprache. Alle drei sind im abendländischen Christentum schon seit längerem im Versiegen begriffen. Das muß man nüchtern feststellen. Letztere beiden vermitteln weniger denn je den Kern der Offenbarung Jesu, die Gewißheit der Gottessohnschaft. Im Gegenteil, viele Gottesdienste beider Konfessionen sind eher dazu angetan, Körper und Geist der Gläubigen noch mehr gegen jene übersinnliche Wahrheit, aus und in der Jesu wirkte, zu versiegeln.

Im interreligiösen Tiefenaustausch trifft uns daher die östliche Botschaft des TAT TVAM ASI = DAS BIST DU am empfindlichsten Punkt - bei uns selbst. Die wunderbaren Riten, die herrlichen Kirchengebäude, die gregorianischen Choräle, die inständigen Gebete, sie alle galten Ihm: Gott, Christus, Heiliger Geist – Heilige Dreifaltigkeit. Wer wollte diese Schönheit und Erhabenheit christlicher Liturgie und vielleicht auch theologischer Konstruktionen missen. Verhalf Manches davon doch zur Ahnung, zum Glauben, ja sogar zu Erlösung und Erleuchtung. Zumeist jedoch blieb die spirituelle Energie außenorientiert- ein Glaube an das Höhere (man bemerke die Substantivierung), an den Gott, den Christus. Wie weit entfernt war dieses Mühen von der spontanen, alle Ängste vor falschen Göttern und Schicksalen beiseitefegenden Liebesbotschaft eines Menschen namens Jesu!

Was tun in der Moderne mit den aufkommenden, nagenden Zweifeln, da Erfahrung sich versagte, heilige Empfindung sich nicht mehr einstellen wollte und in der Folge Hingabe nicht mehr freiwillig floß? Man lese in dieser Hinsicht die aufschlußreichen Briefe Mutter Theresas- ihr Ringen um einen Glauben, der sich im Laufe ihres langen Lebens nicht mehr durch Erfahrungen bewahrheiten ließ. Der wissenschaftliche Geist sagt: 'Schaue und zweifle, bis du erkennbar, spürbar zur Wahrheit gelangst.' Solche Erlaubnis, die mit Galilei begann, schenkte jene ungeheure Erleichterung, die die Tür des Käfigs zum Glauben-müssen endgültig öffnete, der nicht nur die christliche Seele so tief vergiftet hat. Die Moderne gab dem Individuum in Sachen Religion und Spiritualität die Verantwortung zurück.

III. Was also ist der nächste Schritt? Ich möchte hier das Beispiel des großen indischen Heiligen Ramakrishna aufgreifen, der in seiner Person den Weg zu einer universalen Ökumene vorzeichnete. Dieser Mann schulte sich jahrelang in den verschiedenen spirituellen Traditionen der großen Religionen. Unter anderem widerfuhr ihm eine außerordentliche Vision Christi, die ihn dessen überirdische Wirklichkeit erkennen ließ. Von der Tradition ein Hindu, gelangte er zur direkten Einsicht in die Universalität aller Religionen. Ein modernes Beispiel aus christlicher Sicht bietet der oben zitierte spanisch-indische Jesuit Raimund Pannikar, der von sich selbst sagt, dass er zum Buddhisten und Hindu wurde, nur um sein Christ-Sein in verwandelter Weise wiederzufinden.

Dies scheint der Weg, den der freie Christ der Postmoderne herausgefordert ist zu gehen, um sein innerstes Christentum neu zu entdecken. Es darf bei solchem Gang ins Freie, in die offene Weite des Heiligen Geistes, auch nicht unterschlagen werden, dass er ganz woanders hinführen mag als der Suchende vermeint. Der Weg zu einer neuen spirituellen Universalität, dessen materielle Schrittmacher eben Technik und Ökonomie sind, wird unweigerlich zu dem Eingeständnis führen, dass heutzutage Individuum und kulturell-religiöses Umfeld nicht notwendigerweise mehr zur Deckung kommen. Viele westliche Suchende haben erkannt, bzw. sind durch entscheidende Erfahrungen zu dem Schluß gekommen, dass der Buddhismus oder andere Religionen ihnen adäquatere Antworten oder Lösungen auf ihre Fragen zu bieten haben als ein institutionalisiertes Christentum. Es gibt mithin zu Beginn des dritten Jahrtausends eine Wahlfreiheit hinsichtlich der individuellen spirituell-religiösen Orientierung, die nicht auf bloßer Willkür oder modischer Erscheinung beruht.

Dabei besteht die Wahrnehmung des östlichen Weges nicht darin, uns unseres christlichen Erbes zu berauben; sie birgt stattdessen die große Chance, falsche Vorstellungen abzubauen, tiefsitzende, angstmachende Vorurteile abzulegen und uns vor dem Weg der Meditation nicht zu fürchten, denn: das Herz aller Religionen ist Eines , wie der Dalai Lama es einmal ausdrückte. Ein ersichtlich spirituell arm gewordenes, westliches Kirchenchristentum sollte in der Begegnung mit Buddhismus, Hinduismus etc. die Chance erkennen, aus dem geistigen Gefängnis einseitiger Glaubenslehren herausfinden zu können in das weite, offene Herz des großen Liebenden, unseres Christus-Selbst. Wir sollen empfangen, nicht aber missioniert werden.

Entschieden ist bei diesem Prozess dem altbekannten theologischen, selbstabsichernden Vorwurf des Eklektizismus entgegenzutreten. Am Beispiel der USA läßt sich deutlich aufzeigen, wie der Buddhismus, ob in seiner Variante als Zen oder tibetischer Weg als eine genuine Religion unter modernen westlichen Bedingungen auftauchte und sich in kurzer Zeit auf amerikanischem Boden heimisch gemacht hat- mit entsprechenden Adaptionen. Eine ebenso spannende Parallele bietet das Aufeinandertreffen afro-brasilianischer Religionsformen mit einem europäisch/spanischen Katholizismus in Südamerika. Die Vorstellung einer 'reinen' Religion wird durch jedes tiefere Studium der Geschichte widerlegt. Jedwede Tradition, die ihr Mutterland verläßt, hat sich automatisch mit ihr selbst fremden Über-lieferungen auseinanderzusetzen und diese zu schöpferisch zu verarbeiten.. Beides geschieht durch die Individuen und Institutionen der verschiedenen Kulturen, die dabei aufeinandertreffen. Zudem ist jede Religion in ihrem ureigenen Felde den Wirkungen des GEISTES ausgesetzt, der sich in ihren eigenen Mitgliedern manifestiert. Es gibt daher keine feststehende Religion, trotz aller Dogmen und theologischer Traktate. Religio im besten Sinne ist ein unaufhörlicher evolutionärer Prozeß von Manifestation und Antwort; er gleicht dem Fluß, der sich sein Bett und sein Niveau immer wieder neu erschafft.

Die Auseinandersetzung der frühen Kirche mit persischer Gnosis und hellenistischer Philosophie spiegelt solche Vorgänge ebenso wie die Anstrengungen der Scholastik des Frühmittelalters, Denken und Glauben in ein rechtes Verhältnis zueinander zu setzen, besonders auf dem Hintergrund der damals blühenden islamischen Wissenschaften der arabischen Reiche in Spanien. Heute ist die geistliche Krise der Kirche zum Auslöser gewaltiger Veränderungen geworden, die in der östlichen Spiritualität ihren Katalysator und Transformator finden. Die Frage lautet weniger: Kann ich als Buddhist noch Christ sein? – vielmehr: kann ich in einer anderen, mir möglicherweise gemäßeren Tradition zu der Hingabe, zu solcher Öffnung gelangen, dass sie mich in das Herz aller religio führt- zur Offenbarung des Göttlichen in und an mir selbst.

IV. Dem in der Nachmoderne angekommenen Christen bleibt die Gestalt Jesu nur, sofern sie spürbar, als das Antlitz der Agape, in seinem Herzen wurzelt und die Evangelien nur, soweit er sie als erleuchtete /erleuchtende Schriften zu empfinden fähig und entsprechend, in schöpferischer Weise, zu entziffern bereit ist. Im Gefolge eines neuen geistigen Universalismus verliert auch das Kreuz seine Sonderstellung - nicht jedoch seine spezifische Bedeutung für den nachmodernen Christen. Es reiht sich ein in die wunderbare Vielfalt anderer Symbole wie die des leeren Kreises des Zen oder des Yin-Yang im Taoismus oder der Doppelhelix in der Naturwissenschaft des Westens. Jedes dieser Zeichen bildet die Einsicht in den numinosen Ursprung in ganzheitlicher Weise ab, und legt dabei doch nur eine Ansicht frei, die von einer anderen komplementiert, vielleicht auch paradoxiert wird, aber dennoch niemals negiert werden kann, sofern es sich um eine authentische Seins-Erfahrung handelt. Das Numen, das Unsagbare entzieht sich jeder logischen Eindeutigkeit. Damit ist keinem banalen Relativismus das Wort gesprochen, vielmehr auf das immer Einzigartige des Zugangs zum Transzendenten verwiesen.

Die Erfahrung und fruchtbare Verarbeitung von Gegensätzen religiöser Anschauungsweisen stellt eine höhere spirituelle Synthese in der jeweiligen Person dar. In postmodernen Zeiten massivster Verdrängung religiöser Wirklichkeit und entsprechend fundamentalistischer Reaktionen bilden solche Integrationen 'ad personam' den Humus für eine kosmische religio. Die Begegnung der Religionssysteme untereinander wie im Fluidum eines westlichen Atheismus und Konsumismus ist gerade dahingehend von so großer Bedeutung, als es nicht mehr bloß um den Austausch von Informationen über geistliche Weltbilder gehen kann sondern, viel existentieller, um eine Art westlichen geistig-leiblichen 'Yoga'. Denn nicht Gott oder die Religion ist tot, vielmehr ein bestimmtes, rein personalistisch gefaßtes Gottesbild ist bei unserem heutigen Bewußtseinsstand nur noch schwer nachvollziehbar.

Die Wahrnehmung der Kraft oder Gnade und ihrer andauernden Präsenz ist das Ursprungsphänomen aller religio – ob als Offenbarung, Ausschüttung des Heiligen Geistes oder Satori gesehen. Sie bezeichnet einen dimensionalen Entwicklungssprung, ‚a point of no return'. Religiöse Tradition bedeutet also die Offen-legung des individuellen Geistes auf diese Möglichkeit hin. Sie weiß um Techniken, und doch reicht keine aus; Gebet, Meditation, Reflexion oder moralischer Lebenswandel sind Methoden und Richtungsanzeiger auf dem weglosen Weg, niemals aber unbedingt obligatorisch. Der Geist weht wo er will, allerdings auch wann er will. Er kümmert sich nicht um atheistische Zeiten. Das Verschwinden einer Religion (aus dem Vordergrundbewußtsein der Menschen) ist kein Argument dagegen. Theologisch institutionalisierte geistige Strukturen sind nicht unbedingt des GEISTES. Die Reaktion darauf erfährt die abendländische Kirche seit längeren sehr schmerzlich.

V. Die notwendig gewordenen interreligiösen Grenzüberschreitungen vieler Menschen haben vielleicht mehr als alle gelehrten Abhandlungen dazu beigetragen, Begrenzungen wie Chancen der eigenen religiösen Tradition zu erkennen und neu zu definieren; anders gesagt, Relativität wie Authentizität der eigenen Ursprünge klarer einzuschätzen. Der Angst der Puristen, es handle sich hier bloß um individualistisches Stückwerken, ist entgegenzuhalten, dass in einer zusammenwachsenden Welt die Einsicht bezüglich der Engstellen heimischer spiritueller Perspektiven entscheidend von gelungenen Adaptionen einer anderen

Tradition und ihrer religiösen' Sprache 'abhängen. Wir sind heute wohl erst in der Lage, offene geistige Systeme zu entwickeln, die die Erfahrungen des jeweils fremden Traditionsgutes als notwendige Ergänzung zu begreifen vermögen! Nicht einmal so sehr deswegen, weil jene nicht auch im eigenen Bereich zu finden wären – also im christlichen Theismus die Spuren von Shunyata, dem berühmten Begriff der Leere im Buddhismus – und zwar in der Frage der 'Absentia Dei' oder des 'Deus Absconditus' (des abwesenden Gottes). Doch spüren wir sofort, dass hier die ureigenen Vorstellungen schnell ins Leere laufen. Sie greifen nicht, da sie zu stark überdeckt sind von einem personalistischen Denken. Mithin kann die normalerweise für einen Gläubigen bedrohliche Situation der Erfahrung von Gottes Abwesenheit mit entsprechend erschreckenden/traumatischen Empfindungen erst in der Bemühung um eine uns fremde Terminologie Erhellungen bieten, die eine schöpferische Neuwahrnehmung des eigenen religiösen Bewußtseins ermöglichen. Das bedeutet einen großen Sprung durch primäre Schattenreiche heimatlicher Tradition.

Die bequeme Formel West zu West und Ost zu Ost, wie sie noch C. G. Jung für sich in Anspruch nahm, reicht nicht mehr aus angesichts der atemberaubenden Verwandlungen auf diesem Planeten. Immerhin entscheidet doch das Herz, nicht der Verstand, in welcher Tradition ich mich entwickeln möchte; ohne solche Herzwendung gibt es kaum ein fruchtbares, langfristiges Engagement. Logische, kluge Argumente reichen auf dem spirituellen Weg nicht weit. So gibt es auch hier so etwas wie eine natürliche Auslese. ‚Man sieht nur mit dem Herzen gut', dieser Satz Saint-Exupérys sei allen Eiferern des reinen Landes in eben ihr Herz geschrieben, gegen ihre fundamentalistische Angst, und gegen das Horten „meines Gottes".

Jede Tradition ist im Wesentlichen eine Methodologie des 'weglosen Weges'. So spricht Jesus zu den Jüngern, dass er ihnen die Geheimnisse des Reiches Gottes direkt enthüllen werde, während der Menge das Gleichnis als allgemeiner Wegweiser ausreichen muß. Doch selbst seinen Jüngern scheinen seine Ausführungen oftmals noch sehr dunkel. Das geheime, dennoch immer offenbare Wissen kennzeichnet sich also als ein gestuftes, gemäß der Einsichtsfähigkeit und Kraft des Suchenden. Die Tatsache solcher organischen Auslese, die allen geistlichen Überlieferungen innewohnt, bildet eine natürliche Schranke gegen jedes bloß intellektuelle Wissertum. Solches allein führt niemals zur Kraft, und ohne die Entwicklung geistlicher Kraft ist der Weg nicht zu bewältigen. Die Kraft ist ein Ausfluß des Ursprungs, des Quells, auf den hin alle spirituelle Tradition zielt. Sie basiert nicht auf höherer Moral, vielmehr läßt sie diese als organischen Ausdruck des inneren Wesens des Erkennenden erscheinen.

VI. Es zeigt sich, dass die Wege der Religionen zum Ziel hin konvergieren. Der Buddhist spricht von Compassion (Mitgefühl), der Hindu von Bhakti (Hingabe) und der Christ von Barmherzigkeit. Alle drei Begriffe verweisen auf die Grundformen der Liebe, die im jeweiligen 'System des Pfades' aber eine bestimmte Logik der Entfaltung beinhalten, die die eine von der anderen religiösen Tradition notwendig unterscheiden- bezüglich ihrer Abfolge in Zeit und Raum wie ihrer Qualifizierung in diesen und höheren Dimensionen. Eben das macht die Unverwechselbarkeit der Religionen und ihrer jeweils immanenten Logik aus. Hier ist nichts beliebig. Konkret gesprochen: die Seligpreisungen beispielsweise spiegeln einen geistigen Durchlaufprozeß, dessen einzelne Stufen ich kontempliert haben muß, um an der Erkenntnis Jesu teilhaben zu können. Das vielleicht anschaulichste Beispiel eines solchen gestuften Weges bildet das allbekannte 'Vater Unser', das in seiner aramäischen Version (der Sprache Jesu) erst verstehen läßt, wie detailliert, rhythmisch, personal und kosmisch zugleich dieser geistliche Werdegang geordnet ist.

In der Frage der Tradition muß sich jeder entscheiden, und, wie zuvor erwähnt, trägt hier nur die Wahl des Herzens. Allein dieses ist vielleicht im Stande, die Wandlungen und Auflösungen einer normalen Identität zu verkraften, ohne unbedingt vorab immer gleich verstehen zu müssen. Für viele Menschen bedarf es zum Inne-werden christlicher Spiritualität der Anleihen aus anderen religiösen Systemen, um zu einer zeitgemäßen Auffassung von Transzendenz zu gelangen. Dieses Ansinnen ist im ureigensten Interesse des einzelnen Christen und vollkommen legitim; daß sogar die Kirche inzwischen nicht wenigen ihrer Glaubensbrüder und –schwestern in dieser Hinsicht freie Bahn gegeben hat spricht für ihre Einsicht in die eigenen Bedürftigkeiten. Der Zenweg ist für manchen offiziellen Christen inzwischen eine befreiende Möglichkeit, ja Notwendigkeit geworden!

Findet christliche Spiritualität solcherart in den großen Kreis der Weltreligionen zurück, so hat sie gleichzeitig, dank ihrer Verbindung mit der westlichen Aufklärung in Wissenschaft und Gesellschaft etwas Zentrales zurückzugeben: den gegen jede einseitige elitäre Guru- und Schülerschaft gerichteten Erfahrungssatz: Jeder Mensch ist ein Mystiker! Jeder Mensch trägt das große Geheimnis der Gottesebenbildlichkeit in sich, und sein Leben, auf welch krummen Pfaden auch immer gegangen, ist ein steter Ausdruck jenes Geheimnisses, sollte er auch nie zu einem sogenannt offiziellen religiösen Weg finden. Diese „demokratische" Tatsache bildet die andere Seite der Münze des weglosen Weges. Die Kontinuität der Tradition vervollständigt sich gerade in den unvorhersehbaren Entscheidungen und Taten eines modernen Ich-Selbst, das um die Kostbarkeit wie Hybris individueller Identität weiß, und die Einmaligkeit solcher Identität auf keinen der zahlreichen Altäre falscher Frömmigkeit und religiöser Ideologien zu opfern bereit ist, jedoch fähig wird, sie zum Transpersonalen hin zu öffnen.

Dieser labyrinthische Pfad, den u.a. die moderne europäische Literatur von Joyce bis Kafka so poetisch wie nuanciert beschrieben hat, auf dem sich persönliche wie mythologische Vorstellungen, Alltag und Transzendenz in manchmal kurioser, manchmal bedrückender Weise kreuzen,- diese 'Via Regia Moderna' macht nur Sinn, wenn ich sie in ihrer mystischen Verbindung zur Welt erkenne. Das gebrochene europäische Bewußtsein, das so vieler Illusionen verlustig gegangen ist, so vieler Ideologien, verlassen wie Godot, geschüttelt im Entsetzen von Gulag und Auschwitz, verödet im Konsum-und Technikrausch, hat, so scheint es, ein Wirklichkeitsniveau erreicht, dass der Paradoxie einer neuen mystischen Schau in einer atheistischen Nachmoderne standzuhalten vermag.

VII. Die Einheit der Realität von Welt und Nichtwelt, Samsara und Nirvana, wie es der Zen beschreibt, ist in den letzten hundert Jahren in Europa ein solch durchgängiges Thema gewesen, von der Politik bis zur Theologie und individueller Psychologie, daß sich eine tiefe Humusschicht für spirituelle Wahrnehmung auch im atheistischen Menschen gebildet hat, die nur darauf wartet in ihrer Fruchtbarkeit erkannt und genutzt zu werden. Da fast alle ‚sicheren' Begriffe und Vorstellungen über Welt, Religion, Fortschritt, etc. obsolet geworden sind, gleichen wir Becketts wartenden Gestalten, - vielleicht mit dem einen feinen Unterschied: wir ahnen, daß auch noch das Warten Programm ist, an dem wir festhalten, überflüssigerweise.

Der postmoderne Christ ist jenen genannten Erfahrungen ebenso ausgesetzt gewesen wie jeder andere; sein Bewußtsein ist um die alle Dimensionen sprengende Erfahrung der westlichen Neuzeit angereichert. Dies kann sein Christusbild ebenso wenig unberührt gelassen haben wie die Begegnung mit den außereuropäischen Religionen. Wo dies geschehen ist, etwa in den christlichen Solidargemeinschaften mit den Armen Südamerikas, hat er dem Osten ein Geschenk zu geben, dessen dieser so noch nicht gewärtig ist: radikale geistige Emanzipation von allen Strukturen und Systemen, die das Selbst zugunsten neuer positivistischer oder fundamentalistischer Maximen aufzuladen gedenken.

In der Herausforderung solch universalen Rufes liegt die große Möglichkeit einer schöpferischen Erneuerung christlicher Spiritualität- eines geistlichen Liedes über die Grenzen der eigenen Tradition hinaus, das an alle ergeht, die es hören wollen. Daher bedarf es immer wieder einer authentischen Empfindung, vielleicht sogar einer Erleuchtung für die Schönheit und Tiefe der eigenen Tradition, um entsprechend auch andere wirklich wertschätzen zu können, statt sie nur als funktionale Bausteine zum persönlichen Seelenheil zu gebrauchen.

Die Ästhetik eines japanischen Zengartens, die Knappheit eines chinesischen Haikus genauso wie die staunenmachende Monumentalität einer gotischen Kathedrale oder die Weite schamanischer Weltsichten geben einen anschaulichen Begriff von der Vielfalt menschlicher Gottes- und Schöpfungsverehrung, bzw. der Wahrnehmung des Heiligen in dieser Welt. Die schöpferische Anverwandlung solcher Eindrücke durch den Einzelnen bildet die Basis für eine religio der Zukunft, die, jenseits von Gleichmacherei und Partikularismus, zu einer wandlungsoffenen kosmischen christlichen Spiritualität zu führen vermag, im Sinne des großen Liebesgebotes Jesu.

Literaturverzeichnis

Amery, Carl: Die Botschaft des Jahrtausends
List Verlag, München 1994

Dalai Lama: Das Herz der Religionen
Herder, Freiburg 2012

Die Bibel, Einheitsübersetzung
Herder, München 1999

Douglas-Klotz, Neil: Das Vaterunser.
Meditationen und Körperübungen zum kosmischen Jesugebet
Knaur, München 1992

Drewermann, Eugen: Tiefenpsychologie und Exegese, Bd. 2
Patmos, Ostfildern 1990

Erlenwein, Peter: Reise in die Mitte des Kreuzes.
Transformation eines Symbols im Spiegel des Körpers
Anarche, Inning 1993.

Erlenwein, Peter / von Lüpke, Geseko: Projekte der Hoffnung.
Ausblicke auf eine andere Globalisierung
Oekom, München 2006

Fox, Matthew: Schöpfungsspiritualität
Kreuz, Freiburg 1993

Griffiths, Bede: Die Hochzeit von Ost und West
Otto Müller, Salzburg 2003

Hymnus Christi: Apokryphen des Johannes
in: Neutestamentliche Apokryphen, Bd. III
Hennecke/Schneemelcher, Tübingen 1964

Jantsch, Erich: Die Selbstorganisation des Universums
DTV, München 1992

Kornfield, Jack: Das Tor des Erwachens
Ullstein, Berlin 2004

Laeuchli, Samuel: Das Spiel von dem dunklen Gott.
Mimesis. Ein Beitrag zur Entwicklung des Bibliodramas
Neukirchen 1987.

Laotse: Tao Te King. Das Buch vom Sinn und Leben.
Übersetzt von Richard Wilhelm
Diederichs, München 1998

Leonard, George: Der Rhythmus des Kosmos
Theseus, Berlin 2005

Le Saux, Henri: Die Spiritualität der Upanishaden
Diederichs, München 1980

Le Saux, Henri: Als christlicher Mönch unter den Weisen Indiens
Herder, Freiburg 1989

Macy, Joanna: Die Wiederentdeckung der sinnlichen Erde
Theseus, Zürich/München 1994

Moser, Tilman: Gottesvergiftung
Suhrkamp, Ffm. 1980

Needleman, Jacob: Vom Sinn des Kosmos.
Wissenschaften und alte Wahrheiten
Insel, Leipzig 1993.

Panikkar, Raimon: Das Göttliche in allem
Kösel, München 1992

Peck, Scott: Der wunderbare Weg
Goldmann, München 1988

Reich, Wilhelm: Christusmord
Rowohlt, Frankfurt am Main 1997.

Sloterdijk, Peter: Du mußt dein Leben ändern
Suhrkamp, Frankfurt 2010

Sölle, Dorothee: Mystik und Widerstand
Hoffmann&Campe, Hamburg 1997

Schubart, Walter: Eros und Religion
Beckverlag, München 2001

Steindl-Rast, David: Fülle und Nichts.
Die Wiedergeburt christlicher Mystik
Herder, Freiburg 1979

Swindell, John: A human search.
Bede Griffiths reflects on his life
Burns&Oates 1997

Swimme, Brian: Das Universum ist ein grüner Drache
Aurum/Kamphausen 2007

Tarnas, Richard: Idee und Leidenschaft.
Die Wege des westlichen Denkens
Zweitausendeins, München 1997

Thich Nhat Hanh: Ich pflanze ein Lächeln.
Der Weg der Achtsamkeit
Goldmann/Arkana, München 1992.

Watts, Alan: Der Lauf des Wassers. Einführung in den Taoismus
Suhrkamp, Frankfurt 1983

Weil, Simone: Schwerkraft und Gnade
Kösel, München 1952

Whitman, Walt, Grashalme
Reclam, Stuttgart 1968

Wilber, Ken: Eros, Kosmos, Logos.
Eine Vision an der Schwelle zum nächsten Jahrtausend
Frankfurt am Main 1996

Wilber, Ken: Integrale Spiritualität
Fischer, Frankfurt 2011

Zeitfracht Medien GmbH
Ferdinand-Jühlke-Straße 7
99095 Erfurt, Deutschland
produktsicherheit@kolibri360.de